KB105467

최초로 공개되는 박정희와 동거한 이화여대 출신 이현란의 사진.
박정희가 숙군 수사를 받고 살아나온 직후 그의 용산 관사 현관 앞
에서 촬영한 사진이다. 앞줄 맨 왼쪽 여자가 그때 스물네 살이던 이
현란, 가운데는 박정희의 바로 위 누님 박재희. 맨 오른쪽은 박정희
로 병색을 띤 초췌한 모습이다.

保證人	姓名	朴正熙				職業	軍人		生年月日	敬名		
	本籍	慶北善山郡										
	住所	禁陵 陸軍坮 寸後										
年期	西紀 年度							第 四 學 年				
各項平点成績	第 一 學 期						第 二 學 期					
	學科目	發積	嵩雪閏閏時数	平点	成項点		學科目	成積	嵩習閏閏時数	平点	成項点	

이화여대에 보존되어 있는 이현란의 학적부 보증인란에는 박정희의 이름이 적혀 있고 관계는
「숙형」이라고 되어 있다.

이용문의 후임으로 온 장도영 육본
정보국장은 「비공식 문관」 박정희와
운명적 관계를 맺게 된다.

육사 1중대장 박정희를 뒤따라 체포된 뒤 숙청된 1중대
2구대장 황택림 중위(왼쪽)와 2중대장 강창선 대위.

숙군 수사 책임자로서 박정희 소령을 살려주는 데 결
정적 역할을 한 백선엽 전 육군 대장(당시 육군 정보
국장·왼쪽)과 김창룡 당시 1연대 정보주임(소령).

육군 방첩부대장으로서 외톨이
박정희의 보호막이 되어 주었던
한웅진 중령.

자존심 강한 박정희를
인격적으로 감복시킨 이
용문 육본 정보국장.

박정희의 부하들. 전투정보과 소속 육사 8기 장교들. 앞줄 왼쪽부터 서정순(전 정보부 차장) 석정선(전 정보부 차장), 전재덕(전 정보부 차장), 뒷줄 왼쪽부터 이영근(유정회 총무 역임), 고제훈(전 정보부 국장), 안영원(전 경제과학심의회의 부이사관).

배화여고 시절의 육영수 학생.

처녀 시절의 육영수. 뒷줄 왼쪽부터 언니 육인순, 오빠 육인수, 어머니 이경령, 육영수, 아이들은 육인순의 딸들.

1964년 3월 22일 육종관(왼쪽에서 세 번째, 당시 71세)은 누나 육재완의 팔순 잔치에 참석했다. 왼쪽에서 두 번째가 육재완의 남편 송인헌. 대통령이 된 사위 박정희를 끝까지 무시했던 육종관은 다음해 72세로 별세했다.

박정희의 결혼식에 참석한 하객. 앞줄 왼쪽부터 신랑측 들러리 최호(장교), 두용규(대구사범 동기), 박정희, 육영수, 신부측 들러리 육예수(육영수의 여동생), 장봉희(김재춘 중령의 부인), 뒷줄 왼쪽부터 미상, 조카 박재옥, 조카 박재석, 큰형 박동희, 주례 허억(대구시장), 미상, 육영수의 외사촌 오빠 송재천의 부인, 장모 이경령, 송재천.

6 · 25 전쟁으로 끊어졌던 한강 철교가 다시 개통된 날, 열차에 탄
李대통령의 기뻐하는 모습(1952년 7월)

서울에서의 韓美상호방위조약 가조인식. 변영태 외무장관과 덜래스 국무장관이 서명하고 있다.
(1953년 8월 8일)

육종관의 회갑연 기념 사진. 앞줄 왼쪽부터 세 번째가 매형 송인헌 · 누나 육재완 부부, 다섯 번째가 육종관,
이어서 옥천 개성댁, 서울 개성댁, 조카 육지수. 뒷줄 대부분은 두 소실들 사이에서 난 자녀들과 사위, 며느
리들이다.

강릉에서 박정희가 찍은 군복 차림의
육영수.

신혼생활 중에 기념 촬영한
박정희 · 육영수 부부.

1950년대 가난한 장교의 부인 陸英修.

이용문 준장과 박정희 대령. 李준장의 작전국장 이임식에서.

육본 작전국의 장교들. 앞줄 왼쪽이 이용문 국장, 오른쪽이 박정희 차장, 뒷줄 왼쪽
부터 두 번째가 5·16 주체 유원식.

1960년 장교 이광노씨(후에 군단장 역임) 결혼식의 주례를 선 朴正熙 소장.

朴正熙
2

전쟁과 사랑

부끄럼 타는 한 소박한 超人의 생애

'인간이란 실로 더러운 강물일 뿐이다. 인간이 스스로 더럽히지 않고
이 강물을 삼켜 버리려면 모름지기 바다가 되지 않으면 안 된다.'

박정희를 쓰면서 나는 두 단어를 생각했다. 素朴(소박)과 自主(자주). 소박은 그의 인간됨이고 자주는 그의 정치사상이다. 박정희는 소박했기 때문에 自主魂(자주혼)을 지켜 갈 수 있었다. 1963년 박정희는 《국가와 혁명과 나》의 마지막 쪽에서 유언 같은 다짐을 했다.

〈소박하고 근면하고 정직하고 성실한 서민 사회가 바탕이 된, 자주독립된 한국의 창건, 그것이 본인의 소망의 전부다. 본인은 한마디로 말해서 서민 속에서 나고, 자라고, 일하고, 그리하여 그 서민의 인정 속에서 생이 끝나기를 염원한다〉

1979년 11월 3일 國葬(국장). 崔圭夏 대통령 권한대행이 故박정희의 靈前(영전)에 건국훈장을 바칠 때 국립교향악단은 교향시 〈차라투스트라는 이렇게 말했다〉를 연주했다. 독일의 리하르트 슈트라우스가 작곡한 이 장엄한 교향시는 니체가 쓴 同名(동명)의 책 서문을 표현한 것이다. 니체는 이 서문에서 '인간이란 실로 더러운 강물일 뿐이다'고 썼다.

그는 '그러한 인간이 스스로를 더럽히지 않고 이 강물을 삼켜 버리려면 모름지기 바다가 되지 않으면 안 된다' 고 덧붙였다. 박정희는 지옥의 문턱을 넘나들던 질풍노도의 세월로도, 장기집권으로도 오염되지 않았던 혼을 자신이 죽을 때까지 유지했다. 가슴을 관통한 총탄으로 등판에서는 피가 샘솟듯 하고 있을 때도 그는 옆자리에서 시중들던 두 여인에게 "난 괜찮으니 너희들은 피해"란 말을 하려고 했다. 병원에서 그의 屍身을 만진 의사는 "시계는 허름한 세이코이고 넥타이 핀은 도금이 벗겨지고 혁대는 해져 있어 꿈에도 대통령이라고는 생각하지 못했다"고 한다.

소박한 정신의 소유자는 잡념과 위선의 포로가 되지 않으니 사물을 있는 그대로, 실용적으로, 정직하게 본다. 그는 주자학, 민주주의, 시장경제 같은 외래의 先進思潮(선진사조)도 국가의 이익과 민중의 복지를 기준으로 하여 비판적으로 소화하려고 했다. 박정희 주체성의 핵심은 사실에 근거하여 현실을 직시하고 是非(시비)를 국가 이익에 기준하여 가리려는 자세였다. 이것이 바로 實事求是(실사구시)의 정치철학이다. 필자가 박정희를 우리 민족사의 실용-자주 노선을 잇는 인물로 파악하려는 것도 이 때문이다.

金庾信(김유신)의 對唐(대당) 결전의지, 세종대왕의 한글 창제, 광해군의 國益 위주의 외교정책, 실학자들의 實事求是, 李承晩(이승만)의 反共(반공) 건국노선을 잇는 박정희의 조국 근대화 철학은 그의 소박한 인간됨에 뿌리를 두고 있다.

박정희는 파란만장의 시대를 헤쳐 가면서 榮辱(영욕)과 淸濁(청탁)을 함께 들이마셨던 사람이다. 더러운 강물 같은 한 시대를 삼켜 바다와 같은 다른 시대를 빚어낸 사람이다. 그러면서도 자신의 정신을 맑게 유지했던 超人(초인)이었다. 그는 알렉산더 대왕과 같은 호쾌한 영웅도 아니고 나폴레옹과 같은 電光石火(전광석화)의 천재도 아니었다. 부끄럼 타는 영웅이고 눈물이 많은 超人, 그리고 한 소박한 서민이었다. 그는 한국인의 애환을 느낄 줄 알고 그들의 숨결을 읽을 줄 안 土種(토종) 한국인이었다. 민족의 恨(한)을 자신의 에너지로 승화시켜 근대화로써 그 한을 푼 혁명가였다.

自主人(자주인) 박정희는 실용-자주의 정치 철학을 '한국적 민주주의'라는 그릇에 담으려고 했다. '한국적 민주주의'란, 당시 나이가 30세도 안 되는 어린 한국의 민주주의를 한국의 역사 발전 단계에 맞추려는 시도였다. 국민의 기본권 가운데 정치적인 자유를 제한하는 대신 물질적 자유의 확보를 위해서 國力을 집중적으로 투입한다는 限時的(한시적) 전략이기도 했다.

박정희는 인권 탄압자가 아니라 우리나라 역사상 가장 획기적으로 인권신장에 기여한 사람이다. 인권개념 가운데 적어도 50%는 빈곤으로부터의 해방일 것이고, 박정희는 이 '먹고 사는' 문제를 해결함으로써 다음 단계인 정신적 인권 신장으로 갈 수 있는 길을 열었다. '먹고 사는' 문제를 해결하는 것이 정치의 主題라고 생각했고 이를 성취했다는 점이 그를 역사적 인물로 만든 것이다. 위대한 정치가는 상식을 실천하는 이다.

당대의 대다수 지식인들이 하느님처럼 모시려고 했던 서구식 민주주의를 감히 한국식으로 변형시키려고 했던 점에 박정희의 위대성과 이단성이 있다. 주자학을 받아들여 朱子敎(주자교)로 교조화했던 한국 지식인의 사대성은 미국식 민주주의를 民主敎(민주교)로 만들었고 이를 주체적으로 수정하려는 박정희를 이단으로 몰아붙였다. 물론 미국은 美製

(미제) 이념을 위해서 충성을 다짐하는 기특한 지식인들에게 강력한 지원을 아끼지 않았다. 그러면서도 미국은 냉철하게 박정희에 대해선 외경심 어린 평가를, 민주화 세력에 대해선 경멸적인 평가를 내리고 있었음을, 그의 死後 글라이스틴 대사의 보고 電文에서 확인할 수 있다.

박정희는 1급 사상가였다. 그는 말을 쉽고 적게 하고 행동을 크게 하는 사상가였다. 그는 한국의 자칭 지식인들이 갖지 못한 것들을 두루 갖춘 이였다. 자주적 정신, 실용적 사고방식, 시스템 운영의 鬼才, 정확한 언어감각 등. 1392년 조선조 개국 이후 약 600년간 이 땅의 지식인들은 사대주의를 추종하면서 자주국방 의지를 잃었고, 그러다 보니 전쟁의 의미를 직시하고 군대의 중요성을 계산할 수 있는 능력을 거세당하고 말았다. 제대로 된 나라의 지도층은 文武兼全(문무겸전)일 수밖에 없는데 우리의 지도층은 문약한 반쪽 지식인들이었다. 그런 2, 3류 지식인들이 취할 길은 위선적 명분론과 무조건적인 평화론뿐이었다. 그들은 자신들과는 차원을 달리하는 선각자가 나타나면 이단이라 몰았고 적어도 그런 모함의 기술에서는 1류였다.

박정희는 日帝의 군사 교육과 한국전쟁의 체험을 통해서 전쟁과 군대의 본질을 체험한 바탕에서 600년 만에 처음으로 우리 사회에 尚武정신과 자주정신과 실용정치의 불씨를 되살렸던 것이다. 全斗煥 대통령이 퇴임한 1988년에 군사정권 시대는 끝났고 그 뒤에 우리 사회는 다시 尚武·자주·실용정신의 불씨를 꺼버리고 조선조의 파당성·문약성·명분론으로 회귀하려는 움직임을 보이고 있다. 이 복고풍이 견제되지 않으면 우리는 자유통일과 일류국가의 꿈을 접어야 할 것이다. 한국은 이승만, 박정희, 전두환, 노태우 네 대통령의 영도 하에서 국민들의 평균 수

준보다는 훨씬 앞서서 一流 국가의 문턱까지 갔으나 3代에 걸친 소위 文民 대통령의 등장으로 성장의 動力과 국가의 기강이 약화되어 제자리 걸음을 하고 있다.

1997년 IMF 관리 체제를 가져온 外換위기는 1988년부터 시작된 민주화 과정의 비싼 代價였다. 1988년에 순채권국 상태, 무역 흑자 세계 제4위, 경제 성장률 세계 제1위의 튼튼한 대한민국을 물려준 歷代 군사정권에 대해서 오늘날 국가 위기의 책임을 묻는다는 것은 세종대왕에게 한글 전용의 폐해 책임을 묻는 것만큼이나 사리에 맞지 않다.

1987년 이후 한국의 민주화는 지역 이익, 개인 이익, 당파 이익을 민주, 자유, 평등, 인권이란 명분으로 위장하여 이것들을 끝없이 추구함으로써 國益과 효율성, 그리고 국가엘리트층을 해체하고 파괴해 간 과정이기도 했다. 박정희의 근대화는 國益 우선의 부국강병책이었다. 한국의 민주화는 사회의 좌경화·저질화를 허용함으로써 박정희의 꿈이었던 강건·실질·소박한 국가건설은 어려워졌다. 한국의 민주화는 조선조적 守舊性을 되살리고 사이비 좌익에 농락됨으로써 국가위기를 불렀다. 싱가포르의 李光耀는 한국의 민주화 속도가 너무 빨라 法治의 기반을 다지지 못했다고 비판했다.

박정희는 자신의 '한국적 민주주의'를 '한국식 민주주의', 더 나아가서 '한국형 민주주의'로 국산화하는 데는 실패했다. 서구 민주주의를 우리 것으로 토착화시켜 우리의 역사적·문화적 생리에 맞는 한국형 제도로 발전시켜 가는 것은 이제 미래 세대의 임무가 되었다. 서구에서 유래한 민주주의와 시장 경제를 우리 것으로 소화하여 한국형 민주주의와 한국식 시장경제로 재창조할 수 있는가, 아니면 民主의 껍데기만 받아

들여 우상 숭배의 대상으로 삼으면서 선동가의 놀음판을 만들 것인가,
이것이 박정희가 오늘날의 우리에게 던지는 질문일 것이다.

　조선일보와 月刊朝鮮에서 9년간 이어졌던 이 傳記 연재는 月刊朝鮮
전 기자 李東<ruby>昱</ruby> 씨의 주야 불문의 충실한 취재 지원이 없었더라면 불가
능했을 것이다. 아울러 많은 자료를 보내 주시고 提報를 해주신 여러분
들께 감사드린다. 이 책은 박정희와 함께 위대한 시대를 만든 분들의 공
동작품이다. 필자에게 한 가지 소망이 있다면, 박정희가 소년기에 나폴
레옹 傳記를 읽고서 군인의 길을 갈 결심을 했던 것처럼 누군가가 이 박
정희 傳記를 읽고서 지도자의 길을 가기로 결심하는 것이다. 그리하여
그가 21세기형 박정희가 되어 이 나라를 '소박하고 근면한, 자주독립·
통일된 선진국'으로 밀어 올리는 날을 기대해 보는 것이다.

2007년 3월

趙甲濟

② 전쟁과 사랑

제6장 지옥의 문턱에서

제7장 6·25 — 한강을 남쪽으로 건너다

제8장 전쟁과 사랑

제9장 쿠데타 연습 — 李承晩 제거 계획

제6장

지옥의 문턱에서

朴正熙

李現蘭

1947년 가을, 춘천에서 8연대 경리장교 朴璟遠(박경원·육군 중장 예편, 내무부 장관 역임) 대위가 결혼식을 올렸다. 사관학교 중대장 박정희는 친구들과 함께 하객으로 이 결혼식에 참석했다. 박정희는 박경원보다 여섯 살이 많았으나 "박 형"이라 부르면서 접근하는 박경원과 친했다. 이 결혼식의 신랑 측 들러리는 김점곤 대위였고 신부 高錦玉(고금옥)의 들러리는 李現蘭(이현란)이라는 이화여대 학생이었다. 김점곤은 그날 밤 이현란을 포함한 하객들과 유쾌하게 놀았다.

이현란은 미인이었다. 몸매는 날씬하고 얼굴은 이국적으로 생긴데다가 성격이 쾌활했다. 나이는 김점곤보다 많게 보여 친구들이 "다른 건 다 맞는데 나이가 안 맞는군"이라고 농담도 했다. 다음 해 김점곤은 용산에 있는 육군 장교 관사로 박정희 대위를 찾아갔다가 깜짝 놀랐다. 그 들러리 아가씨가 박 대위와 같이 살림을 하고 있는 것이었다. 놀란 것은 박경원도 마찬가지였다. 박경원도 결혼한 뒤에 용산 관사에 살림을 차렸다.

이 관사촌은 미군들이 사용하다가 철수한 뒤 우리 장교들에게 넘겨준 것이었다. 서양식을 한국식으로 개조하여 온돌과 장작 아궁이를 만들어 쓰고 있었다. 한 집에 방이 서너 개 있는 좋은 관사였다. 박경원이 하루는 퇴근하여 오니 아내 고금옥이 말하는 것이었다.

"결혼식 때 들러리를 섰던 친구가 아무래도 박정희 씨와 같이 살고 있는 것 같아요."

고금옥은 원산에서 출생하여 루시여고를 나온 뒤 교사생활을 잠깐 하다가 월남했다. 이현란과는 여고시절 동창 사이였다. 박경원은 섭섭했다. 평소 허물없이 지내는 사이인데 왜 자기에겐 한마디도 하지 않았단 말인가. 더구나 한 30m밖에 떨어져 있지 않은 관사인데.

다음날 박경원 부부는 박정희의 관사를 찾아갔다. 이현란은 정말 미인이었다. 박정희·이현란은 원만하게 보였다. 두 사람은 큰 동요를 보이지 않았다. 박정희가 아무 내색도 하지 않고 박경원 부부를 맞아주니 이쪽에서도 할 말이 없었다. 두 박 대위는 그냥 세상 돌아가는 이야기만 나누었다.

고금옥과 이현란은 부엌에서 무어라 이야기를 하고 있었다. 집에 돌아온 박경원 대위는 짚이는 데가 있어서 같은 경리장교인 李曉(이효)에게 물어보았다. 이 대위는 껄껄 웃으면서 자초지종을 말해주었다. 함남 출신인 이효는 사관학교 2기생으로서 박정희와 동기였지만 나이는 다섯 살이 많았다. 이효는 2기생들 가운데 최연장자였다.

박정희도 나이가 많은 축에 들었기 때문인지 두 사람은 생도 시절부터 친했다. 이효 장군은 몇 년 전 작고했는데 부인 禹正子(우정자) 할머니에 따르면 박정희는 생도 시절에도 신당동에 있던 이효의 집에 자주 놀러왔다고 한다.

"그분은 이야기를 아주 구수하고 재미있게 하셨어요. 자기 자랑을 전혀 안 하시는 분이라 인상에 남았습니다. 이현란은 제 남편의 조카와 함께 영어학원에 다녔다고 해요. 우리 집에도 놀러온 적이 있습니다. 들러리를 서게 된 것도 남편이 권유했기 때문입니다."

이효 대위가 박경원 대위한테 털어놓은 사정은 이러했다.

"당신 결혼식 날 우리끼리 한잔 했지. 그 자리에서 박정희가 내게 오더니 이렇게 말하는 거야.

　'이 형, 나도 혼자서 쓸쓸하게 지내는데 아까 들러리 섰던 아가씨하고 잘 좀 되도록 도와주시오.'

　그래서 내가 소개시켜 줬지."

　그때 스물두 살이던 이현란은 고향에서 단신으로 월남한 뒤 이화여대 아동교육학과 1학년에 재학 중이었다. 이화여대에 보존되어 있는 이현란의 성적표를 보면 律動(율동) 과목의 점수가 가장 높다. 이현란은 생전 증언(1987년)에서 "나는 그때 '이화여대 다닙네' 해서 포부도 크고 전성기였다"고 말했다. 화사한 것을 좋아하는 성격의 소유자였다는 이현란은 토요일 오후에 이효 대위가 자꾸 나가자고 해서 명동 삼호정에 갔다고 한다.

　"윤태일, 이한림, 이주일 등 몇 사람이 미리 와 있었습니다. 나는 부끄러워서 말대꾸도 못 하고 구석에 앉아 있는데 미스터 박이 소개되었습니다. 키도 조그마한 양반이 볼품이 없었습니다만 일본 육사를 나와서 그런지 박력과 기품이 있었습니다. 그 뒤 미스터 박은 일요일만 되면 기숙사로 나를 찾아왔습니다. 그때 제 부모는 북에서 못 나오시고 해서 저는 있는 돈을 까먹고 있었습니다. 의지할 곳이 필요했습니다. 그런 형편에 침착한 미스터 박이 저에게 잘 해주니 여자로서 끌렸습니다. 좀더 좋은 사람이었으면 하는 마음도 있었지만 (주위에서) 양쪽을 다 부추겨서 약혼을 하게 되었습니다."

　이현란은 恩師(은사)의 도움을 받고 가정교사도 하면서 등록금을 마련하고 있었다고 한다. 박정희·이현란은 1948년에 들어서 약혼식을 올렸다고 한다.

"지금 독일에 간 친구 하나만 참석했어요. 피아노책을 사려고 기숙사에서 나오는데 미스터 박이 '이의 없죠'라고 해요. 저는 부끄러워서 대답도 못 했는데 그걸로 응한 걸로 되었습니다. 가 보니 여러 사람들이 와 있었습니다. 명동의 한식집인데 너무 당황해서 간판도 보지 못했습니다. 내 친구는 내가 마음의 준비가 있었던 줄 알았나 봐요."

박정희는 이현란에게 자신이 이미 장가를 들어 열 살이 넘은 딸까지 두고 있다는 말을 하지 않았다. 박정희는 이즈음부터 본처 김호남과 이혼하려고 애쓴다. 큰딸 박재옥의 기억.

"어느 날 아버지가 오랜만에 집에 오셨습니다. 집안 어른들과 뭔가 심각하게 의논하셨는데 아마도 이때 이혼하기로 결정하셨던 것 같습니다. 어머니는 너무나 속이 상해서 어쩔 줄 모르셨습니다. '너희 아버지가 아무래도 이상하다. 서울에 딴 여자가 있는 것 같구나. 어쩐지 내가 이 집 식구가 될 수는 없을 것 같구나'라고 하셔요."

박재옥은 "엄마 그게 도대체 무슨 말이에요"하고 물었다.

"이혼을 한다는 거지."

"엄마, 이혼이 뭐예요."

"이제 너희 집에서 못 살고 쫓겨나게 된 거야."

그러면서도 김호남은 "절대로 내 손으로는 이혼을 안 해 줄 거야. 내가 이렇게 속이 썩었으니 자기도 당해봐야 돼"라고 했다.

첫딸 朴在玉

박정희 대위가 여덟 살 아래인 이화여대 1학년생 이현란과 사귀면서 본처 김호남의 疎外(소외)는 더욱 깊어졌다. 이런 사정을 지켜보고 있었던 것이 열한 살의 큰딸 재옥이었다.

〈내 가슴속에는 아버지께서 어머니가 아닌 다른 여자를 좋아한다는 사실만이 충격으로 자리잡았다. 내가 보기에는 우리 엄마가 최고인데… 예쁘고 날씬하고 나에게도 그렇게 잘해주는데. 그 뒤로는 어머니가 어디 가신다는 이야기만 들어도 가슴이 철렁 내려앉으며 불안해졌다. 이혼하기 전부터 이미 아버지로부터 버림받은 것이나 마찬가지였던 어머니와 나의 애처로운 모습에 할머니는 얼마나 속을 끓이셨는지 모른다. 아들을 대놓고 나무라지도 못하고 그렇다고 어머니를 마냥 잡고 있을 수만은 없는 것이 할머니 입장이었다.

'불쌍한 내 새끼. 사촌형제들 사이에서 제대로 얻어먹지도 못하고.'

할머니는 축 처진 내 모습을 볼 때마다 안쓰러워 어쩔 줄 모르셨다. 할머니의 속바지 주머니에는 늘 무언가 먹을 것이 들어 있었다. 사촌들이 볼세라 내 입에 슬쩍 넣어주시곤 했다. 감이 하나 있으면 할머니는 화로의 재 속에 파묻어 두었다가 내가 혼자 방에 들어가면 재를 걷고서 뜨뜻해진 감을 꺼내주시는 것이었다〉

박정희의 어머니 백남의는 그때 일흔을 넘긴 나이였다. 늘 막내며느리의 음식 솜씨와 바느질이 최고라고 칭찬했지만 김호남에게는 큰 위로가 될 수 없었을 것이다.

박재옥은 어머니와 할머니의 과보호 속에서 다섯 살 때까지 젖을 먹었다. 남편의 사랑을 잃은 김호남의 딸에 대한 집착, 그런 어머니에 대한 딸의 집착도 그만큼 강했다. 김호남은 이윽고 박재옥을 데리고 구미를 떠나 버렸다. 죽은 박상희의 아내 조귀분에게만 이야기하고 사라졌다.

백남의 할머니는 며느리와 손녀를 찾아 헤맸으나 알 길이 없었다. 박재옥에 따르면 母女는 대구로 갔다고 한다.

〈대구로 가 보니 어머니에게도 이미 다른 남자가 있었다. 나이에 비해서 조숙하고 눈치가 빠른 나는 대번에 내가 처해 있는 상황을 이해할 수 있었다. 나는 본능적으로 그 상황이 싫었다. 결사적으로 그 견딜 수 없는 상황에 반기를 들었다. 열 살 남짓한 계집아이가 할 수 있는 거부의 표시라는 것이 무엇이 있겠는가. 어떤 조리 있는 말로 어머니를 설득할 수 있겠는가. 나는 그저 울었다. 밤새도록 울고 또 울었다. 그것이 내 의사를 표현할 수 있는 유일한 길이었다〉

1948년 조선경비사관학교 중대장으로 근무하면서 이현란과 약혼한 박정희 대위는 곧 이현란을 용산의 관사로 데리고 와서 동거하기 시작한다. 이현란의 생전 증언에 따르면 여름방학 때는 대학 기숙사를 비워 주어야 하는데 마땅히 머물 곳도 없어 친구와 함께 박정희의 관사를 쓰기로 했다는 것이다. 그런데 온다는 친구는 나타나지 않아 박정희와 동거에 들어가게 되었다고 한다.

여름방학이 끝나자 이현란은 이 관사를 나와 친구집으로 옮겼는데 "명동에 칼국수를 먹으러 갔다가 (박정희에게) 들켜서 다시 관사로 잡혀왔다"고 한다.

"만날 피했다가 들켜서 다시 관사로 오곤 했습니다. 그분은 신사였습니다. 내가 나이가 어린데도 '식사하쇼'라면서 존대를 했습니다. 인격 있고 무게 있고 말이 없고… . '내가 말이 없어 재미없지요'라고 하기에 '말이 핀 꽃에 열매가 없다'고 말해 주었습니다. 미스터 박은 술은 노상 마셔도 정신은 항상 말짱했어요. 자세가 흐트러지지 않고요. 내가 술을 싫어하니까 집에서는 안 마셨어요. 술 한 상이라도 우리 집에서 받은 사람 있으면 나와 보라고 해요. 누가 오기만 하면 벽장에 숨어 다른 사람을 만나지도 않았습니다. 서로 다칠까 봐 조심했던 때이니까요. 그분은 일본교육을 받은 탓에 독한 사람이었지만 다정다감한 사람이었습니다. 여자의 기분을 맞추어주는 데 철두철미했어요. 그 이상 다정다감할 수 없었습니다."

이때 박정희는 이현란 몰래 본처 김호남과 헤어지기 위해 이혼 수속을 하려고 애를 태우고 있었다. 김호남은 이혼 서류에 도장 찍는 것을 거절하고 어디론가 가버린 데다가 김호남의 아버지도 딸을 대신하여 도장을 찍어 주기를 거부하고 있었다. 박정희가 조선경비사관학교 중대장으로 있으면서 한편으로는 좌익에 빠져들고 다른 편으로는 이현란이란 미인을 만나 난생 처음으로 연애를 체험하고 있던 1948년, 여름 뭉게구름이 모여 들더니 폭풍으로 변하고 있었다.

그 해 8월 17일 尹希重(윤희중) 외 218명의 7기 특별반 사관후보생들이 입교했다. 이들은 거의가 일제시대에 군 간부로 근무하였던 경력자들. 일본 육사 58기 출신인 丁來赫(정래혁·육군 중장 예편·국방부장관, 민정당 대표 역임), 박정희의 만주군관학교 동기 李周一(감사원장 역임)도 이때 들어왔다.

8월 20일 이들 생도는 완전무장을 하고 태릉 학교 근처의 산을 돌아오는 10km의 구보를 했다. 여기서 閔英植(민영식), 徐淸河(서청하) 생도가 일사병으로 죽었다. 그 해 8월 1일로 소령으로 승진했던 박정희 중대장은 사고의 책임을 지고 직위 해제되고 말았다.

이 무렵 만주군관학교 1기 선배인 이기건이 월남하여 박정희를 찾아왔다. 그는 광복 후 북한에서 인민군이 창설되자 장교로 입대했다가 공산주의가 체질에 맞지 않아 남한으로 탈출했었다.

"서울에 와서 친구들을 만나보니 최남근과 박정희가 남로당에 들어갔다는 것을 단박에 알 수 있었습니다. 박정희를 만나서 북한의 실정을 이야기해주고 손을 씻으라고 했지만 아무 말이 없었습니다. 다음날 최남근을 만나서 손을 떼라고 했더니 '여보, 나는 하는 일이 없소'라고 잡아떼더군요. 내가 '이런 충고도 마지막이다'고 못을 박았습니다.

그 이튿날인가 박정희 소령이 나를 당시 경복고 앞에 있던 어떤 집으로 데리고 갔습니다. 강창선(당시 사관학교 중대장·숙군 때 사형), 趙炳乾(조병건·사관학교 중대장 출신·숙군 때 사형), 그리고 이재복(남로당 군사부 책임자)이 기다리고 있었습니다. 술을 많이 마셨는데 이재복이 나에게 말을 시키는 것이, 내가 북한 공산당으로부터 무슨 밀명을 받아서 내려온 것으로 착각하고 있는 것 같았습니다. 나는 겁이 나서 변소에 가는 척하고는 맨발로 달아났습니다."

토벌사령부 작전장교

1948년 10월 19일 밤 8시쯤 비상나팔을 신호로 하여 여수 주둔 14연대에서 반란이 일어났다. 이 연대는 제주도 공비토벌작전에 출동하기 위하여 대기 중이었다. 연대 내의 남로당 조직책인 池昌洙(지창수) 상사가 주동이 된 이날 밤의 반란으로 20여 명의 장교들이 현장에서 사살되었다. 14연대가 여수를 점령하자 순천에 파견되어 있던 2개 중대도 호응하여 순천을 점령했다. 이 반란으로 여수에서 군인들과 공무원 1,200

명이 피살되었다. 순천에서도 400여 명의 인명피해가 발생했다. 육군본부는 21일자로 광주 5여단 사령부 내에 반군토벌사령부를 설치하고 사령관에 송호성 준장을 임명하여 2여단(여단장 원용덕 대령)과 5여단(김백일 대령)을 지휘하도록 했다.

22일, 정부는 여수와 순천에 계엄령을 선포했다. 며칠 뒤 토벌군사령관이 원용덕으로 교체되었다. 참모장은 당시 육군 정보국장 백선엽, 작전 및 정보참모는 정보국 첩보과장 겸 전투정보과장 김점곤 소령이었다. 김 소령은 內勤(내근) 데스크 일을 맡고 있었다. 사령관과 참모장이 일선 전투 지역을 돌아다니면서 지시를 하면 이를 받아 처리하는 일이었다. 예하부대에 작전명령 하달, 보급 관리, 경찰과의 연락 등이 주 임무였다.

김점곤은 柳陽洙(유양수) 소위에겐 경찰과의 연락업무를 맡겼다. 김소령은 전투정보과 이기건 소위도 불러내렸다. 김점곤은 작전참모 업무를 보좌할 사람을 찾다가 과거의 부하였던 박정희 소령이 생각났다. 그는 사관학교의 중대장 요원으로 있던 박 소령을 토벌사령부 근무로 발령내도록 원용덕 사령관에게 건의했다. 원 대령도 8연대장 시절에 박정희를 데리고 있었고 그의 탁월한 능력을 잘 알고 있었으므로 쾌히 승낙했다. '좌익장교' 박정희 소령은 좌익 반란군을 진압할 토벌군사령부의 작전장교로 일하게 된 것이다. 김점곤의 증언―.

"전사 기록에는 박정희가 작전참모로 적혀 있는데 사실과 다릅니다. 나를 보좌하여 상황판 정리, 작전관계 보고서 작성 따위의 일을 했지요. 아주 능숙하게 일을 했고 이상한 낌새는 느낄 수 없었습니다. 따라서 항간에서 이야기하듯 반란군에 유리하게 부대배치를 했다는 소문도 사실이 아닙니다."

광주 토벌사령부에 내려온 짐 하우스먼 대위는 미 군사고문단장의 특사 자격이었다. 박정희에 대해서는 '미국 사람을 싫어하는 인물'이란 정보가 있어 그는 통역을 중간에 넣어 대화를 걸어보았다. 박정희는 영어를 상당히 이해하는 것 같았으나 영어로 말하려 하지는 않았다. 박정희는 이때 속으로 깊은 고민에 빠져 있었을 것이다. 이미 始動(시동)이 걸린 숙군수사가 자신에게까지 다가오지 않을까 불안에 휩싸여 있었겠지만 누구한테도 의논할 수 없는 문제였다.

이런 박정희를 더욱 불안하고 곤혹스럽게 만드는 사건이 생겼다. 박정희와 함께 남로당에 속해 있던 '군내의 좌익 거물' 최남근 15연대장이 토벌사령부로 연행되어 온 것이다.

15연대는 마산에 주둔하고 있었다. 여수 14연대가 반란을 일으키자 최남근은 하동방면으로 출동하라는 명령을 받았다. 10월 21일 그는 1개 대대를 이끌고 지리산에 도착했다. 이때 반란군의 기습을 받았다. 최 연대장은 趙始衡(조시형·농림부 장관 역임) 소위와 함께 반군에 붙들렸다가 엿새 뒤에 하동군 화개장터에 나타났다. 최남근은 나중에 군법회의에서 이렇게 말했다.

"반란군 두목 金智會(김지회) 부대와 부딪쳤을 때 그를 죽일 수도 있었는데, 같은 말씨이고 같은 함경도고 해서 인간적인 양심상 죽이지 못하였다. 그래서 내가 손을 들고 합류하였다. 비록 좌익사상을 가졌지만 어제의 전우들이 골육상잔한다는 것은 가슴 아픈 일이며, 또한 나를 아껴준 상관이나 부하들을 배신할 수 없어서 탈출하였다. 김지회의 처가 묵인하여 빠져나올 수 있었다."

군 당국에서는 최남근이 叛軍에 붙잡힌 상황부터가 의심스러운 점이 많다고 판단하여 광주 토벌군사령부에 일단 연금시켰다. 여기서 그를 신문한 이는 김점곤 소령이었다. 김 소령은 8연대 중대장으로 있을 때 원용덕의 후임으로 온 최남근 연대장을 모셨던 적이 있었다. 그때부터 미군 방첩대는 崔를 의심하고 있었다. 그는 초급장교 시절에 가족을 데리고 온다면서 두 달 동안이나 부대를 이탈하여 북한에 다녀온 적이 있었다고 한다.

김점곤은 과거의 상관 최남근의 계급장을 스스로 떼게 했다. 잠은 장교 숙소에서 재웠다. 김점곤 소령은 이기건 소위를 부르더니 "오늘 밤 최남근과 박정희가 서로 할 말이 많을 것이니 주의하라"고 당부했다(이기건 증언). 과연 그날 밤 최남근과 박정희는 밤새도록 소곤소곤하더란 것이다.

김점곤 소령은 최남근에게 자술서를 쓰도록 했다. 읽어보니 다른 목격자들의 증언과 맞지 않았다. 그렇다고 강제수사를 할 수도 없었다. 김 소령은 자신의 소견서를 봉투에 넣어 최남근과 함께 숙군 수사본부가 된 육군본부 정보국으로 송치했다. 육본에서는 11월 8일자로 최남근을 4여단 참모장으로 전보 발령했다.

그 직후 서울로 철수한 김점곤 소령은 인사차 백선엽 정보국장을 찾아갔다. 마침 그때 미군 방첩대 장교가 들어오더니 최남근에 관련된 자료를 내놓는 것이었다. 백 국장은 서랍 속에 넣어두었던 김점곤의 소견서를 꺼내 대조하더니 안색이 변하는 것이었다. 즉시 최남근을 체포하라고 4연대로 전보를 쳤다. 崔는 부임하지 않고 달아났음이 밝혀졌다. 며칠 뒤 그는 대전에서 체포되었다. 그는 군법회의에서 이런 진술을 남겼다.

"내가 이미 국군을 배반한 반역자가 되었는데 군법회의에 회부되면 필경 김지회에 대하여 언급하지 않을 수 없어 이중의 배반자가 된다. 그래서 군인생활을 청산하고 조용히 살기 위하여 도망하였다."

박정희는 최남근의 체포가 바로 자신의 체포로 이어질 수 있을 것이라는 생각을 했겠지만 달아나지는 않았다. 그는 여수 14연대의 반란이 진압된 뒤 서울로 철수하여 육군본부 작전교육국 과장 요원으로 발령받았다. 이 무렵 최창륜이 나타났다. 2년 8개월 전에 여운형의 지시에 따라 박승환 등 동지들과 함께 북한에 들어가 인민군 창설 요원으로 일했던 최창륜이 지옥을 경험하고 탈출해 온 것이었다.

만주군관학교 출신인 최창륜은 1기 후배인 박정희를 왕십리의 자기집으로 불렀다. 그는 자신이 체험한 공산주의의 악마성을 열심히 이야기해 주면서 빨리 남로당으로부터 발을 빼라고 설득했다. 박 소령이 돌아간 뒤 최창륜은 옆 방에 있던 만주군 후배 朴蒼岩(박창암·육군 준장 예편)에게 "돌아서라고 했더니 박정희는 신중하게 고개를 끄덕이더구먼"이라고 말했다고 한다.

체포되다

군내의 남로당 조직에 깊숙이 빠져 있던 박정희 소령은 북한 공산주의를 체험하고 월남한 만주군관학교 선배 최창륜의 말을 듣고 마음이 흔들렸을 것이다. 최창륜은 남북합작에 대한 희망을 품고 월북했다가 김일성 일당의 행태를 가까이서 본 뒤 절망한 과정을 설명했다. 최창륜, 박창암, 박임항, 방원철 등 만주군 출신 장교들은 광복 직후 박승환을 중심으로 서울에 모였다가 여운형의 지시를 받고 김일성의 인민군 창설에 참여하기 위하여 1946년 초에 월북했었다.

　광복 전 박승환은 만주군 조종사로 있으면서 여운형의 밀명을 받아 민족의식이 강한 조선인 만주군 장교들 수십 명을 포섭하여 항일조직을 만든 사람이다. 봉천에서 광복을 맞았던 그는 이틀 뒤 군용기를 타고 서울에 도착하여 여운형의 건국준비위원회를 돕고 있었다. 박승환은 공산주의자들이 많이 낀 사병집단 조선국군준비대를 만들어 학병 출신인 李赫基(이혁기) 총사령 아래서 부사령이 되었다.

　만주군 출신 동지들을 모아놓고 박승환은 "김일성이 만들고 있는 인민군에 기간요원으로 참여했다가 나중에 남북이 합작할 때 남북한 군대 양쪽에 포진하고 있는 우리가 통일의 주도권을 잡아야 한다"고 설득했다. 당시 만주군 출신들은 남한에 상륙한 미군의 행태와 이에 영합한 일부 한국인들의 작태에 분노하고 있었다.

　그들은 소련군에 대해서는 '가난하긴 하지만 미군보다는 나을 것이다' 라는 환상을 지니게 되었다. 박승환과 만주군 동지들은 월북하여 김일성을 만났다. 김일성은 이들을 창군작업에 참여시키지 않고 각급 학교에 배치하여 반공학생들을 宣撫(선무)하는 데 이용했다. 여운형이 북한을 방문했을 때 박승환은 북한의 지도층을 만나본 소감을 물었다고 한다. 여운형은 한동안 말이 없더니 이윽고 입을 뗐다.

　"글쎄, 북조선에 새로운 노동귀족이 생겼다는 것이 정확한 표현이 아닐까."

　박창암, 방원철도 똑같은 결론에 도달했다. 방원철은 김일성과 측근들의 호화판 생활을 보고 충격을 받았다. 굶주리는 인민들과 사병들을 코앞에 두고 김일성 일당이 거리낌없이 벌이는 酒池肉林(주지육림)의 향연과 교양 없는 행동거지를 목격한 방원철은 "이놈들이 공산주의의 탈을 쓴 마적단이로구나. 정치집단이 아니라 깡패집단이다"라는 결론에 도달했다.

최창륜은 애덤 스미스의 《國富論(국부론)》을 거기서 읽고서 또 다른 충격을 받았다. 방원철도 최창륜으로부터 그 책을 빌려서 읽어보고는 눈이 새롭게 뜨이는 체험을 했다. 공산주의 이론을 공부하면서 쌓였던 의문들이 《국부론》을 통해서 해소되는 것이었다. 박승환과 동지들은 북한에 와서 비로소 공산주의의 악마성을 직시하게 되었다.

1947년 박승환과 동지들은 몽땅 숙청되어 감옥에 들어갔다가 박승환은 옥사하고 최창륜 등 다른 사람들은 1948년 9월에 출소하자마자 남한으로 탈출했다. 최창륜과 박창암은 남쪽에 남아 있던 몇몇 동지들이 남로당에 들어가 버린 것을 발견하고는 그들을 찾아다니면서 손을 떼도록 설득하고 있었다.

최창륜은 자신의 이런 '공산주의 절망체험'을 만주군관학교 후배 박정희 소령에게 들려주었다. 공산주의를 체험한 사람이 공산주의를 관념만으로 아는 사람을 설득하는 이런 모습은 지금껏 한국에서 되풀이되고 있는 풍경이다. 박정희 또한 공산주의에 중독된 골수분자는 아니었다. 형의 피살과 이재복·최남근 인맥이 인정을 앞세워 접근하여 박정희의 반골적 기질을 자극하자 자연스럽게 공산당 조직에 휩쓸려 든 것이었다.

박정희 소령은 며칠 뒤 숙군 수사기관에 체포되자마자 과감하게 공산주의와 절연하고 자신을 고백한다. 최창륜의 설득이 그런 결단의 한 원인이 되었을 것이라는 게 박창암의 짐작이다. 최창륜과 박창암은 그에 앞서 여순 14연대 반란사건이 터지기 전에는 만주군 선배인 최남근 연대장을 좌익에서 손떼게 만들려고 애쓰고 있었다. 월남한 지 2주가 지난 10월 초순 박창암은 파고다(탑골) 공원 옆에 있던 한 호텔로 최남근을 찾아갔다. 박창암은 만주군 시절에 간도특설대의 하사관으로서 최남근을 상관으로 모셨고 그의 인격에 감복했었다.

"왜 내려왔나."

"북한은 우리가 생각했던 것과는 너무 다릅니다. 형님도 이제 손을 떼시오."

박창암의 공산주의 체험기를 듣고 난 최남근은 동요하는 빛을 보였다. "내가 발을 빼면 죽는다"고 약한 말을 하기도 했다. 박창암이 비겁하다고 몰아붙이자 최 중령은 말했다.

"내가 자네 말을 못 믿는 것은 아니지만 워낙 내 생각과 다르니 최창륜이를 데리고 와."

다음날 박창암과 최창륜은 최남근을 찾아가 밤이 새도록 이야기했다. 새벽이 밝아오는데 이윽고 최남근이 결단을 내렸다.

"알았어. 발을 빼지. 그러면 나는 죽는데…."

여순 14연대 반란사건이 터지자 최남근은 이러지도 저러지도 못하고 방황하는 모습을 보이다가 체포되었다. 최창륜에 의한 설득 때문에 마음이 흔들린 상태에서 반란사건을 맞아놓으니 진압군도 아니고 반란군도 아닌 어정쩡한 태도를 보인 것으로 추정된다. 박정희 소령의 체포에 대해서는 용산 관사에서 동거하던 이현란의 증언이 실감난다.

〈밥을 해놓고 기다리고 있는데 이효 대위가 찾아왔어요. 술을 마신 모양인데 저에게 돈을 얼마 주면서 당분간 기다리라고 해요. 미스터 박이 출장 갔다는 겁니다. 그랬다면 아래채로 전화를 했거나 메모라도 전해 왔을 텐데 밤새 생각해도 이상했습니다. 다음날 강문봉 대령 부인에게 찾아가서 물었더니 부인이 "아직도 몰랐느냐"면서 남편을 불러서 (체포 사실을) 알려주는 거예요. 너무나 기가 막혔습니다.

지금도 그 생각만 하면 가슴이 떨릴 정도로 쇼크를 받았습니다. 많은 사람들이 관사에 왔다갔다했습니다. 나이는 어리고 의지할 데가 없는 저로서는… 이북에서 그게 싫어 왔는데 빨갱이 마누라라니. 얼마 후 (수사담당자) 김창룡이가 찾아와서 경위를 설명해주었습니다. 미스터 박의 메모도 전해주었습니다.

'미안해 어쩔 줄 모르겠다. 이것 하나만 믿어주라. 육사 7기생 졸업식에 간다고 면도를 하고 아침에 국방부로 출근하니 어떤 사람이 귀띔해 주더라. 내가 얼마든지 차 타고 달아날 수 있었는데 현란이를 사랑하기 때문에 안 갔다. 이것이 나에게 얼마나 불리한 것인지 아는가.'

그러나 난 괘씸했습니다〉

사랑 때문에…

숙군 수사팀에 구속된 박정희 소령이 그 절박한 상황에서 이현란에게 쪽지를 써 고백한 내용— '현란이를 사랑하기 때문에 도망갈 수 있었는데도 가지 않았다'는 것은 아마도 진실일 것이다. 여덟 살 아래인 그녀에 대한 박정희의 집착은 대단했다. 만약 이때 이현란이란 여인이 없었고 박정희가 달아났다면 그의 생애는 전혀 다른 궤적을 그렸을 것이다. 잡혀와 처형되었든지 산으로 들어가 빨치산이 되었든지 월북했을 가능성도 배제할 수 없다. 사형 선고를 면하고 감옥살이를 했다면 6·25 동란이 터지고 정부가 후퇴할 때 다른 좌익수와 함께 '처리' 되었을 가능성도 있다. 어느 쪽이든 '대통령 박정희'는 없었을 것이다.

박정희의 애절한 고백은 그러나 '빨갱이가 싫어서 월남했는데 빨갱이 마누라라니' 하면서 배신감을 가누지 못했던 이현란에게는 효과가 크지 않았다. 이현란의 생전 증언에 따르면 박정희가 구속된 얼마 뒤 조카 박재석과 한 여인이 서울로 올라와 관사에 찾아왔다고 한다.

이들은 이현란에게 "재옥이 엄마(박정희의 본처 김호남—편집자 注)가 알게 될지 모르니 서대문 형무소에 면회를 다니지 말라"고 하더란 것이다. 박재석과 같이 온 여인은 박정희의 죽은 형 박상희와 친한 서울여자였다. 그녀는 이현란을 보고서는 "이렇게 참한 색시가 어쩌나"라면서 김호남이 가출한 이야기, 박정희가 이혼수속을 하려고 했으나 못 한 이야기를 털어놓았다. 이현란은 이때 처음으로 박정희가 결혼하여 열한 살 난 딸이 있다는 사실을 알게 되었다는 것이다.

체포되기 전 어느 날 박정희는 이현란의 손을 잡고 한참 쳐다보더니 "참 미안하다"는 말을 한 적이 있었다. 그때는 그냥 의아했는데 일이 닥치고 보니 '말 못할 사정'을 털어놓으려 한 것임을 알았지만 이현란은 '배신감으로 용서가 안 되었다'는 것이다.

"나를 아내로 맞을 때 암시를 주었어야지. 장가가서 아이까지 낳았다고 하니 정이 떨어졌습니다. 나는 異性(이성)의 '이'자도 모르는 여자인데 도저히 이해를 해줄 수 없었습니다."

軍籍(군적)도, 사랑도, 나중엔 어머니도 잃게 하고 자신의 목숨까지도 風前燈火(풍전등화)로 내몬 박정희의 '좌익모험'이 '지옥의 계절'로 그를 인도한 날은 1948년 11월 11일이었다. 그의 체포를 알려주는 공식 문서는 국내에 남은 것이 없다. 박정희를 연구하고 있는 미국 하버드 대학교 한국학과 과장 카터 J. 에커트 교수가 미국 국립문서보관소에서 찾아낸 '한국군 헌병사령관 담당 미 군사고문관 보고서'에 박정희의 이름이 등장한다. 고문관 W. H. 세코 대위가 한국군 참모총장 담당 미군 고문관에게 보고한 이 문서(1948년 11월 12일자)에는 '반란행위로 구금된 장교들 명단'이란 제목으로 7명의 명단이 적혀 있다.

〈이영섭 해군 중령(국방부, 1948년 11월 8일 체포, 채병덕 대령의 명령에 따라), 나학수 소령(공병대대, 10월 26일, 송호성 사령관의 명령에 따라), 안영길 소령(공병대대, 11월 11일, 군수지원부대 사령관 명령), 안기수 소령(병기부대, 11월 10일, 병기부대 사령관 명령), 최남근 중령(4여단 참모장, 11월 11일, 송호성 사령관 명령), 오동기 소령(14연대장, 10월 1일, 송호성 사령관 명령), 박정희 소령(육군본부 작전교육국, 11월 11일, 채병덕 대령 명령)〉

왜 박정희가 채병덕 대령의 명령에 의해서 체포되었는지는 확실하지 않다. 그때 채 대령은 지금의 합참의장에 해당하는 참모총장이었고 육군 총참모장은 이응준 대령이었다. 박정희를 체포한 것은 국군의 모체로 불리는 1연대의 정보주임 김창룡 소령이었다. 초대 1연대장은 채병덕이었고 그는 김창룡이 마음속으로 존경하는 몇 안 되는 장교들 중 한 사람이었다. 김창룡이 채병덕의 결재를 얻어 박 소령을 체포했기 때문에 두 사람은 그를 살리는 데도 일정한 역할을 하게 된다.

유년기의 국군에 피바람을 부르게 된 숙군 수사는 김창룡이란 인물을 한국 현대사의 무대에 악역으로 등장시킨다. 일제시대엔 관동군 헌병하사관, 국군에선 특무대장, 그리고 1956년에 40세로 암살될 때까지 '빨갱이' 란 말에 이를 갈면서 군내의 좌익 숙청을 일생의 천직으로 삼았던 그에 대한 평가는 천당과 지옥만큼이나 엇갈린다. '일제시대의 고문기술자들을 부리면서 官製(관제) 빨갱이를 양산한 이승만의 충복'에서 '군내의 공산세포를 미리 제거하여 6·25 동란 때 국군의 붕괴를 예방한 救國(구국)의 영웅'까지 인물평이 극과 극으로 갈리는 김창룡. 그가 여자와 부패를 멀리하고 부하들을 반공이념으로 의식화시켜 그야말로 악귀처럼 공산당과 치열하게 대결해갔다는 사실은 부인할 수 없다.

咸南(함남)의 永興(영흥)에서 출생한 그는 만주를 점령하고 있던 일제 관동군의 헌병하사관으로 있으면서 주로 소련과 연계된 공산주의자들을 적발하는 일을 하다가 광복을 맞았다. 고향에 돌아온 그는 친구와 친척의 고발로 두 번이나 소련군에 체포되고 두 번이나 사형선고를 받았으며 두 번 다 탈출하여 1946년 4월에 월남했다. 김창룡은 서울역 앞에서 거적때기를 쓰고 열흘을 지내다가 관동군 정보하사관 출신인 친구 朴基丙(박기병)에게 발견된다. 박기병은 일찍 군대에 들어와 연대장이되어 전북 이리에 있는 3연대로 부임하는 길이었다. 박기병은 김창룡을 3연대의 본부중대장으로 있던 이한림 부위한테 보냈다. 허름한 군복 차림에 머리를 빡빡 깎은 김창룡은 운동화를 신고 있었다.

"이 부위님, 무슨 일이건 좋으니까 공산당 때려잡는 일만 맡겨주시면 생명을 아끼지 않겠습니다. 공산당 놈들에게 복수할 곳만 정해주십시오."

이한림은 '초면에 벌써 집요하고 무서운 剛氣(강기)가 여지없이 번득이는' 김창룡을 이등병으로 입대시켰다. 여섯 달 뒤 김창룡은 상관의 추천을 받고 사관학교 3기생으로 입교했다. 김창룡은 "나는 3기생의 8할이 적색분자라는 것을 알 수 있었고 오일균 생도대장, 조병건 교수부장, 김학림 중대장이 공산당 지령을 받고 움직인다는 사실을 간파했다"고 했다. 김창룡은 졸업한 뒤 1연대 정보장교로 부임했다. 그는 1연대 정보반을 군내 좌익수사의 本山(본산)으로 만들었다. 국군지휘부에서 좌익 수사를 꺼리고 있을 때 김창룡만이 우직하고, 집요하게 밀어붙였다. 여순 14연대 반란사건이 나자 비로소 군 수뇌부는 김 소령에게 좌익 숙청의 실무를 맡긴다. 박정희는 이 김창룡에게 걸려든 것이었다.

電氣고문

박정희 소령이 수감된 곳은 지금 신라호텔 부근의 남산 기슭에 있던 헌병대 영창이었다. 박정희는 여기서 수사에 협조하기로 결심한다.

그가 수사팀장인 김창룡 1연대 정보주임(소령)에게 써낸 자술서를 읽어본 사람으로서 유일한 생존자는 당시 육군본부 정보국 특무과장(소령)이던 金安一(김안일·육군 준장 예편). 박정희와는 사관학교 동기였고 20여년 전 기독교 목사로 있던 그는 이렇게 말했다.

"김창룡한테 들었는데 박 소령은 구속되자마자 이런 때가 올 줄 알았다면서 자술서를 쭉 써내려갔다고 합니다. 그 내용인즉 대구 폭동에 가담했다가 피살된 박상희 형의 집을 찾아가 보았더니 이재복(남로당 군사부 책임자)이가 유족들을 도와주고 있더랍니다. 李(이)는 '공산당 선언' 같은 책자를 가져다 주면서 남로당에 가입하라고 꾀었고 형의 원수를 갚으라고 하더랍니다. 자술서를 읽어보니 박 소령은 이념적 공산주의자가 아니고 인간관계에 얽혀서, 또 복수심 때문에 남로당에 들어간 감상적 공산주의자라는 생각이 들었습니다."

박정희는 자신이 알고 있는 軍內(군내) 남로당 조직원들의 이름들을 많이 털어놓았다. 특히 박 소령이 중대장으로 1년 남짓 근무했던 사관학교 내의 남로당 세포에 대해서 많은 정보를 제공했다고 한다.

박정희와 친밀했던 육군본부 정보국 전투정보과 김점곤 과장은 김창룡 소령을 따로 불러 때리지 말고 수사하라고 부탁했다고 한다. 그러나 박정희는 혹독한 고문을 받았다.

자술서를 잘 썼다고 해서 얌전하게 대접하면서 수사를 할 수 있는 분위기가 아니었다. 그 해 4월 3일부터 시작된 제주도 폭동과 여순 14연대 반란사건을 통해서 군내 좌익이 저지른 동료 군인들에 대한 학살은 많은 수사관들을 난폭하게 만들었다.

숙군수사의 기본 성격은 숙청이었다. 적법절차와 인도주의가 낄 수 있는 여지는 좁았다.

박정희는 헌병대 영창에서 한동안 있다가 서대문 형무소로 넘어갔다. 여기에는 全軍(전군)에서 붙들려온 숙군 피의자 1,000여 명이 건물 2개 동에 수용되어 있었다.

김창룡은 형무소에서 방을 빌려 상주하면서 신문을 벌이고 있었다. 박정희 소령과 같은 무렵에 구속된 金道榮(김도영·육사 1기 출신·육군 대령 예편)은 김창룡의 조사실로 불려갔다. 김창룡 소령, 李漢晋(이한진) 대위 등 수사관들과 마주하게 되었다. 한 구석에서 누군가가 전기고문을 받으면서 비명을 지르고 있었다. 박정희였다. '너도 불지 않으면 저렇게 된다' 고 겁을 주기 위해서 고문하는 것 같았다.

김 소령을 신문하던 사람이 "너 이러다간 죽으니 우선 아무나 대고 재판받을 때 부인하라"고 충고했다. 김 소령은 우선 살고 보자는 생각에서 같은 연대의 장교 두 사람을 찍었다. 이 둘은 구속되어 조사를 받고 풀려났다. 김 소령도 재판에서 무죄를 선고받고 석방되자마자 공비토벌에 투입되었다. 경인지구 부대의 숙군 책임자는 특별부대(군수지원 업무담당) 정보처장 車虎聲(차호성) 소령.

그는 서대문 형무소에서 김창룡의 조사실 옆방을 쓰고 있었다. 어느날 김창룡 방에 들어갔더니 박정희 소령이 우두커니 혼자 앉아 있었다. 차 소령은 친면이 있는 그에게 말했다.

"박 형! 이왕 자백하려면 깨끗이 털어놓으세요. 솔직히 불어야 속도 후련해질 것이오. 너무 걱정 마시오."

박정희는 "이미 다 털어놓았다"고 대답했다. 박정희를 신문한 사람은 일제시대 학병 출신으로서 힘이 장사인 이한진 대위. 그는 사관학교 5기생으로서 당시 중대장 박정희와는 사제지간이었다. 박정희와 육사 동기이고 그와 친하다가 최남근에게 포섭될 뻔했던 한웅진 대위는 이즈음 박정희를 면회 간 적이 있었다. 박정희는 처참한 몰골이었다. 무좀으로 고생한다고 해서 약을 사넣어 주고 왔다.

박정희가 '남로당 세포'라고 털어놓은 사람들 가운데는 억울한 사람들도 있었다. 아마도 고문을 이기지 못해서 허위진술을 한 것이리라. 그들 중 한 사람이 육군항공사관학교(공군사관학교의 전신) 교수부장 朴元錫(박원석·공군참모총장 역임) 대위였다. 1949년 1월 박정희 담당 수사관인 이한진이 사관학교 5기 동기생이기도 한 박 대위를 연행해 갔다. 항공사관학교 교장 金貞烈(김정렬·공군 참모총장, 국방장관, 국무총리 역임·작고)은 일본 사관학교 4년 후배인 박원석 대위가 그럴 리가 없다고 확신했다.

다음날 명동 증권거래소 건물 안에 있던 김창룡의 수사본부를 찾아갔다. 음산한 분위기였다. 곳곳에서 신음소리, 수사관의 고함소리가 어두컴컴한 복도를 타고 들려왔다. 김창룡은 관동군 헌병 출신으로서 정규일본 육사 출신에게는 고분고분한 특징이 있었다. 그는 김정렬에게 예의를 갖추었다.

"아니, 남의 교수부장을 빨갱이라고 잡아가면 어떻게 하오."

"아닙니다. 그놈은 빨갱이가 틀림없습니다."

"증거가 있소."

"예, 있습니다. 이것을 보십시오."

김창룡이 차트를 펼쳐 보였다. 웬만한 사람의 키를 넘을 만큼 큰 차트에는 남로당 수뇌부를 頂點(정점)으로 하여 밑으로 피라미드 모양으로 퍼져 나간 남로당 군사조직표가 그려져 있었다.

깨알 같은 글씨로 조직원들의 이름들이 적혀 있었다. 박원석 대위의 이름은 박정희 소령 밑에 올라 있었다.

"아니, 박원석이가 무엇을 했길래."

"드러난 것은 없지만 박정희의 세포입니다."

김정렬은 박정희가 일본 육사 57기 유학생대에 다닐 때 박원석이 58기로서 그때부터 서로 알고 지낸 정도로만 짐작하고 있었는데 같은 세포라니 어리둥절할 뿐이었다. 김정렬은 몇 달 전의 일이 생각났다.

항공사관학교 창설을 주도할 간부 7명이 육군사관학교에서 15일간 교육을 받는데 담당 중대장이 박정희 소령이었다. 박 소령은 일제시대의 군 경력이 훨씬 선배인 김정렬과 朴範集(박범집)을 매일 저녁 숙소에 초대하여 술과 음식을 대접했다.

김정렬은 박정희가 만주군관학교를 수석으로 졸업한 것을 알고 유심히 그를 관찰했다. 名望(명망)대로의 인물됨이었다. 그런데 그가 좌익이라니. 김정렬이 "박원석은 물론이고 박정희 소령도 내가 보기엔 빨갱이가 아닌 것 같은데 …"라고 했더니 김창룡은 "아닙니다. 그는 확실합니다"라고 자신있게 대답했다.

白善燁의 결심

김정렬 교장이 가만히 생각해보니 박원석 교수부장을 구해내려면 上線(상선)으로 되어 있는 박정희의 무고함을 증명하면 될 것 같았다. 그래서 수사책임자 김창룡 소령에게 다짐하듯 재차 물었다.

"만약 박정희 소령이 빨갱이가 아니라는 것이 입증되어 풀려나온다면 어떻게 하겠소."

"그야 박원석이는 자동적으로 풀려나오게 되겠죠."

"박정희가 빨갱이가 아니면 박원석은 그저 나오는 것이오."

"예, 그렇습니다."

김정렬은 육군참모차장이던 정일권 대령을 찾아갔다. '만주군 후배인 박정희가 빨갱이로 몰려 있으니 살려내라' 는 식으로 다그쳤다.

"지금 김창룡이가 나까지 빨갱이로 보고, 나를 못 잡아서 안달인데 내가 어떻게 하겠소."

"아니 그게 무슨 소리요. 참모차장인데 한번 따져볼 수는 있지 않습니까."

"아이고! 김창룡이 이야기는 하지도 마시오."

김정렬은 백선엽 육본 정보국장을 찾아갔다. 백 대령은 숙군수사의 총책임자였다. 백선엽 대령도 김정렬의 救命(구명)요청에 대해 難色(난색)을 보였다. 그도 "형님, 말도 마십시오. 김창룡이는 지금 나를 잡아넣지 못해서 안달입니다"라고 하더란 것이다(《김정렬 회고록》).

이에 대해서 백선엽 전 육군대장은 "김정렬 씨가 와서 박원석 대위를 선처해달라고 말한 적은 있지만 박정희에 관한 언급은 없었다. 김창룡은 나의 지시를 잘 따르는 부하였다"고 말했다.

김정렬은 일본 육사 5기 선배인 채병덕 준장의 서울 용산구 갈월동 자택을 찾아갔다. 그는 지금의 합참의장에 해당하는 국방부 참모총장으로 있었다. 김정렬 교장의 말을 듣더니 채병덕은 즉시 김창룡을 불렀다. 김정렬은 다른 방으로 피했다. 김창룡과 이야기를 나누고 돌려보낸 뒤 채병덕은 김정렬을 다시 불러 이렇게 말했다.

"김창룡이가 말하기를 박정희가 남로당 프락치인 것은 확실한데 풀어줄 길은 있다고 하는구먼."

김창룡이 제시한 '살릴 길'은 이러했다.

〈수사관들이 공산주의자들을 잡으러 갈 때 열 번만 박정희 소령을 앞세우고 동행한다. 만약 박정희가 남로당 세포가 아니면 아무런 거리낌 없이 여기에 협력하여 누명을 벗을 것이요, 그가 공산주의자라 하더라도 열 번을 배신하게 만들면 그 세계에서 영원히 추방되어 전향하지 않을 수 없을 것이다〉

설명을 마치자 채병덕은 김정렬에게 물었다.

"박정희 소령이 거기에 응해줄지 몰라."

"아, 그거야 물론 당연히 응하겠죠."

다음날 일찍 김정렬은 다시 김창룡을 찾아갔다. 박정희가 적극적으로 협력하겠다고 말했다는 것이다. 그 일을 하는 데는 한 보름이 걸릴 것이라고 했다. 김창룡이 아무리 숙군수사의 실력자라고 해도 박정희를 마음대로 풀어줄 수는 없었다. 절차를 밟아야 했다.

전국적 규모로 벌어지고 있던 숙군수사를 총괄하고 있던 것은 육본 정보국 특무과장 김안일 소령이었다. 이 특무과는 SIS(Special Investigation Section)라 불렸다.

이 科(과)는 곧 육군특무대로 확대되고 이 부대가 방첩대, 보안사령부로 바뀌면서 두 대통령, 두 정보부장을 배출하는 등 한국 현대사를 주름잡는 권력기관으로서 역사의 전환기마다 중심적 역할을 하게 된다. 김안일은 김창룡이 박정희를 살려주자고 하자 그를 지금의 조선호텔 근방에 있던 특무과 사무실로 불러 직접 신문했다.

"그는 자포자기도 하지 않았지만 그렇다고 특별히 생에 애착이 있는 것 같지도 않았습니다. 의식적으로 태연한 척하는 것도 아니고. 그래서 내가 백선엽 국장에게 살려주자는 제의를 했습니다. 자기 조직을 털어놓은 공산주의자는 거세된 宦官(환관)과 같아 풀어주어도 안심할 수 있다고 판단한 겁니다."

백선엽 국장은 김안일의 건의를 받아들여 박 소령을 면담하기로 했다. 김안일이 수갑을 찬 박정희를 데리고 정보국장실로 들어와서 백 국장 옆에 앉았다.

백선엽은 석 달 전 여순 14연대 반란군 토벌사령부의 참모장일 때 박정희 소령을 작전장교로 데리고 있었다. 마주 앉은 박정희의 모습은 처연했다. 생사의 기로에 선 한 연약한 인간이 생명을 애원하는 순수한 모습, 그것이 백선엽을 움직였다. 그는 "저를 도와주십시오"라며 백선엽 국장에게 애원조로 말했다. 백선엽은 박정희의 그 말에 무심코 "도와드리지요"라고 대답하고 말았다. 백선엽 장군은 지금도 그 결정적인 말이 '무심코' 나왔다고 또렷이 기억하고 있었다.

"그 말이 결국 그를 살린 것입니다. 도와주겠다고 약속해놓고는 '어떻게 살리나' 하고 고민을 많이 했습니다. 통수 계통을 따라 재가를 받아야 했으니까요. 그분이 살아난 것은 간단합니다. 저와 직접 대면했기 때문입니다. 숙군 수사 책임자인 저에게 아무도 박정희를 살려달라고 부탁하지 않았습니다. 당시 무서운 수사 선풍이 불고 있어 누구도 감히 저에게 그런 말을 할 수 없을 때였습니다. 제 앞에 앉아 있던 그분의 측은한 모습, 거기에 저의 마음이 움직인 겁니다."

개인적 친분으로 친다면 최남근 중령이야말로 백선엽이 구해야 할 인물이었다. 최남근은 봉천군관학교 선배이고 간도특설대에서 같이 근무했으며 함께 38선을 넘어와 같은 날 임관하여 군번도 백선엽 바로 앞이었다. 그런 백선엽은 숙군수사가 시작되자 잠적한 최남근을 체포하라는 명령을 내리는 입장이 되었다.

김안일의 기억에 따르면 김창룡이 박정희 구명 사유서를 겸한 신원 보증서를 적어 자신과 함께 백선엽 국장에게 갔다고 한다. 백 국장은 "너희들도 여기에 도장을 찍어"라고 하여 세 사람이 박정희의 신원 보증인이 되었다. 붉은색 안경을 쓰고 세상을 보던, 저승사자 같은 김창룡이 박정희를 살렸다는 것 — 우리 현대사의 뒤안길에서 벌어졌던 수많은 기구한 인연 중의 하나이다.

"김 형, 고맙습니다"

군내 좌익세포를 숙정하는 수사과정에서 박정희의 제보가 어느 정도였던가, 박정희의 역할과 위상은 어느 정도였던가를 따져볼 필요가 있다. 수사·재판기록이 없어진 현재, 이런 의문을 풀기 위해서는 관련자들의 증언을 종합하고 검토해야 한다. 육군정보국 첩보과장 겸 전투정보과장 김점곤(육군 소장 예편)은 이 무렵 박정희 소령과 인간적으로나 업무적으로 무척 가까웠다. 1기 선배인 김점곤은 또 1연대 정보주임으로서 숙군수사를 사실상 주도하고 있던 김창룡 소령의 보고 上線(상선)에 있었다. 숙군수사에 시동이 걸린 어느 날 김창룡 소령이 전화로 "이재복이를 잡았습니다"고 보고해 왔다.

"이재복이 누군데."

"남로당 거물입니다."

한 시간쯤 뒤 김창룡이 나타나더니 김점곤 과장에게 흑백 사진 한 장을 보여주었다. 김 과장은 "잘 모르겠는데 어디서 본 듯하기도 하고"라고 했다. 김창룡은 "이놈이 이재복인데 김 과장과 춘천에서 저녁을 같이 했다는데요"라고 했다. 그제서야 어떤 회식자리가 생각났다. 김점곤은 박정희가 叔兄(숙형)이라며 데리고 온 사람과 저녁을 먹은 것이 기억났다. 김창룡은 "이놈이 그날 박정희의 숙형이라 위장하고 그 자리에 나타난 겁니다"라고 했다.

1년 반 전 8연대 시절 그 회식 자리가 마련된 것은 작전참모 박정희 소위가 김점곤 중위에게 "시골에서 山坂(산판)을 하여 돈을 좀 번 숙형(삼촌)이 계시는데 저녁을 사겠답니다"라고 말한 것이 계기가 되었다. 원용덕 연대장을 모시고 술을 함께 마시는데 서로 인사가 끝나고 잔이 몇 바퀴 돌고 나서 원용덕이 소리를 꽥 질렀다.

"야, 정희야, 너 아주 쌍놈이구나."

박정희는 "예?"하고 묻더니 "저는 가난하게는 살았어도 쌍놈은 아닙니다"라고 했다.

"이놈아, 叔姪(숙질) 간에 성이 다르니 쌍놈일 수밖에."

그 순간 김점곤과 박정희의 눈길이 마주쳤다. 김점곤의 눈은 '어떻게 된 거야'라고 묻고 있었고, 박정희의 눈은 '어떻게 하지' 하고 도움을 청하고 있었다. 박정희는 김점곤의 반응이 없자 잠시 머뭇거리다가 "저의 외숙입니다"라고 말하는 것이었다. 원용덕은 기다리던 대답이란 듯이 "그러면 그렇지"라고 하며 웃음을 터뜨려 분위기는 정상화되었다. 그때 박정희의 '외숙'이 사실은 남로당 군사부 책임자 이재복이었다는 사실에 경악한 김점곤은 다음날 일어나 생각하니 박정희도 붙들려 들어가 있을 것이라는 직감을 했다. 전화로 김창룡을 불렀다.

"박정희는 고문하지 말아요. 몸이 약해서 다른 사람들처럼 다루면 죽을 가능성이 있어."

그때 박정희는 자신을 좀 혹사하고 있었다. 무슨 고민이 있는지 말술을 퍼마시는데 체력이 이를 감당하지 못하고 있었다. 김점곤이 김창룡으로부터 들은 보고에 따르면 박정희는 남로당의 군사부책인 이재복의 직속인물로서 군내 남로당 조직도에선 최상층부에 위치하고 있었다. 김점곤의 이야기—.

"여순 14연대 반란사건 직전에 이재복이 박정희를 군내조직 책임자로 임명한 것이 아닌가 합니다. 인간적으로 자신과 직접 연결되고 두뇌와 인격이 뛰어난 박정희로 하여금 조직을 관리하도록 했을 것입니다. 남로당의 군내 세포 관리체계는 엉망이었습니다. 朴憲永(박헌영)은 빨치산 출신인 김일성과는 달리 군대의 중요성에 대한 인식이 부족했던 것 같습니다. 육사 3기생부터 군내당을 건설하기로 한 것 같은데 지휘체계의 혼선이 컸습니다.

여순 14연대 반란사건도 중앙당의 이재복이 지시해서 발생한 것이 아니고 道黨(도당)이 관리하던 하사관들이 멋대로 주동하여 일으킨 것입니다. 중앙당은 장교들을 관리하고 있었는데 김지회 중위가 뒤늦게 지창수 상사로부터 지휘권을 인수하여 반란군의 두목이 된 것입니다. 지창수는 같은 부대에 있던 김지회가 남로당 세포라는 사실도 몰랐습니다. 김창룡이 박정희를 통해서 군내 남로당 조직의 윤곽을 그릴 수 있었던 것이 무엇보다도 큰 수확이었습니다. 저는 김창룡에게 박정희로부터 자술서를 받되 그 내용이 우리가 후에 조사한 것과 다르게 나오면 용서할 수 없다고 못을 박고 이 점을 말해두라고 했습니다."

박정희가 조직을 털어놓기 전에도 김창룡은 이재복보다 먼저 붙든 그의 비서 김영식을 통해서 군내 조직원 수백 명의 명단을 입수했다. 수사 책임자 백선엽 육군 정보국장에 따르면 경찰로부터도 군내의 좌익 명단이 넘어왔다고 한다. 金泰善(김태선) 서울시경국장이 이승만 대통령에게 보고한 명단이었다. 군정시대 경찰은 좌익소탕에 앞장섰기 때문에 체계적으로 정보를 관리하고 있었던 것이다. 이 대통령은 미 군사고문단장 로버츠를 불러 그 자료를 내놓으면서 "그동안 미군은 뭘 하고 있었는가. 이런 군대를 대한민국 정부에 인계했는가. 책임지고 숙청하라"고 다그쳤다.

이 명단은 이응준 육군 총참모장에게 건네졌고 숙군 수사 때 기초 자료로 쓰였다. 이 경찰자료와 이재복 비서로부터 압수한 명단 중에 박정희의 이름이 끼여 있어 그의 체포로 연결되었던 것 같다.

박정희가 털어놓은 명단 때문에 군내의 좌익들이 몽땅 체포되었다는 주장은 과장이다. 좌익세포가 가장 많이 들어가 있었던 곳은 육군사관학교였다. 1중대장 박정희 소령에 이어 1중대 2구대장 황택림 중위, 4구대장 張龜燮(장구섭) 소위, 2중대장 강창선 대위가 체포되었다. 그 이전에 사관학교에서 간부로 근무했던 오일균, 조병건, 김학림도 제거되었다. 박정희의 만주군관학교 2기 동기들 가운데서도 이병주, 안영길, 강창선, 이상진이 숙청되었다. 혈연, 학연, 군맥에 의해 좌익인맥과 이중 삼중으로 얽혀 있었던 것이 박정희였다.

김점곤의 관사는 박정희의 용산 관사와 길 하나를 두고 대각선으로 마주보고 있었다. 김점곤은 박정희가 구속된 뒤에는 혼자 있는 이현란을 총각의 몸으로 찾아가기가 뭣했다. 옆집에 살고 있던 군악대장 李鍾泰(이종태) 부부와 함께 들러 쌀도 갖다 주곤 했다. 1949년 1월 말, 박정희가 풀려나온 것을 김창룡의 전화를 받고 알게 된 김점곤은 다음날 아침 일찍 찾아갔다. 현관문을 열고 들어가자 아침상을 받아놓고 밥 숟가락에 김을 막 얹으려던 박정희가 김점곤을 보더니 달려나와 와락 끌어안았다. 그는 "김 형, 고맙습니다"라면서 엉엉 울었다.

無期징역에 집행면제

박정희를 살려준 백선엽 육본 정보국장은 자상하게 그의 뒤를 봐주었다. 석방시킨 뒤에는 일주일 동안 정양한 뒤 출근하도록 배려했다. 그 사이 백선엽 국장은 박정희 소령을 정보국 전투정보과 과장으로 발령냈다. 형이 확정될 때까지 현역으로 계속 근무하도록 한 것이다. 박정희는 반란기도 사건이 계류 중이던 4월까지 석 달간 정복차림으로 정상 근무했다.

전투정보과에는 남한반(반장 韓武協 중위)과 북한반(반장 柳陽洙 중위)이 있었다. 육사 6기 출신인 한무협 중위는 박정희를 직속상관으로 모시면서도 이상한 느낌을 별로 받지 못했다. 자신이 육사 생도시절 중대장이었던 박정희가 '공비토벌에 참여했다가 잠깐 무슨 오해를 받고 풀려난 모양이다'고 생각했다. 한무협 중위는 3월에 태고사에서 결혼식을 올렸는데 주례는 박정희였다. 그러나 정작 박정희 자신의 가정생활은 평탄하지 못했다.

박정희는 1949년 2월 8일에 고등군법회의에서 사형 구형에 무기징역과 파면, 급료 몰수형을 선고받았다. 이날 선고를 받은 피고인은 박정희 소령을 필두로 69명(장교 42명, 사병 27명)이었다. 이들의 공통죄목은 국방경비법 제16조 위반(반란기도)이다. '고등군법회의 명령 제18호' (1949년 4월 18일자)에는 박 소령에게 적용된 구체적 죄명이 '병력제공죄'로 되어 있다. 이 문서는 이들 피고인이 '1946년 7월경부터 1948년 11월에 걸쳐 서울 등지에서 남로당에 가입, 군내에 비밀세포를 조직하여 무력으로 합법적인 大韓政府(대한정부)를 반대하는 반란을 기도했다'고 적고 있다.

박정희는 설치장관(이응준 육군 총참모장) 확인과정에서 징역 10년으로 감형되고 동시에 형의 집행을 면제받은 것이다. 파격적인 특례였다. 박정희는 또 불구속 상태에서 이런 재판절차를 밟은 것으로 추정된다. 군법회의 재판관 金完龍(김완룡·초대 육군 법무감·예비역 육군 소장)은 "박정희는 남로당에 가입하긴 했으나 적극적으로 활동하지는 않았고 군내에서도 인물이 아깝다는 여론이 일어나 그런 감형이 가능했을 것이다"고 말했다.

육사 생도대장으로 있으면서 생도들을 공산화하는 활동을 했다는 혐의로 사형선고를 받은 오일균도 전향했지만 살릴 수 없었다. 수사관들이 그를 살려야 한다고 건의하여 육군 수뇌부가 회의를 했으나 부결되었다고 한다. 오일균은 사형 집행장에서 "대한민국 만세!"를 외치면서 죽어갔다고 전한다. 박정희는 대통령 시절 충북 청원군을 지나다가 한 마을을 바라보면서 "저곳이 오일균의 고향인데…"라고 중얼거리고는 생각에 젖더라고 한다.

박정희가 지옥의 문턱까지 갔다가 九死一生(구사일생)으로 살아 돌아와 민간인 신분으로서 새 삶을 시작하고 있던 1949년 5월 25일 오후 2시, 수색에서는 박정희의 좌익 선배 최남근에 대한 사형집행이 있었다. 호탕한 성격과 강렬한 민족의식으로 만주군 장교들 사이에서 존경을 한 몸에 받았던 최 前(전) 연대장은 여순반란 사건에는 관련이 없었지만 남로당에 가입했다는 이유로 형장에 서게 되었다. 그에 대한 총살형을 집행한 것은 文容彩(문용채) 헌병장교였다. 그는 만주군 장교 시절 최남근과 함께 비밀항일조직에 가입한 적이 있는 동지 사이였다. 최남근의 군 후배들과 미 군사고문관 짐 하우스먼 대위도 입회했다. 최남근은 이들과 일일이 악수를 나누면서 하직인사를 했다.

문용채에게는 "문 형! 나 먼저 가요"라는 인사를 남기고 당당하게 총탄을 받았다. 이 장면을 하우스먼은 활동사진에 담았다. 최남근의 후배 박창암은 그가 동생에게 남긴 유서를 본 적이 있었다.

'남오야! 큰형은 좌익 손에 맞아죽고 나는 우익에게 죽는다. 이럴 때 어떻게 살아야 할지 잘 생각해서 처신하고 아무쪼록 부모님께 잘해 드려라.'

여순반란 사건 직후부터 1년 이상을 끈 숙군수사로 군대에서 추방된 사람들은 얼마나 될까. 숙군수사 책임자 백선엽 당시 육본 정보국장은 "全軍이 약 8만 명이던 시절인데 10% 이상이 불명예 제대한 것으로 기억한다"고 했다. '한국전쟁사'는 좌익분자로 분류되어 숙청된 장병을 830명, 연루된 민간인을 555명으로 집계했다. 처형된 장교들은 수십 명 정도였다고 한다. 육사 3기생 출신 장교들 가운데 60여 명이 숙청된 것은 숙군수사의 주역 김창룡이 3기생으로서 훈련을 받을 때 동기생들 내의 좌익세포를 많이 파악해 놓았던 데다가 남로당이 3기생부터 조직적으로 침투했기 때문이다. '한국전쟁의 영웅' 백선엽 전 육군 참모총장은 이 숙군이 대한민국을 살렸다고 말한다.

"그 1년 반 뒤 6·25가 터졌습니다. 초전에 일방적으로 밀릴 때인데도 국군은 집단투항을 한 부대가 하나도 없었습니다. 중대, 소대 규모에서도 없었습니다. 숙군이 없었더라면 군내의 남로당 세포가 들고 일어나 국군은 붕괴되었을 것입니다."

파면… 어머니의 죽음

1948~1949년의 숙군수사는 일제 시대에 독립투사와 공산주의자들을 추적했던 일제고등계 형사들과 헌병 출신들 수십 명을 군 수사기관에 모으는 계기를 만들었다. 숙군수사가 확대되자 육군은 전문 수사요원들을 확보하기 위해서 이들을 끌어들였다. 그때 국회는 반민특위를 구성하여 친일경찰 출신들을 잡아들이고 있었다. 그들 중 상당수는 피난처 삼아 군대로 들어왔다. 일제 헌병과 고등계에서 봉사했던 이들은 숙군수사에 공과를 남겼다.

그들은 사상문제를 전문적으로 다루어본 경험을 살려 마구잡이로 붙들려 와 있던 억울한 피의자들을 많이 가려내 풀어주었다. 그들은 한편 고문의 기술자들이기도 했다. 지금까지 어두운 그림자를 드리우고 있는, 우리 정보 수사기관의 고질이 된 고문과 조작, 그리고 정치개입의 뿌리가 이들과 연결된다. 이승만의 입장에서는 친일파의 손으로 좌익을 제거하는 以夷制夷(이이제이)의 전술이었다.

화보 페이지에 실린 병색의 박정희 모습과 전혀 다른 사진이 하나 있다. 1949년 4월 초 박정희 소령이 전투정보과 직원들과 태릉으로 야유회를 가서 찍은 기념사진이다. 야유회란 성격 때문인지 등장인물들의 표정이 모두 밝다. 박정희는 드물게 웃고 있고 후임 과장 李厚洛(이후락) 소령은 소년처럼 쾌활한 표정이다. 박정희 옆에 앉은 동거녀 이현란은 학생복 같은 흰 옷을 입고 있는데 작은 사진에서도 미모가 눈에 뜨일 정도이다. 이 야유회 며칠 뒤의 일이다. 과의 선임하사 김이진 일등상사는 서무직원 金仁生(김인생)을 육군본부로 보내 문서를 수령해 오게 했다.

문서를 먼저 열람하던 김 상사는 깜짝 놀랐다. 무기형에서 징역 10년 형으로 감형된 박정희의 형 집행을 면제하고 파면한다는 내용이었기 때문이다. 언제나 그렇듯 김이진은 자신의 도장을 찍고 서류를 박정희의 코 밑에 살짝 내밀면서 작은 목소리로 "과장님!"이라고 불렀다. 박 과장은 문서를 한번 훑어보더니 "응, 알았어"라고 하는데 꼭 남의 이야기하듯 했다. 이 과에서 근무한 지 두 달밖에 안 되는 김 상사는 그때 처음으로 과장의 '과거'를 알았다고 한다. 김이진은 그날만은 사병들을 모아놓고 명령서를 낭독하는 일을 생략하고 문서철에 철해놓기만 했다. 그 다음날 박정희는 정상적으로 출근했다. 군복을 벗고 까만 양복을 입고 있었다. 그 뒤 박정희는 직책도 책상도 없어 나오다가 말다가 했다.

백선엽 정보국장은 유양수 소령이 전투정보과장으로 승진했을 때 박정희를 '비공식 문관'으로 데리고 있도록 했다. 백 국장은 기밀비에서 매달 조금씩 떼내어 박정희의 월급을 마련하도록 했고 지프도 계속해서 쓰게 했다. 일부 기록은 이 시절의 박정희를 문관이라고 쓰고 있는데 그는 공무원도 아니고 정식 고용 문관도 아니었다. 박정희는 직제에는 없지만 상황실장 역할을 하게 됐다. 1949년에 들어서면 지리산, 소백산, 한라산에서 공산 빨치산의 활동이 격화되고 있었고, 옹진반도에서는 북한 인민군과의 局地戰(국지전)이 계속되고 있었다. 지서와 부락 습격, 탄약과 식량탈취, 북한에서 내려보내는 빨치산 토벌 등 정세는 이미 전면전을 향해 달려가고 있었다. 상황실의 지도에는 붉은 전투지역 표시가 늘고 있었다. 박정희는 상황판을 유지하는 일을 돕고 있었다.

1949년 5월 4일에는 춘천에 본부를 둔 8연대 산하 1, 2 대대를 좌익성향의 두 대대장이 인솔하여 집단 월북해 버리는 사건이 났다. 1대대장

表武源(표무원) 소령은 실탄을 휴대하지 않은 대대 병력을 끌고 對北(대북)시위를 하는 것처럼 위장하여 38선을 넘어갔다. 그리고는 "인민군에게 포위되었으니 항복하자"고 했다. 표 소령은 일부 부하들이 말을 듣지 않자 인민군에게 신호를 보내 위협사격을 요청했다. 239명의 장병은 남으로 탈출하고 217명이 월북하고 말았다.

같은 날 2대대장 姜泰武(강태무) 소령은 인민군이 점령하고 있던 38선상의 고지를 공격한다는 허위명령을 내리고는 부대를 돌격시켰다. 매복하고 있던 인민군과 교전이 시작되어 포위되자 강 소령은 부대를 끌고 항복해 버렸다. 382명의 장병은 남쪽으로 탈출하는 데 성공했고 368명은 대대장을 따라 월북했다. 8중대 金仁植(김인식) 중위는, 교전이 시작되기 직전에 위장 귀순한 인민군 2명이 교전이 시작된 뒤 본색을 드러내고 "우리가 길을 안내할 테니 월북합시다"고 제의하자 사살해 버렸다. 김 중위는 혈전을 벌이면서 퇴로를 찾아 남으로 내려왔다.

표무원, 강태무 두 소령은 남로당에 가입하지 않았지만 불순분자라는 의심을 받아 언젠가는 체포될지 모른다는 불안감에 휩싸여 지내다가 월북했다는 異說(이설)도 있다. 이 2개 대대의 월북사건으로 이응준 육군 총참모장이 물러나고 그 자리에는 국방부 참모총장(요사이의 합참의장에 해당) 채병덕 준장이 전보되었다. 이응준 장군은 김창룡 소령이 강, 표 소령을 구속 수사하겠다고 결재를 올렸을 때 "38선을 지키는 부대장을 함부로 그럴 수는 없다"면서 否決(부결)했던 책임을 진 것이었다.

월북한 2개 대대는 8연대 소속이었는데 연대장 김형일 중령은 소령 자리인 육본 정보국 전투정보과장으로 좌천되어 왔다. 전임 이후락 소령은 병참차감으로 전보되었다. 김형일은 이 월북사건으로 혼이 난 때문인지 전투정보과에서 만난 남로당 前歷者(전력자) 박정희를 곱게 보지 않았다. 두 사람은 1960년 4·19 뒤에도 격돌하는데 이는 5·16의 한 요인이 된다. 김형일은 곧 다른 직책으로 떠나고 박정희와는 경비사관학교 동기생 사이인 김재현 소령이 후임과장으로 부임했다.

1949년 여름에 어머니 백남의가 일흔여섯의 나이로 별세했다. 마흔넷의 나이에 박정희를 임신한 것이 부끄러워 그 생명을 떼려고 온갖 수를 다 써보았던 어머니는 막상 아들이 태어나자 미안한 마음까지 더 얹어서 박정희에게 사랑의 단비를 흠뻑 쏟아 부었다. 그것이 박정희의 인격을 만든 결정적인 토양이었다. 백남의는 아들의 성공한 모습을 보지 못하고 박정희가 일생 중 최악의 상황에 빠져 있을 때 세상을 떠났다. 그만큼 박정희의 슬픔도 컸을 것이다.

박정희는 동거녀 이현란을 데리고 고향으로 내려갔다. 본처 김호남은 큰딸 재옥을 데리고 집을 나가고 없었다. 이현란은 박정희의 생가를 '기어 들어가고 기어 나오는 곳'이라고 기억했다. 이현란의 생전 증언에 따르면 박정희 일가가 나서서 '대학생 弟嫂(제수)씨가 온다고, 서울 멋쟁이라고 야단이었다'고 한다. 그들은 '광목에 물들여 옷을 해입고 나와서 떡 해준다고 방아도 찧고 했지만' 이현란은 '하룻밤만 자고 혼자서 부랴부랴 서울로 올라왔다'는 것이다.

술과 8期生

육본 정보국 전투정보과 남한반장이던 韓武協(한무협) 중위는 자신의 결혼식에서 주례를 서 주었던 박정희를 무척 따랐다. 비록 박정희가 군복을 벗고 민간인으로 근무하고 있었지만 한 중위는 여전히 그를 상관으로 대우하고 있었다.

이즈음의 박정희에 대해서 한무협은 "때로는 자포자기한 사람처럼 흔들리다가도 다시 마음잡고 사는 모습으로 바뀌는 등 기복이 있었다"고 기억한다. 젊고 미인인 연인과 함께 살고 있었지만 집안이 편치 못했다.

한때는 '빨갱이'였고, 결혼하여 딸까지 두고 있으며, 파면되어 장래가 어두운 박정희에 대해서 동거녀 이현란은 절망하기 시작했다. 그녀의 생전 증언ㅡ.

〈우리 사이에 아이가 있었다고 하는데 아이를 날 새가 어디 있었어요. 살기는 햇수로 3년이지만 같이 산 것은 8개월 정도밖에 되지 않았어요. 가출을 수도 없이 했으니까요. 아이가 있었다면 붙잡혀 못 나왔을 걸.

그 사람이 얼마나 독한 사람인데 나를 놔줘요. 미스터 박은 방에 누워 책으로 얼굴을 덮고 연설을 하곤 했습니다. 독일의 히틀러가 독재자이긴 하지만 영웅은 영웅이라고 하더군요. 나긴 난 사람이라고. 미스터 박 그 사람은 국방장관 자격은 있다고 생각했어요. 그는 요만큼을 가도 나를 데리고 가려고 해요. 화장실에 오래 있어도 들여다봐요. 내가 달아날까 봐. 미스터 박은 땅을 치고 울기도 많이 했습니다. 날 놔달라고 자꾸 그러니까 울더군요. 그런데 그 모습을 보고도 나는 아무렇지도 않았습니다. 꽤씸하고 그 얼굴이 가면같이 느껴지고요. 여자(본처 김호남)가 있다는 것도 몰랐는데 아이(박재옥)까지 내 앞으로 입적하겠다니 천길 만길 뛰겠더라고요.

지금 생각하면 내가 그 분의 마음을 너무 아프게 해드린 것 같습니다. 연분이 아니었지요. 미스터 박이 대통령이 되었을 때도 아무렇지도 않

았으니까요〉

박정희는 큰딸 재옥을 데리고 가출한 뒤 소식이 없는 본처 김호남과 정식으로 이혼하여 호적을 정리하려고 속을 태웠다. 박정희는 고향에서 제법 사업에 성공하여 큰 기와집을 사서 살고 있던 조카 박재석을 불러 올렸다. 박정희는 조카를 중국집에 데리고 가더니 울먹이면서 하소연을 했다.

"너의 숙모(김호남)하고 이혼 좀 시키도고."

"제가 어떻게 이혼을 시킵니까."

"내가 지금 새로 장가를 가야겠는데 이혼이 안 되니 … 좀 도와다오."

박재석은 고향으로 내려와서 김호남을 찾아가 사정했으나 펄쩍 뛰는 것이었다.

박정희의 울적한 마음을 달래주는 것은 술이었다. 박정희는 많지 않은 월급에 비해서 술을 과하게 마시는 편이었다. 월급이 나오자마자 운전사를 시켜 봉투째 단골 술집 여주인한테 갖다 주기도 했다. 백선엽 정보국장은 이런 박정희를 도와주려고 배급품인 시레이션과 담배를 모아서 건네주기도 했다. 팔아서 쓰란 뜻이었다.

한무협 중위는 어느 날 종로의 단골집에서 술을 마신 뒤 먼저 집으로 돌아왔다. 다음날 출근하니 박정희가 전화를 걸었다. '차를 가지고 나를 데리러 오라'는 것이었다.

간밤의 단골집으로 가니 술집 여주인이 양말부터 속옷 일체를 새것으로 갈아입히고 있었다. 박정희는 천진난만한 어린아이처럼 앉아서 옷을 하나씩 받아 입는 것이었다. 한 중위는 '오늘도 부부싸움이 벌어지겠구나' 생각했다.

이 무렵의 박정희에 대한 기억들은 거의가 술과 연결되어 있다. 그는 불운의 계절을 술로 달래고 있었다. 박정희는 정보국 5과장 車虎聲(차호성) 소령과 자주 어울렸다. 박정희는 배갈, 막걸리, 소주 등 닥치는 대로 마셨다. 곧잘 팬티 차림으로 주저앉아 격식과 체면도 벗어던진 채 먹고 마시고 춤추곤 했다. 차 씨에 따르면 박정희는 취하면 아무나 부둥켜안고 볼에 침이 묻을 만큼 입을 맞추는 버릇이 있었다.

깨어 있을 때는 목석 같은 박정희였지만 취하면 閑良(한량)이었다. 5·16 거사의 주체세력이 되는 육사 8기생들과의 인연도 이 무렵 술을 통해서 맺어졌다. 공산 빨치산의 활동이 격화되자 정보국의 일이 많아지기 시작했다. 백선엽 국장은 첩보과장 계인주 중령과 전투정보과 선임장교인 유양수(육군 소장 예편, 동력자원부 장관 역임) 대위를 부르더니 "육사 8기생들이 졸업하는데 임자들이 가서 머리 좋은 생도들을 데리고 오라"고 했다.

유 대위는 1,000명이 넘는 졸업예정자들 가운데 성적이 좋은 생도들을 면접하여 그 해 6월에 31명을 정보국으로 데려왔다. 15명은 전투정보과에 배치되었다. 자민련 총재를 지낸 金鍾泌(김종필) 소위를 비롯하여 李永根(이영근·유정회 총무 역임), 李秉禧(이병희·전 국회의원·작고), 全在德(전재덕·전 정보부 차장), 全在球(전재구·전 정보부 차장보), 石正善(석정선·전 정보부 차장), 徐廷淳(서정순·전 정보부 차장) 등 전투정보과 출신들은 5·16의 기획과 거사 뒤의 정보부 창설 등에 깊이 관여하게 된다.

박정희 대통령의 경호실장이 되는 박종규는 그때 사병으로 전투정보과에서 근무하고 있었다. 이들 8기 장교들의 마음을 사로잡은 것이 민간인 박정희였다. 이영근의 증언一.

"작전과 정보에 대해서 경험이 없었던 저희들의 눈에는 박정희 그 분이 하나의 驚異(경이)였습니다. 빨치산들의 이동이 감지되면 그들의 예상 이동경로를 저희 과에서 판단하여 작전국에 알려주곤 했는데 그분의 예상이 적중하는 것을 많이 보았습니다."

상황실에 가끔 상관들이 나타나, 박정희의 지도하에 8기 장교들이 그려 넣은 상황판을 비판하는 경우가 많았다. 경험이 적은 장교들이 생각하기에도 억지주장을 하는 상관이 있었다. 그런 사람들이 상황판을 지우고 자기 생각대로 그려놓고 나가버리면 그때까지 듣고만 있던 박정희는 "자아식, 알지도 못하면서"라고 한마디를 한 다음 마른 걸레로 다시 상황판을 지우고 본래대로 그려놓는 것이었다. 며칠 지나고 보면 본래의 판단이 맞아떨어진 것으로 밝혀져 박정희에 대한 존경심은 倍加(배가)되더라는 것이다.

박정희는 8기생들을 무교동의 '은월정'이란 술집으로 자주 데려가곤 했다. 이영근은 먼저 퇴근하여 막걸리에 얼음을 넣어 차게 해놓는 임무를 도맡았다.

"우리들에게 그분은 형님 같기도 하고 아버지 같은 느낌도 들었어요. 업무에 대해서는 엄격한 분이 술자리에서는 상하 관계를 의식하지 않도록 소탈하게 우리를 대해주었습니다."

풍운아 李龍文

5·16 거사 이전 박정희의 생애를, 군사쿠데타를 위한 인맥구축 과정

이란 관점에서 파악한다면 1949년 말에 벌써 기본적인 포석이 이뤄진 상태였다. 물론 박정희가 계산적으로 그런 인맥을 만든 것은 아니었다. 흘러가는 인연 속에서 박정희의 능력과 매력에 의해 특수한 인간관계가 만들어진 것일 뿐이다. 만주군관학교 인맥, 육사 중대장 시절의 생도 인맥(특히 5기생), 그리고 전투정보과에서 만난 8기생 인맥.

이들은 5·16을 성공시킨 3대 인맥이다. 박정희는 나이가 직속상관이나 동료들보다 3~5세 가량 많았고 말수가 적은 데다가 부하들을 인격적으로 대했다. 상관들이나 동료들은 그를 어려워했고 부하들은 그를 존경하게 되었다. 8기 출신 李永根(이영근·전 유정회 총무)은 "박정희 실장의 가장 큰 욕은 '그 자아식' 정도였다"면서 "이런 분이 부하들에게 어떻게 기합을 넣는지 궁금했다"는 것이다. 박정희가 부하들을 조용히, 그러나 꼼짝 못 하게 장악하는 비결이 있었다. 당시 그는 민간인인데도 청년장교들이 올리는 서류를 검토하고 때로는 결재도 했다. 처음에는 내용을 읽어보지도 않고 무조건 동의를 해주는 것 같았다. 그래서 장교들이 해이해져 있을 때쯤이면 문서 하나를 골라 꼼꼼히 읽어보고는 철자법이 틀린 것까지 들추어내 고쳐놓는 것이었다. 그리고는 아무 말도 하지 않고 슬며시 작성자의 책상 위에 갖다놓는다. 문서가 엉망이라도 박정희는 그냥 고개를 갸우뚱할 뿐 대놓고 질책하는 일이 없었다. 이러니 장교들은 더 긴장하게 되었다.

1949년 7월 30일 백선엽 정보국장은 5사단장으로 승진하여 나가고 후임으로는 기갑연대장 李龍文(이용문) 대령이 들어왔다. 겉으로 좀처럼 드러내지는 않지만 가슴 깊숙이는 아주 높은 자존심과 엘리트 의식을 파묻어두고 있어 웬만해서는 자신을 굽히지 않는 박정희에게도 이용문은 아주 큰 사람이었다. 이용문은 그때 나이가 서른셋이었지만 벌써 소설을 몇 권 쓸 만한 모험을 거친 풍운아였다. 그는 박정희보다 한 해 먼저 평양에서 났다. 아버지는 큰 곡물상이었고 바로 위의 형은 해군 참모총장을 지낸 李龍雲(이용운). 그는 평양종로공립보통학교를 다녔다. 동급생 가운데는 6·25 남침 때의 육군참모총장 채병덕과 화가 李仲燮(이중섭)이 있었다. 쾌활하고 장난질 좋아하는 이용문 소년은 평양고보를 졸업한 뒤 채병덕과 이종찬(육군 참모총장, 국방부 장관 역임·작고)보다 한 해 늦게 일본 육사에 들어갔다.

기수로는 박정희보다 7기나 앞인 50기였다. 이용문은 육사를 졸업하자 기병장교가 되어 도쿄에 주둔하고 있던 近衛(근위)부대인 제1기병연대에 배속되었다. 빨간 바지를 입고 서러브레드 駿馬(준마)를 탄, 쭉 빠진 미남자 이용문은 같은 부대 소속의 니시 대위가 1932년 로스앤젤레스 올림픽에 출전하여 마술에서 금메달을 따 국민적 영웅이 된 분위기에 힘입어 어디를 가든지 무리 속에서 눈에 확 뜨이는 청년장교였다.

스물세 살에 결혼하여 장남 李健介(이건개·전 자민련 국회의원)를 얻은 이용문은 만주에서 근무하다가 1942년부터는 大本營(대본영)으로 불린 일본군 참모본부에 있었다. 그는 엘리트 장교들이 근무하는 이곳에서 1년 남짓 있다가 남방 전선으로 나갔다. 김정렬(공군 참모총장, 국방장관, 국무총리 역임·작고) 등 일본 육사 동창생들의 추억담에 따르면 통이 큰 이용문은 어딜 가든지 少佐(소좌·소령)이면서도 將官(장관)과 같은 호화판 생활을 하더라는 것이다. 후배들이 찾아가면 어디서 그런 음식을 구해오는지 질펀한 향응을 베풀어주었다.

이용문 소좌는 越南(월남)의 사이공에서 패전을 맞았다. 월남의 허리

를 가로지르는 17도선 이북은 장개석 군대가, 이남은 英佛(영불) 연합군
이 진주하여 일본군을 무장해제하는 임무를 맡았다. 일본군은 연합군에
반발하여 갖고 있던 물자와 무기를 호찌민(胡志明) 부대에 건네주기도
했다. 프랑스가 다시 월남을 지배하려는 데 대한 반감을 공유하고 있던
일본군과 호찌민 부대는 심정적인 동지였다. 이런 분위기에서 이용문은
호찌민 군대를 적극적으로 지원했다. 더구나 그는 군수참모였으므로 물
자를 팔아 거액의 군자금을 만들고 자신은 중국인으로 위장하여 월남
민족주의자들을 돕고 있었다. 일본 육사 후배인 김정렬은 이때 무장이
해제되지 않은 일본군 부대를 지휘하여 사이공의 한 지역을 경비하고
있었다. 가끔 이용문 소좌가 귀띔을 해주는 것이었다.

"오늘 오후 3시쯤 ○○에서 폭탄이 터질 테니 알아서 해!"

그러면 영락없이 그 지점에서 폭탄 테러가 일어나는 것이었다. 김정
렬 소좌가 "형님, 제발 내 관할 구역에서는 그러지 마세요"라고 하면 이
용문은 "야, 네가 모른 척하면 될 것 아냐"라고 하는 것이었다.

1946년 4월 사이공에 남아 있던 한국인들을 태우기 위해서 일본 구축
함 한 척이 입항하여 김정렬은 귀국길에 올랐다. 이용문에게 같이 귀국
하자고 했더니 그는 너털웃음을 터뜨리면서 "야, 중국 대륙은 넓어"라고
했다. 이용문은 1947년 9월에 홀연히 인천항을 통해서 귀국했다. 귀국
할 때 마카오에서 화물선 한 척을 구해서 물건을 잔뜩 싣고 와 돈을 많
이 벌었다. 그는 무역업을 하려고 했는데 창군에 참여한 선·후배들이
強勸(강권)하여 정부수립 후인 1948년 11월에 국군에 들어왔다. 육사 9
기 특기생으로 들어와 바로 소령으로 임관했다가 한 달 뒤에는 중령으
로 승진, 초대 기갑연대장이 되었던 것이다.

'젊은 거인'의 풍모를 가진 이용문 정보국장은 단박에 박정희의 마음을 사로잡았다. 형과 어머니를 잃고 동거녀 이현란과는 갈등을 계속하고 있던 박정희는 천의무봉한 호걸형(형) 이용문에게 의탁하고 위안을 받으려는 마음이 생겼을 것이다. 두 사람의 성격은 대조적이었다. 외향적이고 호방한 이용문에 비해서 隱忍自重(은인자중)하며 치밀한 박정희는 상호보완적 성격으로 해서 더 잘 어울렸다. 두 사람은 大局(대국)을 보는 눈이 있었다.

일제 말기에 만주군과 일본군에 있었던 조선인 출신 장교들은 만주, 중국, 동남아시아, 필리핀, 남태평양을 넘나들면서 전쟁을 경험하는 과정에서 상당히 국제화된 안목을 갖게 되었다. 교과서적 지식을 가진 백면서생이 아니라 몸으로 때워서 배운 국제 감각을 가진 장교들이 창군과정에 참여했다는 점은 주의해볼 만한 대목이다. 박정희와 이용문은 서로의 眼目(안목)을 인정한 바탕에서 '뜻을 같이할 만한 사이'가 된다. 이용문은 누군가가 박정희의 사상문제를 새삼 거론하자 대수롭지 않다는 듯이 말했다.

"아, 사나이 대장부가 한번 마음 고쳐먹었으면 그만이지, 뭐."

이용문은 어려움에 빠진 사람을 도와주는 일을 자기 일처럼 하면서도 생색을 내거나 보답을 기대하지 않았다.

南侵예보

1949년 7월 김재현 육본 전투정보과장이 전보되어 나가고 선임장교 柳陽洙(유양수) 대위가 소령으로 승진하면서 후임이 되었다. 柳 소령은 직속상관이던 박정희를 부하로 데리고 있게 된 것이다. 유양수 소령은 육사 7기 특별반 출신이다. 이들은 군 경험자들로서 6개월간의 교육을 마친 뒤 소위로 임관되었다. 동기생은 이주일(국가재건최고회의 부의장, 감사원장 역임), 정래혁(국방부 장관, 국회의장 역임), 장경순(국회부의장 역임), 유병현(합참의장, 주미대사 역임) 등 180여 명이다.

유양수는 생도 시절에 중대장이던 박정희 소령을 만났다. 그것도 사고를 통해서였다. 1948년 8월 20일 주번사관 孫官道(손관도) 중위가 군기를 잡는다고 생도들을 구보시켰다. 퇴계원을 돌아오는 10km의 거리였다. 뙤약볕에서 뛰다가 두 생도가 일사병으로 쓰러졌다. 두 사람이 돌아오지 않자 박정희는 걱정스러운 표정으로 연병장에 나오더니 "누구 나하고 함께 찾으러 갈 사람 없나"라고 했다. 유양수가 자원하여 박정희와 함께 지프를 타고 구보한 길을 거꾸로 더듬다가 개울가에 엎드린 채 죽은 한 생도를 발견했다. 또 한 생도는 다른 수색반에 의해 역시 시체로 발견되었다.

온건하고 합리적인 성격의 소유자 유양수 과장은 한때의 직속상관을 부하로 데리고 있으면서 박정희의 마음을 편하게 해주었다. 박정희 또한 이런 상황에서 자신이 취해야 할 태도에 대해서 정리된 원칙을 가진 사람이라 두 사람은 갈등이 없었다. 신임 유양수 과장은 곧 신임 정보국장 이용문 대령을 맞게 되고 두 사람은 북한 인민군의 심상치 않은 동향에 신경을 집중하게 되었다.

1949년 하반기부터 정보국에서는 북한의 군사 활동이 활발해지는 동향을 추적하면서 이들이 南侵(남침)을 준비하고 있다는 판단을 하게 된다. 이런 보고를 상부에 올리면 반응이 별로 좋지 않았다. 그래도 이용문은 개의치 않고 남침 가능성을 경고하는 보고서를 계속해서 올렸다. 申性模(신성모) 국방장관은 미군정보를 더 믿는지 정보국의 보고를 경시하고 있었다. 유양수 소령이 보기에는 신 장관이 군사정보까지도 정치적으로 다루고 있는 것 같았다. 이용문 정보국장은 對北(대북) 첩보공작뿐 아니라 대북 선전공작을 강화하고 일본, 홍콩에 해외 정보망을 구축하려는 구상을 가지고 있었다.

이 대령은 文總(문총)에 부탁하여 대북 심리전 요원으로 일할 문필가를 추천해 달라고 했다. 소설가 崔泰應(최태응), 시인 趙靈嵓(조영암), 시인 具常(구상)이 정보국 첩보과 안에 있던 '선전모략실'에서 일하게 되었다. 구상 시인만 常任(상임)이었다. 구상은 '봉화'란 지하신문을 만들어 북한지역으로 보내는 일을 했다. 구상은 세 살이 많은 이용문과 아주 친해졌다. 이 인연이 확대되어 박정희와도 친구가 되는데 그것은 3년 뒤의 이야기다. 이용문은 일본 공산당이 남로당을 지원하고 있다고 판단하여 부산에 특별방첩대를 설치했다. 기관포를 단 세 척의 경비정을 운용하면서 일본으로부터의 영향을 차단하려고 했다.

유양수는 "이용문 국장은 사물을 멀리, 그리고 넓게 볼 수 있는 특출한 분이었다. 사심이 없으니까 상황을 정확하게 볼 수 있었다"고 평했다. 이 무렵 아주 흥미있는 인물이 이용문·박정희 인맥에 끼어든다. 5·16 거사를 준비할 때 張勉(장면) 정부를 상대로 정보 교란 전술을 구사했던 張太和(장태화·전 서울신문 사장). 장태화는 이용문의 보좌관이 소개하여 이용문을 만났다. 이 국장은 정치정보를 담당할 문관이 되어 달라고 부탁했다.

"저를 좀 도와주십시오. 나라가 이제 처음 제 모습을 갖추어가는 단계라서 능력있는 사람이 아쉽습니다. 저 같은 사람이 정보국장 자리에 앉아 있다는 사실부터가 부끄러운 일이지요."

잘생긴 대장부의 진심이 담긴 정중한 말에 끌린 장태화는 다음날부터 국장실 문관으로 일하게 된다.

이 무렵 박정희는 여러 장교들이 부탁하는 문건을 대필해주는 일종의 아르바이트도 하고 있었다. 박정희가 보고서를 잘 쓴다는 소문이 자자하여 대필 의뢰가 많이 들어왔다고 한다. 남한반장 한무협 중위가 하루는 관사에 가보니 박정희가 책상에 앉아 무엇인가를 열심히 쓰고 있었다. 한 중위가 "뭘 그렇게 쓰십니까"라고 물으니 박정희는 예의 부끄럼타는 표정을 짓더니 문건을 슬쩍 보여주면서 말했다.

"뭐, 나보고 부탁하는데 써줘야지."

이럴 때 박정희가 책상 위에 두고 참고로 하는 책이 딱 한 권 있었다. 일제 육군의 교육총감부가 발간한 《情況判斷(정황판단)》. 이 책은 각종 보고서 양식을 소개하고 지휘관이 작전, 정보, 인사, 군수 등 전문분야를 서로 연계시키면서 올바른 판단을 할 수 있도록 만든 지침서였다. 정보국에 근무할 때 박정희의 머릿속에서 체계화된 정보판단과 보고서 작성 요령은 뒷날 대통령이 되어 국가 근대화를 추진하는 데 소중하게 활용된다.

1949년 10월 이용문 정보국장은 그때 국지전이 벌어지고 있던 甕津(옹진) 지구 전투사령관으로 전보되어 나갔다. 이용문 국장이 "나하고 같이 가자"고 하여 박정희가 준비를 하고 있는데 명령이 취소되었다. 후임 정보국장은 5·16 때 박정희와 운명적인 관계에 서게 되는 張都暎(장도영) 대령이었다. 성품이 선하고 명랑한데 정치적이란 평을 들었던 장 대령은 전임자와는 대조적이었다. 박정희와는 육군사관학교 간부로 같이 근무할 때 잠시 스친 정도였고, 이번이 두 번째 만남이었으나 아직은 친밀해지기 전이었다. 장도영의 나이는 박정희보다 여섯 살이나 아래였다. 장도영 국장은 회고록에서 이렇게 썼다.

〈상황실에 자주 들러 적정을 파악하여야 했던 나는 박정희를 자주 볼수 있었다. 항상 사복 차림으로 의기소침하게 있던 그를 퍽 가엾게 생각하여 때때로 사담도 나누고 때로는 그의 생활에 관한 것도 알아보았다〉

이 무렵 전투정보과는 유양수 과장의 지도하에 '年末(연말) 종합 적정 판단서'를 만들고 있었다. 연례적인 보고서였지만 북한의 전쟁 준비 상황이 감지되고 있을 때였기 때문에 남침 가능성을 검토하는 데 主眼點(주안점)을 두었다. 1949년 12월 17일에 육본 정보국이 상부에 올린 이 판단서의 총론 부분은 박정희가 썼다고 한다. 판단서는 이런 결론을 내렸다.

〈1950년 봄을 계기로 하여 적정의 급진적인 변화가 예기된다. 북괴는 全(전) 기능을 동원하여 전쟁 준비를 갖추고 나면 38도선 일대에 걸쳐 전면 공격을 취할 기도를 갖고 있다고 판단된다〉

戰雲 속의 이별

전투정보과에서 1949년 말에 작성한 '연말 종합 적정 판단서'는 북한이 남침할 때 예상되는 主攻(주공)과 助攻(조공) 방향도 거의 정확하게 예상했다. 즉, 의정부 – 서울을 주공으로 삼고 개성 – 서울과 화천 – 춘천 – 서울 남쪽 迂廻(우회) 노선을 조공으로 삼아 남침할 것이며, 주문진과 웅진에서 견제공격을 가해올 것이라고 했다. 이 판단서는 원본이 남아 있지 않아 관련자들의 기억에 의존할 수밖에 없다.

김종필은 상황실장 역할을 하던 박정희의 主宰(주재)하에 북한반의 자신과 남한반의 이영근 중위가 중심이 되어 이 판단서를 작성했다고 증언했다. 김종필의 기억에 따르면 이 판단서는 남침 시기에 대해서 '1950년 3월이 될 것이나 東北(동북) 한인 의용군의 북괴군으로의 편입이 지연될 경우에는 6월이 될 것이다'고 정확히 예언했다는 것이다. 그 편입은 1950년 5월에 끝나 남침이 6월로 연기되었다는 주장이다. 이 판단서는 또 '소련은 직접 개입하지는 않겠지만 중공은 경우에 따라 직접 지원할 것이다'고 예측했다.

김종필은 "판단서의 예측은 나중에 정확무비한 것으로 판명되었는데 박정희 실장께서 적의 작전참모 입장에 서서 모든 상황을 종합분석하여 결론을 내린 부분이다"고 말했다.

이 판단서는 국방부, UN 한국위원단, 미 군사고문단, 우리 군의 사단급 부대에 배포되었다. 전투정보과는 이 판단서를 기초로 하여 군 수뇌부에 대해 설명회도 자주 가졌다. 군 수뇌부에서는 미 군사고문단 측에 대해 남침 위협을 강조하고 군사지원, 특히 對(대)전차무기의 제공을 여러 번 요청했다. 미군 측에서는 '스탈린이 도발한다면 유럽에서 할 것이다. 전차는 한반도와 같은 산악지대에서는 효과가 없다'는 말만 되풀이했다. 미국은 오히려 이승만 정부가 북진하지 않을까 우려하고 있었으니 군사지원을 해줄 리가 없었다.

우리 군 수뇌부는 미군의 이런 냉담한 태도에 직면하여 무력감을 느끼고 있는데 일선에서는 계속해서 '남침 임박'이란 정보 보고가 올라오니 답답하기도 하고 짜증도 났을 것이다. 유양수에 따르면 이런 상층부의 영향을 받았는지 장도영 정보국장도 그런 정보 보고가 올라오는 것을 싫어하게 되었고, 이 때문에 자신은 고민에 빠지게 되었다고 한다. 전투정보과 상황실장 박정희는 '남침임박'이란 경보를 보내면서 다가오는 전운을 누구보다도 예민하게 느끼고 있었다.

한편 북한의 전쟁준비는 착착 진행되고 있었다. 1949년 1월 31일 毛澤東(마오쩌둥)이 이끄는 중국 공산군은 북경에 無血入城(무혈입성)했다. 중국 통일에 고무된 김일성은 3월에 남침 계획서를 가지고 모스크바를 방문한다. 그는 스탈린에게 남침에 따른 각종 지원을 요청하여 동의를 받았다. 김일성은 이어서 毛澤東에게 지원을 요청한다. 당시 중국군에는 약 3만 명의 조선족 장병들이 근무하고 있었다. 이들을 인민군에 편입시켜 달라고 요청했고 毛澤東은 승인했다. 3개 사단의 병력에 해당하는 3만 조선족 장병은 중국공산당의 환송을 받으면서 1949년 말부터 비밀리에 북한으로 이동한다. 북한정권은 이들을 받아들여 黨籍(당적)을 중국 공산당에서 조선노동당으로 바꾸고 인민군에 편입시켰다. 김일성은 프롤레타리아 국제주의 명분 아래 한반도 문제에 소련과 중국의 개입을 유도한 것이다. 우리 민족 문제에 外軍(외군)의 간섭을 먼저 부른 것이 바로 '사대주의자' 김일성이었다.

1949년 여름 중국으로부터 조선족 장병들이 들어오면서 인민군의 再編(재편) 작업에 가속도가 붙었다. 제 5, 6, 7사단은 주로 이 조선족 장병들로 구성되었다. 인민군의 1개 사단은 1만 1,000명. 10여만 명의 소련군이 철수할 때 남기고 간 전차와, 소련으로부터 새로 들어온 전차를 받아서 105전차여단을 창설했다. 1949년 5월 5일부터는 인민군 병사 徵

募(징모) 작업이 시작되었다. 공민증 교부 연령을 20세 이상에서 18세 이상으로 낮추어 병력자원을 불렸다.

인민군은 1949년 12월부터 다음 해 5월까지 冬期(동기) 전투훈련을 실시했다. 민족보위상(국방장관에 해당) 崔庸健(최용건)은 6월 1일부터 10월 31일까지 하기 전투문화훈련을 실시한다고 발표한다(여기서 문화란 정치를 가리킨다). 이것은 남침 준비 작업을 훈련으로 위장하기 위한 전술이었다.

일본 공산당 기관지 〈아카하다(赤旗)〉의 평양 특파원을 지낸 하기와라 료(萩原遼)는 6·25 동란 때 미군이 노획한 북한 문서를 근거로 하여 남침과정을 파악했다. 그는 이 과정을 《조선전쟁》이란 책으로 썼다. 이 책은 북한자료로 남침과정을 정밀하게 재구성했기 때문에 6·25 동란이 북한의 남침에 의하여 비롯되었다는 것을 그들이 자백한 셈이 되었다. 이 책에 따르면 인민군은 훈련을 위장하여 38선으로 남진하기 시작하여 6월 15일 전후에는 38선 이북 10~30km 부근에 집결하였다. 이들은 6월 22일과 23일에는 38선 후방 500m에 전개하여 공격명령만 기다리고 있었다.

한반도를 피바다로 몰고갈 거대한 폭풍의 구름덩어리가 형성되고 있던 이때 박정희의 가정생활도 서서히 破局(파국)으로 치닫고 있었다. 이현란과의 싸움은 박정희가 손찌검을 하는 정도로 발전하여 용산의 관사촌에서도 알려지고 과원들도 짐작할 정도였다. 이현란이 멍이 든 얼굴을 하고 다니고 옆집으로 피신한 적도 있었다. 이현란은 1950년 2월 6일 밤에 몰래 관사를 나와 박정희와 영원히 헤어진다. 두 사람이 싸움을 한 후인지 의자로 바리케이드를 쳐놓고 박정희는 홀에서 공부를 하다가

자는데 이현란은 메모를 써 놓고 몸만 빠져나왔다는 것이다. 메모의 내용은 '그동안 고마웠어요. 마음이 돌아서질 않으니 나를 찾지 마세요. 나를 찾으러 오면 투신자살하겠어요' 라는 요지였다.

이현란이 며칠 뒤에 나타나서 자신의 소유물을 싣고 가는 것을 목격한 사람이 있다. 같은 과에서 근무했고 같은 관사촌에 살던 한무협 대위였다. 1950년, 첫 봄비가 내린 날이었다고 그는 기억한다. 저녁에 아내와 함께 집으로 돌아오는데 짐 실은 트럭을 타고 나오는 이현란을 보았다고 한다. 두 사람은 트럭을 가로막고 "가면 안 된다"고 말했지만 트럭이 돌진하여 한무협은 몸을 급히 피해야 했다고 한다.

박정희에게 이현란의 가출은 엄청난 충격이었다. 성격이 서로 강해서 자주 부딪치기도 했지만 어떻게 하든지 함께 살아보려고 노력한 쪽은 박정희였다. 이현란의 박정희에 대한 정은 냉담해져 갔지만 박정희의 그녀에 대한 연정은 그럴수록 더 절박해졌다. 직업과 어머니와 미래까지도 모두 잃었던 박정희가 붙들고 있던 유일한 끈은 이현란이었다. 그녀가 떠난 것이다. 박정희는 그녀를 찾아 헤매기 시작했다.

제7장

6·25—
한강을 남쪽으로 건너다

朴正熙

南侵 임박

1950년 2월 이현란이 집을 나가버리자 박정희는 그녀를 찾아 사방을 헤매고 다녔다. 이현란을 자신에게 소개시켜 주었던 이효 소령의 부인 우 씨에게 편지를 한 통 맡겼다.

우 씨가 이현란을 찾아내 박정희의 편지를 보였더니 그녀는 웃기만 하더라는 것이다. 이현란의 생전 증언에 따르면 가출한 뒤 한 번 박정희에게 전화를 걸었다고 한다.

박정희가 자신에 대해서 '교만하다느니 못됐다느니' 험담한다는 소문이 들려와 화가 났던 이현란은 박정희에게 "비신사적으로 행동하지 말라"고 경고했다고 한다. 박정희는 관사에 혼자 남게 되었다. 서른세 살의 홀아비가 된 것이다. 박정희가 친구들을 배신하여 살아났다고 생각하는 이들은 그의 근처에 가지도 않으려 했다. 박정희도 자격지심에서 사람 접촉을 피했다. 어머니도, 친구도, 연인도 떠난 1950년의 봄은 박정희의 생애에서 최악의 나날들이었다.

이때의 박정희를 아주 가깝게 관찰한 것은 육사 2기 동기생인 한웅진 중령이었다. 당시는 이름이 韓忠烈(한충렬)이었던 그는 韓雄震(한웅진)으로 개명할 때 박정희와 의논할 정도로 형제처럼 가까웠다. 3연대 3대 대장으로서 지리산에서 여순 14연대 반란사건의 지휘자 김지회, 홍순석을 사살한 한웅진은 중령으로 특진하여 정보국 산하의 방첩부대(CIC) 본부장으로 취임하였다. 이 부대는 조선호텔 건너편에 대륙공사란 회사 간판을 걸고 활동하고 있었다. 保安司(보안사)의 전신인 이 조직은 아직 독립 부대로 떨어져 나가지 않고 있었다. 한웅진은 방첩수사 책임자로서 박정희를 마음놓고 만날 수 있었고 박정희는 동생처럼 아끼던 네 살 아래의 한웅진을 하나의 보호막으로 생각하고 있었다. 한웅진은 결혼하여 전주에 집이 있었지만 이때는 경교장 근방의 언덕바지(옛 고려병원 근방) 2층집에서 하숙을 하고 있었다. 박정희는 퇴근한 뒤에 이 하숙집에 자주 놀러 왔다. 한웅진의 生前(생전) 증언—.

"박정희는 비참한 모습이었습니다. 술에 취해서 내 방에 기어 들어와서는 울기도 하고 잠을 못 이루면서 고민도 많이 했습니다. 나한테 하소연을 하다가 흐느끼고, 그러다가 밤이 늦어 취한 몸으로 아무도 없는 관사를 향해서 돌아가던 뒷모습을 잊을 수 없습니다. 생활은 어렵고, 아내는 가출하고, 어머니는 충격으로 죽고, 친구들은 외면하고, 장래의 희망은 사라지고⋯ 그분의 인생에서 가장 어두운 시절이었지요."

이 한웅진은 5·16 거사 때의 그 결정적인 순간에 박정희와 同行者(동행자)가 되어 한강을 건넌다. 그는 박정희의 가장 허약한 모습과 가장 강인한 모습을 다 본 사람이다. 박정희는 이 무렵 생활비가 모자라 육본 장교들을 찾아다니면서 돈을 꾸기도 했다. 자존심이 강한 그로서는 아주 드문 행동이었다. 6·25 남침 얼마 전에 박정희는 정보국 제5과장 차호성을 찾아오더니 자신의 복직탄원서에 서명을 해달라고 부탁하는 것이었다. 박정희는 숙군 수사에 참여했던 장교가 서명을 해주어야 효과가 있을 것이라고 말하는 것이었다. 차호성은 흔쾌히 서명했다.

한국군의 對北(대북) 안테나 역할을 맡은 전투정보과는 업무의 성격상 다가오는 전쟁의 숨결을 가장 가깝게 느끼고 있었다. 1950년 여름의 운명적인 나날들 속에 박정희 상황실장과 김종필 북한반 장교가 있었다. 이 科(과)로 몰려드는, 북한에 파견된 첩보원들의 보고, 고정 첩자들의 보고, 월남 귀순자들의 보고, 전방 부대로부터의 보고는 한결같이 전면전의 임박을 가르쳐주고 있었다. '포탄을 가득 실은 트럭이 남하 중'이라는 첩보를 분석해보면 얼마 전 대포가 실려 간 行先地(행선지)와 일치했다.

정보국의 첩보과 최영택 중위는 6명의 대북 첩보원을 관리하고 있었다. 이들은 수시로 북한지역에 침투해서 정보를 갖고 오곤 했다. 5월에 물고 온 정보로는 평양驛長(역장)의 이야기가 있었다. 군인들을 태운 열차가 계속해서 남진하고 있는데 소련군 장교들도 끼어 있더라는 것이었다. 노동당 고위간부가 부인에게 귀띔한 이야기도 전해져 왔다.

6월 15일 개성 주둔 첩보부대장 金景沃(김경옥) 대위에게 긴급한 정보가 들어왔다. 북한으로 잠입했던 첩보원이 '임진강에 渡江用(도강용) 舟艇(주정) 300척이 집결해 있다'고 보고하는 것이었다. 육본 정보국으로 보고했더니 미 고문관이 "믿을 수 없다. 사진을 찍어오든지 현물을 가져오라"고 한다는 것이었다. 첩보원을 다시 들여보내려고 했더니 그때까지 느슨하던 38선은 철통같이 봉쇄되어 있는 것이 아닌가.

북으로 잠입시켰던 첩보원들의 귀환율도 갑자기 떨어졌다. 38선에 인민군 병력이 집중 전개되었기 때문이었다.

구사일생으로 생환한 첩보원들은 38도선 상의 긴장상태를 생생하게 전해주었다. 38도선 주민들이 모두 후방으로 疏開(소개)되었고 평양—원산선 이북에 있어야 할 부대가 38도선 상에서 목격되었다. 민간인들도 공포에 질려 전쟁이 곧 일어날 것이라 수군대고 있었다.

유양수 과장은 이런 긴박한 분위기를 상부에 전하려고 안간힘을 쓰고 있었다. 그는 박정희에게 지시하여 정보분석과 敵情(적정) 판단업무를 종합 지휘하게 하고 작업반의 인원을 늘리는 한편 둔감한 상관들을 깨우치려고 애를 태웠다. 첩보 전선이나 전방에서 일어나고 있는 상황에 공감하고 있던 전투정보과 사람들과 현장에서 떨어져 문서로만 보고를 받는 지휘부는 위기를 느끼는 감각부터가 달랐다.

'남침 임박' 이란 보고 자체를 짜증스럽게 여기는 상층부의 분위기 속에서 유양수 과장은 고군분투했다. 신성모 국방장관, 채병덕 육군 총참모장의 이런 태도에 영향을 받아 장도영 정보국장도 전투정보과에서 올리는 警報(경보)를 탐탁지 않게 생각했다는 것이 유양수의 증언이다. 장도영의 입장에서는 나름대로의 고충이 있었을 것이다. 장도영의 회고록에 따르면 5월 8일 그는 김백일 육본 참모부장과 함께 신성모 장관을 모시고 이승만 대통령을 찾아가 긴박한 상황을 보고했다는 것이다. 김백일 대령은 "우리는 전차는 한 대도 없고 대포도 사정거리가 짧은 輕砲(경포)뿐입니다. 공군은 독수리와 참새 격입니다"고 했다.

이승만은 흥분하더니 "미국 사람들은 갈 테면 다 가라고 해. 우리는 草根木皮(초근목피)를 먹으면서도 공산당과 싸워야 해"라고 소리쳤다. 이 대통령은 북한의 군사력 증강에 대한 상황을 국방장관의 내외신 기자회견으로 알리도록 지시했다. 미군 측은 북한의 군사력 배치에 대해서는 동의하면서도 '남침 임박'은 아니라는 태도였다. 미군 측은 북한의 '남침 능력'은 인정하면서도 '남침 의지'를 인정하지 않는 정보판단의 실수를 범하고 있었다. 불확실한 주관적 요소(의지)를 명백한 객관적 사실(능력)보다도 더 중시하면 誤判(오판)을 하게 된다.

폭풍 전야의 金鍾泌 중위

柳陽洙(유양수) 육본 정보국 전투정보과장은 6월 15일쯤 장도영 국장에게 '남침 임박'을 강조하는 정보 보고를 다시 한 번 했는데 국장이 화를 냈다고 한다. 대강 이런 취지의 말을 하는 것이었다.

"유 과장, 당신 보고는 말이야, 순수한 군사적 입장에서만 본다면 설득력이 있을 수 있어. 그러나 내 생각은 다르다. 이 문제를 너무 강조하지 않는 게 좋겠어. 같이 근무하기가 곤란해."

다음날 유양수 과장은 6월 26일자로 6사단 정보참모로 부임하라는 전근 명령을 받았다. 후임 과장은 발령이 나지 않았다. 이 때문에 국군은 6·25 남침을 당했을 때 핵심 중의 핵심인 전투정보과장이 空席(공석)이었다. 과장뿐 아니라 북한반장도 공석이었다. 북한반장 白(백) 대위는 그 며칠 전 자살했다.

백 대위는 그때 남북무역을 이용한 정보 수집을 관장하고 있었다. 무역업자를 지정하여 북으로는 약품과 차량 부속품을 보내고 북으로부터는 명태 같은 것들을 받아오면서 이를 기회로 삼아 북한에 대한 정보를 수집하는 것이었다. 백 대위는 이 일을 하다가 돈을 만지게 되었고, 그 돈으로 외도를 한 사실이 밝혀져 다른 부대로 좌천되게 되었다.

그 며칠 뒤 백 대위는 육본 근처에 있던 김종필 중위의 하숙집을 찾아왔다. 2층 방으로 올라온 백 대위는 김 중위에게 편지를 건네더니 계단을 뛰어서 내려가는 것이었다. 불길한 예감이 든 김 중위는 따라서 내려갔다. 백 대위는 권총을 꺼내더니 심장 부위를 겨냥하고는 "김 중위, 나 간다"란 말을 남기고 방아쇠를 당겼다. 백 대위의 등 뒤 벽에 붙어 있던 거울이 산산조각나는 소리와 함께 백 대위는 쓰러졌다. 김 중위가 그의 입과 코에 손을 대보니 마지막 숨을 몰아쉬고 있었다. 그때 잠옷 바람으로 있던 김 중위는 그대로 뛰쳐나가 육본을 향해서 달리기 시작했다.

이 사건으로 북한반의 선임 장교가 된 김종필 중위는 과장과 반장이 공석이 된 상황에서 다가오는 인민군의 남침을 맨 앞에서 받아내게 되었다. 6월 8일 포천 파견대 양문리 초소에서 '일단의 장교를 대동한 인민군 고급지휘관이 전방 고지에 나타나 종일 정찰을 했다'고 보고해 왔다. 9일에는 같은 현상이 동두천과 高浪浦(고랑포) 건너편 고지에서도 목격되었다. 杁谷(전곡) 지방 도로를 따라 차량행렬이 南下(남하)하는 것도 관찰됐다.

19일, 동두천 파견첩보대장 金正淑(김정숙) 대위는 전곡 – 연천 사이에서 먼지를 일으키며 기동하는 전차 수 대를 발견했다. 다음날엔 더 많은 戰車群(전차군)과 自走砲群(자주포군)이 보였다. 6월 22일 고랑포 파견대장 金炳學(김병학) 중위는 '남천에 있던 인민군 1사단이 38선 바로 북쪽 구화리까지 남하했다'고 보고해 왔다. 도강용 주정이 강변으로 이동하고 있다는 보고도 김종필 중위에게 들어왔다.

이 무렵 작전정보실장으로 불리던 비공식 문관 박정희는 어머니의 1주기 제사를 지내기 위해서 구미로 내려갔다. 그는 떠나기 앞서 김종필, 이영근 중위 등을 불러 놓고 "상황이 심상치 않으니 무슨 일이 있으면 구미 경찰서를 통해서 연락해 달라"고 당부했다. 23일 24시를 기해서 채병덕 육군총참모장은 인민군의 대규모 훈련(사실은 훈련으로 위장한 개전준비)에 대비하여 78일간 유지해온 대북 경계령을 해제하고 예하부대는 휴가를 실시해도 좋다고 지시했다. 6월 24일은 토요일이었다. 오전 10시, 김종필 중위는 장도영 국장에게 급박한 상황을 보고한 뒤 이렇게 말했다.

"적의 전면공격이 임박한 것 같습니다. 내일은 일요일이라 전방부대에서 외출을 내보낼 텐데, 저는 불길한 예감이 자꾸 듭니다. 뭔가 대비를 해야 하겠습니다."

"응, 나도 동감이야. 일반 참모들을 데리고 갈 테니 상황실에 브리핑 준비를 해두게."

30분 후, 김종필 중위는 육본 인사국장 申尙澈(신상철) 대령, 작전국장 張昌國(장창국) 대령, 군수국장 楊國鎭(양국진) 대령, 고급부관 黃憲親(황헌친) 대령, 그리고 장도영 정보국장 앞에서 "적이 기습을 한다면 내일 같은 일요일의 未明(미명)을 선택할 가능성이 높다"고 보고했다. 김종필은 긴급대책을 건의했다.

〈전군에 비상 태세를 명령할 것. 대통령에게 긴급한 상황을 보고하고 정부의 대비를 건의할 것. 적의 주공로로 예상되는 동두천과 조공로로 예상되는 개성 정면에 강력한 정찰조를 침투시켜 적정을 확인할 것. 비상 경보망의 정비. 이 시간 이후 정보국과 작전국이 합동근무반을 편성하여 작전상황실에서 근무토록 할 것〉

김종필 중위의 이 보고에 대해서 작전국장과 군수국장은 냉담한 반응을 보였다. 다만 전방부대에 경계강화를 지시하고 장병들의 외출 외박은 지휘관의 재량에 따라 조절하도록 했다. 육본의 다른 참모들을 움직이는 데 실패한 장도영 국장은 정보국 차원에서 최선을 다해 보기로 한다. 동두천과 개성의 전면에 결사 정찰조를 침투시키기로 했다. 김종필 중위가 起案(기안)한 정찰계획에 따라 김경옥 대위가 인솔한 분대병력은 기관단총과 무전기를 휴대하고 深夜(심야)에 개성 송악산 서쪽 기슭을 타면서 38선을 넘어갔다. 김정숙 대위가 인솔한 정찰조는 전곡을 동쪽으로 돌아 연천으로 향했다. 두 정찰조는 38선을 넘어간 뒤 '적에게 발각되었다'는 소식을 전하고는 연락이 두절되고 말았다.

김종필 중위는 24일 밤 정보국 야간 당직장교였다. 저녁 7시 그는 정보국의 각 지구 파견대와 전방 4개 사단 정보참모에게 두 시간마다 한 번씩 상황을 보고하도록 지시했다. 밤 9시 옹진반도와 춘천에서 가벼운 총격전이 있었다는 보고가 들어왔다. 38선 일대에서는 호우, 서울에서도 기온이 내려가면서 비가 내리기 시작했다. 김종필 중위는 '불안, 초조, 그리고 야릇한 기대마저 뒤섞인 기분으로' 벽에 걸린 둥근 시계를 응시하곤 했다.

이 시각 육군본부 장교구락부에선 開館(개관) 연회가 질펀하게 벌어지고 있었다. 미 군사고문관들과 수도권의 국군 지휘관들이 참석했다. 술과 춤과 여인들이 있었다. 장도영 국장도 이 파티에 끼었다가 자정 무렵에 관사로 돌아가 잠자리에 들었다. 25일로 바뀌어 새벽 3시, 포천에 나가 있던 첩보파견대장이 김종필 중위에게 제1보를 전해왔다. '전차군을 동반한 대병력이 양문리 만세교 일대에서 공격해오고 있다'는 것이었다.

거의 동시에 7사단 정보장교가 전화를 걸어왔다.

"떨어집니다. 大口徑(대구경) 포탄이 아군 진지에 떨어집니다. 전차도 밀려오고 있습니다."

마른침을 삼키면서 숨이 넘어가듯 절규하는 목소리가 수화기를 울리고 있었다. 김종필 중위는 "왔구나. 드디어 오고야 말았구나"라고 중얼거리면서 한동안 넋 잃은 사람처럼 앉아 있었다.

朴正熙의 6·25 일기

새벽 3시 직후부터 全(전) 전선에서 인민군의 남침을 전하는 보고가 육본 정보국 상황실로 쏟아져 들어오면서 全面戰(전면전)이란 판단을 한 당직장교 김종필 중위는 정보국장 장도영 대령에게 전화를 걸었다.

〈지금 북괴군이 全 전선에서 포격을 하고 있다는 보고였다. 나는 잠결에 그 이야기를 얼핏 듣고 수화기를 놓다가 말고 잠이 깨면서 정신이 번쩍 들어 벌떡 일어났다. 김 중위에게 전화를 다시 걸어 "포격이 심하면 有線(유선)이 끊어질 염려가 있으니 연락이 두절되지 않도록 관리를 잘하라. 내가 곧 나간다"고 지시했다〉(《장도영 회고록》 중)

장도영 국장은 육본의 국장들 가운데 가장 먼저 새벽 5시쯤 나왔다. 새벽 4시 서울역, 6사단 정보참모로 전출되는 前(전) 전투정보과장 유양수 중령은 전송 나온 이영근 중위와 두 명의 장교들에게 "사태가 심상치 않으니 정신 차려 근무하라"고 당부하고 원주行(행) 열차에 몸을 실었다. 네 시간 뒤 원주 사단본부에 도착해서야 그는 6사단이 공격을 받고 있음을 알았다.

김종필은 육본의 국장들에게 연락을 취한 뒤, 귀가하여 막 잠이 든 이영근 중위를 비롯한 정보국 장교들에게 일일이 전화를 해서 새벽잠을 깨웠다. 그는 또 작전국으로 달려가 일직사령에게 "전군에 비상을 걸어야 한다"고 건의했으나 사령은 "나에겐 그런 권한이 없다"고 했다. 전군 비상령이 내려진 것은 전면 남침 후 4시간이 지난 뒤였다.

인민군의 남침에 대한 작전을 총지휘해야 할 채병덕 육군총참모장은 24일 밤 육본 장교구락부 준공식 파티에 참가하여 밤늦도록 놀다가 25

일 새벽 2시쯤 관사에 돌아왔다. 육본에서 걸어서 5분 거리에 있는 이 관사로 최초의 전화가 걸려온 것은 새벽 5시 10분쯤. 6사단 7연대장 林富澤(임부택) 중령이었다.

전속 부관 나엄광 중위가 전화를 받았다. 임 중령은 "華川(화천)지구 전면에 걸쳐 적이 포격을 가해오고 있으니 빨리 총장님에게 전하라"고 했다. 나 중위가 총장 부인 白慶和(백경화) 씨를 깨웠고 백 씨는 남편을 깨웠으나 채병덕은 잠결에 "어차피 38도선의 분쟁일 거야"라고 말한 뒤 다시 잠들어버렸다. 임 중령은 그 전에 金鐘五(김종오) 사단장에게 전화를 걸었는데 간밤의 장교구락부 파티에 참석하러 서울에 가고 사단에는 없었다.

이날 새벽 대부분의 일선 사단은 파티 참석 등의 사유로 사단장(수도권 부대에서는 연대장까지)이 營內(영내)에 없는 상태에서 공격을 받았다. 전체 병력의 3분의 1 이상이 외출, 또는 農繁期(농번기) 휴가로 나가 있었다. 육본에서는 아무리 총장 관사로 전화를 걸어도 바꾸어 주지 않자 일직사령이 달려왔다.

그제야 잠자리에서 일어난 채병덕은 신성모 국방장관 공관으로 전화를 걸었으나 아무도 받지 않았다. 채 총장이 장관 비서실장 申東雨(신동우) 중령에게 전화를 거니 "공관에 계시지만 그분은 일요일에는 전화를 받지 않고 아무도 만나지 않는 습관이 있다"고 말하는 것이었다. 채 총장은 신 중령을 불러 함께 신 장관을 찾아갔다. 신 장관은 잠옷 차림으로 응접실로 나와 지도를 앞에 놓고 채 총장의 보고를 청취했다. 이때가 남침 개시 네 시간이 지난 아침 7시쯤.

전쟁지휘를 하는 데 있어서 육군총참모장에 못지않게 중요한 직책은 육본 작전국장이었다. 육본에서 김종필 중위는 장창국 작전국장을 찾으려고 했으나 연락이 닿질 않았다. 장 대령은 육본 근처의 관사에 살다가 한 일주일 전에 아현동으로 이사를 갔고 아직 전화를 집에 놓지 못하고 있었다. 육본에선 헌병들을 아현동으로 보냈다. 이날 아침 장 대령은 아내와 함께 마포 어시장에 가서 해산물을 사가지고 왔다고 한다. 한가롭게 집에 있는데 바깥에서 사이렌이 자꾸만 울려대는 것이었다.

나가보니 헌병차였다. 그 차에 타고 육본으로 달려갔다. 그는 남침이 시작된 지 일곱 시간이나 지난 오전 10시쯤 육본에 도착했다. 이때는 벌써 開城(개성)이 적의 수중에 떨어진 뒤였다. 남침 시작 일곱 시간이 지나도록 일선 사단과 육군본부의 지휘탑은 술 취한 상태에서 벗어나지 못하고 있었다. 이날 오전 6시 30분 서울역 상공에 검은색 야크 전투기가 저공 비행으로 출현했다. 육본 근방의 對空(대공) 포대에 있던 수도사단 8연대 소속 姜英煥(강영환) 중위는 50mm 기관총으로 야크기를 향해서 수십 발을 쏘았다. 야크기는 한강 쪽으로 사라졌다. 한 10분 뒤 육본에서 장교가 튀어나오더니 "여기가 어딘 줄 알고 사격을 하느냐"고 호통을 쳤다. 강 중위나 그 장교나 남침이 시작된 사실을 모르고 있었다.

육군본부가 전면전이란 결론을 내린 것은 25일 오전 9시를 지나서였다. 연중 계속되던 38선상의 국지전 정도라고 생각하고(또는 그렇게 기대하고) 있던 육본 참모들은 상황실 지도판을 뒤덮기 시작한 붉은 화살표의 南進(남진)을 부인할 수 없었다. 신성모 국방장관이 오전 10시에 경무대에 들렀을 때 이승만 대통령은 경회루 연못으로 낚시를 간 뒤였다. 오전 10시 30분 집무실로 돌아온 대통령에게 신 장관이 보고하자 이 대통령은 침통한 표정을 지으면서 "탱크를 막을 길이 없을 텐데…"라고 했다.

이 시간에 김종필 중위는 미래의 대통령에게 연락을 취한다. 박정희는 사흘 전 고향으로 내려가면서 김 중위에게 "정신 똑바로 차려 근무하고, 무슨 일이 있으면 구미경찰서로 연락하라"고 못을 박아두었던 것이다. 1975년 6월 25일자 일기에 박정희 대통령은 25년 전의 그날을 적었다.

〈1950년 6월 25일 나는 고향집에서 어머님 제사를 드리고 문상객들과 사랑방에서 담화를 하고 있었다. 12시 조금 지나서 구미읍 경찰서에서 순경 한 사람이 급한 전보를 가지고 왔다. 장도영 대령이 경찰을 통해 보낸 긴급전보였다. '今朝未明(금조미명) 38선 전역에서 적이 공격을 개시, 목하 전방부대는 적과 교전 중. 급히 귀경'이라는 내용이었다. 새벽 4시에 38선에서 전쟁이 벌어졌어도 12시까지 시골 동네에서는 아무도 아는 사람이 없었다. 이 동리에는 라디오를 가진 사람이 한 사람도 없었기 때문이다. 오후 2시경 집을 떠나 도보로 구미로 향했다. 경부선 上行(상행) 열차에 병력을 만재한 군용열차가 계속 북행하는 것을 볼 수 있었다.

25일 야간 북행 열차를 탔으나 군 병력 前送(전송)관계로 도중 역에서 몇 시간씩 정차를 하고 기다려야 했다. 이 열차가 서울 용산역에 도착한 것은 27일 오전 7시경이었다. 거리를 다니는 사람들의 표정은 모두 불안에 싸여 있고 위장을 한 군용차량들이 최대한도로 거리를 질주하고 서울의 거리에는 살기가 감돌기만 하였다. 용산 육본 벙커 내에 있는 작전상황실에 들어가니 25일 아침부터 밤낮 2晝夜(주야)를 꼬박 새운 작전국, 정보국 장교들은 잠을 자지 못해서 눈이 빨갛게 충혈되어 있고 질서도 없고 우왕좌왕 전화통화로 실내는 장바닥처럼 떠들썩하기만 하였다〉

미아리 고개

25일 오전 6사단 7연대 병력은 화천 쪽에서 북한강 다리를 넘어오고 있는 인민군 전차 두 대를 발견했다. 보병들이 전차를 따르고 있었다. 7연대 공병팀은 전차가 다리 한가운데까지 오기를 기다렸다가 폭파장치를 눌렀다. 다리는 폭파되지 않았다. 적의 포격으로 導火線(도화선)이 끊어진 탓이었다. 이번엔 국군의 57mm 對전차포가 불을 뿜었다. 전차에 명중했다. 7연대 장병들은 환호성을 올렸다. 그 소리가 가라앉자마자 전차는 다시 움직이기 시작했다. T-34형 소련제 전차는 일시 멈칫했을 뿐이었다.

우군의 무기로는 어쩔 수 없는 괴물의 등장. 무력감 뒤에 공포감이 확산되었다. 서울을 북쪽에서 차단해주고 있던 임진강과 북한강, 그리고 그 지류에는 많은 다리가 걸려 있었다. 국군 측 공병들은 이 다리를 폭파하는 데 실패했다. 임진교, 영중교, 만세교, 의정부교, 창동교, 소양강교가 고스란히 인민군에 넘어가 그들의 서울 접근을 도왔다. 유일하게 폭파에 성공한 다리는 京春(경춘)가도의 중랑교. 탱크 공포증과 다리 폭파의 실패는 육군 수뇌부에 하나의 공식을 입력시킨다.

'탱크가 서울에 들어오면 한강다리를 폭파한다.'

박정희가 육군본부로 돌아온 27일 아침 국방 수뇌회의가 열렸다. 신성모 국방장관은 채병덕 총장 등 지휘관들에게 위스키를 한 잔씩 돌린 뒤 비통한 말투로 서울 포기를 선언했다. 이미 이승만 대통령은 몰래 서울을 빠져나간 뒤였다. 李瑄根(이선근) 정훈국장이 일어나더니 대단히 선동적인 발언을 했다.

"해주를 점령하고 북진 중이라느니 27일에는 미 공군기 100대가 지원하러 온다고 발표해 놓고 시가전도 하지 않고 물러난다니 말이 되는가. 임진왜란 때 선조가 맨 먼저 피란하여 민심이 흩어진 것을 잊었는가."

다른 참모들도 이선근에게 동조하자 채병덕은 즉흥적으로 서울 死守(사수)를 선언했다. 정부기관과 他軍(타군)은 서울을 탈출하더라도 육본만은 서울에 남는다고 결정한 뒤 회의를 끝낸 채병덕은 장도영 정보국장을 통해 김종필 중위를 불렀다. 밀봉한 봉투를 건네주면서 채 소장은 "창동선을 방어하고 있는 劉載興(유재흥) 7사단장에게 보이고 답을 듣고 오라"는 것이었다. 편지의 요지는 '창동선을 언제까지 유지할 수 있는가' 였다.

金 중위가 지프로 포탄이 떨어지는 수유리를 지나 창동으로 다가가니 대혼란이 빚어지고 있었다. 7사단 병력은 후퇴하고 5사단 병력은 전진하는데 督戰隊(독전대)가 나서서 권총을 들이대면서 위협해도 공포에 질린 패잔병들은 총구를 몸으로 밀어붙이면서 달아나고 있었다. 7사단 사령부가 어디로 갔는지 아는 장병도 없었다. 김종필은 겨우 사단장 부관을 찾아 편지를 건네주었다. 이것은 후퇴가 아니라 지리멸렬이라고 생각한 김종필은 전선을 빠져나오다가 金鍾甲(김종갑) 7사단 참모장을 만났다. 그는 "채 총장한테 가서 오늘 밤도 지탱하기 어렵다고 이야기하라"고 하는 것이었다. 김종필 중위는 정릉에서 정보국장으로 모셨던 이용문 대령을 만났다. 참모학교 부교장이던 이 대령은 독전요원으로 나와 있었다.

그는 "현재 상황으로는 내일 아침까지 버티기도 힘들다. 부대를 일단 물린 뒤 재편성해야 한다"고 말했다.

김 중위는 돌아와서 채병덕 총장에게 보고했다. 채 총장은 "담배 피워"하면서 럭키 스트라이크 담뱃갑을 내미는데 그의 손이 덜덜 떨려 담배 개비가 저절로 삐져나오고 있었다. 채 총장은 한숨을 쉬더니 "수고했어. 가 봐"라고 했다.

김종필 중위는 다시 지하벙커에 있는 작전상황실로 돌아와서 땅바닥에 깔아놓은 5만분의 1 지도에 전황을 그려 넣고 있었다. 박정희도 이 방에서 분주하게 움직였다.

채 총장은 김종필 중위의 절망적 보고를 들은 직후 오전 11시에 육본 참모와 在京(재경) 지휘관 연석회의를 소집했다. 그는 "육본은 오늘 시흥 보병학교로 철수한다"고 선언했다. 철수계획을 김백일 참모부장이 설명하도록 한 뒤 비만 체질의 채 총장은 의자에 앉은 채 졸기 시작했다. 때때로 심하게 코를 골았다. 코고는 소리에 스스로 놀라서 깨어났다가 또다시 잠에 떨어지고 있었다.

공병감 崔昌植(최창식) 대령이 나서서 육본 철수 뒤의 한강다리 폭파계획을 설명했다. 당시 한강에는 용산과 노량진을 잇는 한강 인도교를 비롯하여 광나루에 있는 광진교, 그리고 복선 철교와 두 개의 단선 철교가 걸려 있었다. 그 전날 채병덕 총장은 서울 북방에 있는 많은 다리들이 하나도 폭파되지 않고 결국 의정부가 떨어지자 최 공병감을 불러 한강다리 폭파준비를 지시하면서 "만약 이번에도 실패하면 총살이다"고 못을 박았다.

한강다리가 폭파될 경우 강북에서 고립될 약 5만 명의 국군과 수백만 국민들에 대한 고려보다는 폭파가 성공하느냐 못 하느냐가 더 무겁게 최 대령의 뇌리를 누르고 있었다. 육군본부의 선발대는 낮 12시 30분 용산을 떠나 오후 2시에 시흥에 도착했다. 沿道(연도)는 피란길에 오른 사람들과 차량으로 메워져 있었다.

　시흥 보병학교에 도착한 트럭에서 짐을 내리는 중인데 미 고문단장 대리 라이트 대령이 채병덕 총장에게 "미군이 참전하기로 했다. 따라서 육본은 서울로 복귀하는 것이 좋겠다"고 건의했다. 미군의 助言(조언)을 무조건적으로 따르는 편인 채 총장은 내리던 짐을 트럭에 다시 싣고 서울로 돌아왔다. 그날 아침 가족을 데리고 서울을 빠져나온(채병덕 총장도 미리 가족을 대피시켰다) 신성모 장관은 수원역장실에서 '육본을 시흥으로 옮기고 지구전을 펴라'는 명령서를 작성하여 비서실장을 통해서 채병덕 총장에게 전달하도록 했다. 채 총장은 이 명령을 무시하고 서울로 돌아왔다. 육본의 귀환과 함께 신문사에서 나온 호외는 '미군이 온다'라고 외치고 있었다. 피란길에 올랐던 많은 시민들은 집으로 逆流(역류)하기 시작했다.

　비가 부슬부슬 내리기 시작했다. 인민군 주력이 집중된 의정부―서울 축선에서 이제 결정적인 순간이 다가오고 있었다. 적의 전차대는 저녁 7시 수유리를 통과하여 미아리 고개로 접근했다. 자정을 지나 28일 새벽 1시 인민군 전차대는 길음교 전방에 눕혀놓은 수십 대의 차량 장애물을 간단하게 돌파한 뒤 길음교로 진입했다. 국군 측에서 폭파장치를 눌렀다. 도화선은 뱀처럼 몸부림치며 타들어가다가 식어버렸다. 적이 도화선을 중간에서 끊어버린 때문이었다.

　8대의 전차대는 그대로 미아리 고개를 넘었다. 보병의 엄호를 받지 않은 전차대의 돌진이었다. 대담무쌍하다고 해야 할지 무모하다고 해야 할지. 이 전차대가 창경원, 동대문, 돈암동 등지를 휘돌아다닌다는 보고를 접한 채병덕 총장은 육본의 재철수를 명령한다. 이미 질서 있는 철수가 되기에는 너무 늦은 시각이었다. 아직 인민군 본대가 서울에 들어오기도 전이었지만 단지 10여 대의 전차가 시내로 들어왔다는 것이 육군본부 지휘부를 일종의 恐慌(공황) 상태로 몰아넣었다. 육본의 무질서한 심야탈출이 시작되었다. 박정희도 이 행렬에 끼었다. 지향점은 한강 인도교였다.

阿鼻叫喚

6·25 동란에 대한 우리 측의 公刊史(공간사)인 《한국전쟁사》(국방부) 제1권은 한강다리 폭파 명령이 내려진 것은 6월 28일 새벽 1시 45분이라고 적고 있다. 채병덕 육군 총참모장이 미아리 고개에서 달려온 姜文奉(강문봉) 대령으로부터 "적의 전차가 시내로 들어왔다"는 이야기를 듣자마자 전화로 최창식 공병감에게 폭파명령을 내렸다는 것이다.

최 공병감은 즉시 한강 인도교로 달려가 이미 폭약을 장치하여 명령만 기다리던 공병 팀에 폭파를 명령하는데 이때가 새벽 2시 20분이었다고 한다. 채병덕 총장이 다리를 지나간 뒤였다. 인도교와 3개의 철교에 장치한 폭약은 각각 1.6t 정도였다. 최 대령은 공병들을 한강 北岸(북안)으로 보내 다리로 진입하는 차량과 인파를 막으려고 했으나 공포감에 휩싸인 시민과 군인이 밀고 들어오는 것을 어찌 할 수 없었다.

육본 정보국 전투정보과 북한반의 선임장교 김종필 중위는 지하벙커 상황실에서 바닥에 깔아놓은 지도판을 정리하는 데 정신을 쏟고 있다가 주위를 둘러보니 썰렁했다. 장교들이 다 빠져나가고 육사 8기 동기생 몇 사람만 남아 있었다. 박정희도 보이지 않았다. 서로 앞 다투어 도망가는 상황이니 누가 누구에게 알려주고 할 겨를이 없었던 것이다.

김 중위는 동기생들과 함께 바깥으로 달려 나가 병기감실 건물 쪽에 남아 있던 트럭에 올라탔다. 운전석에 올라 시동을 걸었다. 김종필은 서울사범대학교에 재학 중일 때 선친이 사준 집을 세놓아 중고택시를 한 대 사서 굴린 적이 있었다. 운전면허증을 얻어 정식으로 택시를 몰면서 돈을 꽤 벌어 한때는 본업인 공부보다 부업인 택시 사업에 더 재미를 붙인 적도 있었다.

트럭에 탄 인원은 徐廷淳(서정순) 중위 등 7~8명이었다. 김종필은 트럭을 몰아 한강 인도교로 달렸다. 인파와 차량이 도로를 꽉 메우고 있었다. 인도교에 진입하여 中之島(중지도)에 도달하였을 때였다. 갑자기 꽝하는 폭음이 들리는 것과 동시에 한강철교의 아치와 교각이 하늘로 치솟는 것이었다. 바로 이어서 눈앞의 인도교가 폭파되면서 차량들과 사람들이 하늘로 튕겨 올라가는 것이 보였다. 조금 있으니 옷가지와 사람의 살점들이 후드득 떨어지기 시작했다. 부슬부슬 내리는 빗속에서 수많은 차량들이 헤드라이트를 밝히고 있는 가운데 벌어진 이 폭파는 영화의 한 장면 같은 아수라장을 연출했다.

공포의 함성을 지르면서 군중은 오던 길을 돌아 한강의 북안으로 달리기 시작했다. 이 폭파 순간 박정희가 어디 있었는지는 확인할 수 없으나 다리를 건너지 못한 군중 속에서 인도교의 폭파를 목격했을 가능성이 높다. 김종필 중위보다 약간 뒤에서 폭파장면을 본 것은 육사 8기 동기생으로서 박정희, 김종필과 함께 지하벙커에서 근무하다가 지프를 타고 나온 정보국 全在球(전재구·국회의원 역임) 중위였다. 그의 수기를 인용한다.

〈조금씩 전진하던 차량과 피란민 대열이 일순간 멈추었다. "왜 안 가느냐"고 앞뒤 여기저기서 아우성들이다. 돌연 철교 쪽에서 천지를 진동하는 폭음과 함께 밤하늘에 섬광이 지나갔다. 철교가 박살났다. 나는 김포 반도에 상륙한 적의 6사단이 우리의 후퇴로를 차단하기 위해 한강교를 폭파한 것이라고 생각했다. 인도교 위는 차량과 인파가 범벅이 된 채 빠져나갈 구멍 하나 없이 꽉 메워져 있었다. 바로 이때 약 150m 전방에서 "꽝" 고막이 찢어지는 듯한 대폭음과 함께 섬광이 번쩍하더니 수백수천의 비명소리, 그리고 사람과 차량들이 풍비박산이 되어 날아가는 것이 수많은 자동차 前照燈(전조등)에 환히 비쳤다. 동시에 앞에서 "와―"하는 소리. 수천 명이 전신에 피를 뒤집어쓴 채 뒤로 돌진해 나오는 생지옥의 아비규환, 지구상에 다시 없는 참극이 연출되었다. 나는 '대한민국의 운명도, 국군의 운명도 여기서 끝장났구나' 라고 생각했다. 우리는 무턱대고 마포 쪽으로 뛰었다〉

《한국전쟁사》는 인도교의 폭파로 다리 위에 있던 차량 50대, 사람 500~800명이 희생되었을 것이라고 추정했다. 인파와 차량으로 꽉 차 있는 다리를 폭파시킨 무모함보다도 더 큰 참극이 그때부터 한강 北岸에서 빚어지기 시작한다. 김종필 중위 일행은 차를 버리고 서빙고 백사장 쪽으로 달려갔다. 그곳에 가면 강남으로 차량과 달구지를 실어 나르던 바지선이 있을 것이라고 생각했다. 강둑을 지나는데 한 떼의 말들이 어둠 속에서 정신없이 강변을 달려가고 있었다.

기병연대에서 풀려난 말들이 아닌가 생각하면서 김종필 중위 일행은 나루터에 도착했다. 고마운 할아버지들을 여기서 만났다. 그들은 "우리야 늙었는데 인민군들이 어떻게 하겠나. 자네들은 일단 피했다가 다시 올라와야지"라고 말하면서 나룻배를 저어 큰 배에 실어다주었다. 김종필 중위는 28일 오전 10시경까지 국군 잔류병과·미 고문관들의 渡江(도강)을 도운 뒤에 한강을 건넜다고 한다.

전재구 중위 등 4명은 이날 밤을 일행 중의 한 사람인 李(이) 하사의 친형 집에서 보내고 28일 아침에 서빙고 백사장으로 나갔다.

〈한강변 大路(대로)에 나가보니 국군이 버리고 간 차량, 중화기, 탄약 등이 무수히 방치되어 있었다. 한강 상류 쪽에서 마포 강변까지 수십 만의 피란민들이 雲集(운집)하여 배를 타려고 혈안이었다. 어젯밤의 비로 강물은 누렇게 불어나 있었고 배는 보이지 않았다. 이따금 수영에 능한 사람이 건너가서 작은 보트나 나룻배를 한두 척 가지고 오는 것이 눈에 뜨였다. 고작 5~6명밖에 탈 수 없는 작은 배에 20~30명이 몰려 타고 강변을 떠나는데 20~30m쯤 가다가 뒤집어지는 것이었다. 강가로 헤엄쳐 나오는 사람은 없었다. 물속에서 서로 붙잡고 엉켜서 다같이 사라진 것이리라. 이런 비극이 눈앞에서 되풀이되었다.

도강하던 배들 중 8~9할은 이런 식으로 水葬(수장)되었다. 수천 명이 빠져 죽는 것을 4, 5시간이나 지켜보던 우리는 지프의 타이어를 빼려 하였으나 공구가 없었다. 남산에서는 잔류병과 인민군의 격전이 벌어지고 있는 듯 소화기, 중화기 소리가 요란하고 연기가 치솟고 있었다. 선임자 許浚(허준) 소령은 남산 쪽을 가리키면서 말했다.

"저 빨간 한옥이 내 하숙집이다. 어젯밤 마누라가 해산을 했는데 아들인지 딸인지도 모르겠다. 뒤는 북괴군 전차요 앞은 한강이니 우리 군인답게 이 자리서 자결을 하는 게 어때."

허 소령의 충혈된 눈에는 이슬이 맺혀 있었다. 나는 말했다.

"과장님은 결혼해서 아들딸까지 낳았지만 저는 아직 총각입니다. 너무 억울하지 않습니까. 그리고 군인이 왜 자살합니까. 도강 못 하면 저남산에 올라가 싸우다가 죽읍시다."〉

朴正熙의 선택

전재구 중위의 수기는 계속된다.

〈뒤는 인민군, 앞은 한강. 진퇴양난 속에서 체념하고 있을 때 한 청년이 나타났다.

"내가 헤엄쳐 건너가서 보트 하나를 구해 올 테니 그 대신 우리 가족 12명을 보호하여 타게 해주세요."

우리는 지옥에서 구세주를 만난 기분이었다. 그 청년은 반 시간 후에 보트 하나를 구해서 저어 왔다. 수백 명이 몰려들었다. 우리는 공포를 쏘아 대며 이들의 접근을 막았다. 세 번에 걸쳐 그 가족들을 태워 보냈다. 마지막으로 우리 일행이 타고 건너는데 집중 사격이 시작되었다. 머리 위로 총탄이 지나가고 물을 튕겼다. 납작 엎드린 우리는 지금의 국립묘지 쪽에 상륙했다. 안도와 함께 용기가 되살아난 우리는 사정거리 밖에 있는 강북의 북괴 전차를 향해 사격을 가해서 울분을 풀었다. 동작동 산에 올라 서울 쪽을 바라보니 검은 연기가 솟아오르고 남산에서는 아직도 총성이 요란했다. '폼페이 최후의 날'이란 단어가 생각났다〉

한강 인도교와 광진교, 그리고 단선철교 하나의 폭파에는 성공했으나 복선철교는 부분 폭파, 다른 단선철교는 不發(불발)이었다. 강북에서 작전 중이던 약 5만의 국군은 퇴로가 차단되어 지휘 체계가 붕괴되는 사태에 직면하게 되었다. 다리가 끊어질 때 적의 主攻路(주공로)인 미아리 쪽에서는 인민군 제3, 4사단과 105전차여단에 대항하여 국군 제2, 5, 7사단과 수도경비사령부 병력이 투입되어 있었다. 개성→문산→서울로 이어지는 적의 助攻路(조공로)에는 적의 1, 6사단에 대항하여 국군 1사단이 善戰(선전)하고 있었다. 6개 사단 규모의 국군은 적의 전차가 28일 새벽 1시 미아리 고개를 넘어 서울 시내로 들어오고 한 시간 반 뒤에 한강다리가 폭파되어 버리자 뿔뿔이 흩어져 필사적으로 한강을 건너게 된다. 이 도강은 지휘 체계의 작동 없이 이루어진 집단탈출이었다. 국군은 이때 명령 체계가 와해됨으로써 군중으로 바뀌었다.

李東植(이동식) 1사단 연대장 연락장교(중위)의 수기.

〈소대원들을 데리고 한강 하류 二山浦(이산포)에 도착한 것은 28일 밤 11시경이었다. 한강물은 달빛에 반짝이고 멀리 서울과 김포 하늘로 불길이 치솟고 있었다. 수백 명의 국군이 한강물 속에서 뭉쳐 있었다. 가슴, 목까지 물에 잠긴 채 건너오는 나룻배를 향해서 소리치고 있었다. 서로 먼저 타려고 아우성이었다. 장교들도 많았으나 지휘 통제는 간데없고 병사들은 市井雜輩(시정잡배)들의 烏合之衆(오합지중)이었다. 나는 저들과 경쟁할 자신이 없어 강둑에서 인민군과 싸우다가 죽기로 결심했다. 소대원들에게 "너희들은 먼저 가라"고 한 뒤 숲 속으로 걸어가고 있는데 누군가가 숨겨둔 나룻배를 발견했다〉

이런 아수라장 속을 헤매고 있었을 박정희의 感懷(감회)는 남달랐을 것이다. 그는 누구보다도 정확하게 북한의 남침을 예측하고 있었다. 여러 번 상부로 경고도 올렸다. 그런데도 국군 지휘부는 미군의 말만 안이

하게 믿고 있다가 아무런 대비 없이 당한 것이다. 안보를 외국에 맡겼을 때의 문제점과 無備有患(무비유환)의 위험성을 이때의 박정희처럼 切感 (절감)한 사람도 많지 않았을 것이다.

대통령이 된 뒤 그의 소신이 된 자주국방과 有備無患은 한강변을 헤매고 다니던 이날 밤의 체험에서 우러난 것이었다. 그로부터 25년 뒤 1975년 6월 25일자 일기장에 박정희 대통령이 써놓은 감상은 28일 새벽 한강변에서 느꼈던 것과 큰 차이가 없을 것이다.

〈우리는 남침 징후를 6개월 전에 예측했었다. 그러나 이 판단서를 믿으려고 하지 않았다. 군 수뇌, 정부 당국, 미국 고문단 모두가 설마하고 크게 관심을 표시하지 않았다. 1949년 말 정보국 판단서는 전쟁이 발발한 후 너무나 정확하였음이 확인되었다. 알고도 기습을 당했으니 천추의 한이 되지 않을 수 없다. 무능과 무위와 무관심이 가져온 국가 재산과 인명, 문화재의 피해가 얼마나 컸던가. 후회가 앞설 수는 없지만 너무나 통탄할 일이라 하지 않을 수 없다. 400년 전 임진왜란 때 우리 조상들이 범한 과오를 우리 시대에 되풀이하게 되었으니 말이다〉

28일 밤 2시쯤 육본이 철수할 때 박정희의 거동에 대한 목격증언으로서는 전투정보과 소속 육사 8기 출신 서정순 중위의 그것이 유일하다. "한강 다리가 끊어진 뒤 뚝섬 쪽으로 가는 것 같았다"는 것이다. 그 후의 목격담은 정보국 5과장 車虎聲(차호성) 소령에 의하여 이어진다. 그의 생전 증언.

"27일 밤에 저는 미아리 전선을 시찰하고 자정이 지나서 육본에 돌아왔는데 텅 비어 있었습니다. 버리고 간 서류와 지도가 널려 있었어요. 부하 장교들을 데리고 한강다리 쪽으로 가 보았더니 폭파된 뒤였어요.

다리 위엔 시체들이 널려 있고 강에는 추락한 차량들이 수북이 쌓여 있었습니다. 할 수 없이 광나루까지 걸어가서 거기서 헤엄쳐서 건넜습니다. 천호동 쪽에 도착하니 동이 터 훤해지더군요.

저쪽에 누군가가 우두커니 앉아 있는 것이 보였습니다. 가까이 가니 '차 형! 접니다' 하고 불러요. 박정희였습니다. 남루한 작업복에 모자를 쓰고 있었어요. 그의 이야기인즉 나룻배를 타고 건넜다는 겁니다. 우리는 함께 시흥을 향해서 걷기 시작했습니다. 관악산 근방에서 적의 야크기가 격추되어 불타고 있는 것을 보았습니다.

박정희는 아직 폭탄이 남아 있을지 모르니 가까이 가지 말라고 하더군요. 점심 때 누렇고 길쭉한 오이를 따 가지고 오는 아주머니를 만나 갖고 있는 돈을 주고 한 광주리를 다 샀습니다. 저, 박정희, 부하 세 사람이 허기진 배를 채우려고 오이를 다 먹었는데 그야말로 꿀맛이었습니다. 그날 오후에 박정희와 헤어졌어요. 그는 시흥으로 가고 저는 낙오병 수습을 위해서 강변에 남았습니다."

육군본부는 시흥에 있는 보병학교로 이전했다. 장도영 정보국장은 한강다리가 끊어진 직후 김백일 육본 참모부장과 함께 새벽에 작은 보트를 타고 손바닥을 노 삼아 저으면서 한강을 건넜다. 아침 일찍 보병학교에 가보니 전투정보과 장교들은 보이지 않았다. 장도영 국장은 아직 도착하지 않은 요원들 가운데 '좌익 전력자' 박정희가 끼어 있다는 데 생각이 미쳤다. 육본은 28일 오후 다시 수원으로 옮겼다.

김종필 중위 일행은 시흥의 임시 육본으로 갔다가 다시 수원으로 갔다. 일제시대에 만든 수원청년훈련소에 정보국이 들어갔다고 해서 거기로 갔더니 박정희가 정문에 서서 자신들을 맞아주는 것이 아닌가. 김 중위는 마음이 놓였다. '저분은 역시 북으로 가지 않으셨구나' 하는 안도감. 박정희에게 있어서 6 · 25 남침은 자신에 대한 사상적 의구심을 해소시키는 계기가 되었다. 그는 이날 한강을 남쪽으로 건너는 선택을 했기 때문에 11년 뒤 그 한강을 반대방향으로 건너 정권을 장악하게 되는 것이다.

버려진 사람들

위대한 민족지도자 이승만의 생애에 있어서 서울과 시민, 그리고 군인들을 버리고 몰래 한강을 건넌 뒤 다리를 끊은 행위는 일대 汚點(오점)으로 남게 되었다. 대통령은 국회까지도 버리고 감으로써 210명의 의원들 가운데 62명이 서울에 잔류하게 되었다. 이들 중 8명이 피살되고 27명이 납북되거나 실종되었다.

박정희는 대통령이 된 뒤 이 역사의 교훈에서 '서울 死守(사수)' 란 안보개념을 확립하는 한편으로 안전한 행정수도 건설을 추진하게 된다. 박정희는 여러 번 "전쟁이 일어나면 나는 서울에 남아 죽기를 각오하고 싸우겠다"는 말을 했다. 1975년 4월 29일 월남 패망을 하루 앞둔 날 박정희 대통령은 '서울 死守 서약' 을 발표한 뒤 일기장에 이렇게 적었다.

〈자기 나라를 자기들의 힘으로 지키겠다는 결의와 힘이 없는 나라는 생존하지 못한다는 엄연하고도 냉혹한 현실과 진리를 우리는 보았다. 충무공의 말씀대로 必死卽生(필사즉생) 必生卽死(필생즉사)이다. 이 강산은… 우리가 살다가 묻혀야 하고 길이길이 우리의 후손들에게 물려주어서 지켜가도록 해야 할 소중한 우리의 땅이다. 영원히 영원히 이 세상이 끝나는 그날까지 지켜가야 한다. 저 무지막지한 붉은 오랑캐들에게

더럽혀져서는 결코 안 된다. 지키지 못하는 날에는 다 죽어야 한다〉

박정희의 뇌리에는 국가지도부의 서울 포기가 가져온 地獄圖(지옥도)가 찍혀 있었다. 그런 상황을 예상하여 막아보려고 애썼던 입장에 있었던 그로서는 뼈에 사무치는 경험이었다. 《한국전쟁사》 제1권은 이렇게 적고 있다.

〈한강 인도교 폭파로 漢水(한수) 이북에서 싸우고 있던 장병들 가운데 4만 4,000명의 행방을 알 수 없게 되었다. 7사단의 경우(약 1만 명 가운데) 장병 500명과 기관총 4정만 도강할 수 있었다. 1사단은 5,000명만 도강하고 각종 대포는 유기되었다. 제2, 3, 5사단 역시 흩어진 채 도강하였기 때문에 부대의 편제를 유지하기가 어려웠다〉

이 책은 이어서 '군 작전을 신뢰하다가 피란길이 막히게 된 정부요원들과 시민들은 학살되거나 지하로 숨어들지 않으면 안 되었고 미처 반출하지 못한 정부 재산은 적의 좋은 먹이가 되었다'고 지적했다.

대한민국의 국가 지도부는 끗발 순서대로 몰래 서울을 빠져나갔다. 이승만 대통령은 27일 새벽 2시에, 신성모 국방장관은 오후 2시에, 채병덕 육군 총참모장은 28일 새벽 2시에…. 채병덕은 서울을 빠져나가기 전에 일선 전투부대에 철수명령을 하달하지도 않았다. 명령을 전투부대에 전달할 만한 통신체제도 유지하지 못했다. 버려진 군인들 가운데 가장 비참한 운명을 맞은 것은 부상자들이었다.

6월 24일 현재 서울시내 육군병원에 입원 중인 환자는 약 1,300명이었다. 여기에다가 3일간의 전투에서 다친 3,200명의 군인들은 서울대학 부속병원 등 민간병원에도 분산되었다. 서울대학병원은 1개 소대 병력이 지키고 있었다. 28일 인민군이 서울에 진입하자 서울대학병원에선 움직일 수 있는 전상자 80여 명이 한 장교의 지휘하에 뒷산에 올라가 싸우다가 모두 전사하였다. 남아 있던 전상자들은 인민군에 의하여 학살당했다(《한국전쟁사》 제1권).

1950년 9월 15일 육본 계엄고등군법회의는 한강 인도교 폭파의 책임을 물어 최창식 공병감에게 사형을 선고했다. 敵前非行罪(적전비행죄)가 적용되었다. 정작 책임을 져야 할 폭파명령자 채병덕 소장은 그 두 달 전 하동 전선에서 전사한 뒤였다. 최 대령은 9월 21일에 처형되었다. 5·16 뒤 최 씨의 처 玉貞愛(옥정애)의 재심청구가 받아들여져 육본 보통군법회의는 최 씨에게 무죄를 선고한다.

최창식 대령이 한강다리를 폭파한 것은 '거부할 수 없는 상관의 작전명령을 따른 것이며 40분간 폭파시간을 늦추고 공포를 쏘면서 차량과 人馬(인마)의 다리 진입을 막아보려고 했으나 더 이상 지체할 수 없어 폭파한 행위는 군 작전상의 정당 행위에 해당한다'는 것이 판시 요지였다. 많은 증언자들은 최창식 대령이 인도교 위에 인파가 몰려 있다는 것을 알면서도 폭파를 명령한 도덕적 책임은 면할 수 없다는 견해를 보이고 있다.

그때 통신이 유지되었더라면 인도교 폭파는 막을 수 있었다. 채병덕 총장이 폭파명령을 내리고 시흥으로 가버린 뒤 남은 육본 참모들은 전투 중인 국군부대가 철수하기 전에 다리를 끊어버려서는 안 된다는 뒤늦은 自覺(자각)에 도달했다. 그래서 張昌國(장창국) 작전국장과 丁來赫(정래혁) 과장을 현장에 보내 폭파중지를 명령하도록 지시했다.

현장에 나가 있는 최창식 대령과는 통신이 되지 않았다. 이때 육군의 작전통신체계는 마비상태였다. 張, 丁 두 사람은 중지도 파출소에 당도

했을 때 헌병들의 제지를 받았다. 헌병들은 두 사람의 이야기를 들으려고 하지도 않고 무조건 인도교를 건너가지 못하게 했다. 그러는 사이 폭파가 이뤄진 것이다. 한강 인도교를 폭파해야 한다는 채병덕 소장의 강박관념, 그 원천은 인민군 전차의 도강을 막아야 한다는 일념이었다. 그런데 28일 새벽, 그 아수라장 속에서 수도경비사령부 병기부의 金起潭(김기담) 중위는 걸어서 한강다리를 건넜다. 육사 8기생회에서 펴낸 《노병들의 증언》에는 그의 수기가 실려 있다.

〈(한강인도교 폭파 뒤) 나는 무조건 한강 철교 쪽으로 갔다. 가까이 가보니 양쪽은 폭파된 것이 틀림없는데 가운데 철교는 확인할 수 없었다. 우리는 이 중앙철교 위의 선로 갱목을 밟아갔다. 한가운데쯤 가니까 선로 양쪽에 상자가 수북이 쌓여 있었다. 그리고 도화선 같은 줄이 노량진 쪽으로 쭉 뻗어 있는 것이 보였다. 다이너마이트였다. 갱목을 하나하나 밟고 가야 하니 뛸 수도 없었다. 나에겐 남겨진 생명의 다리였지만 이 철교로 적의 탱크가 건너오게 된다〉

3개의 철교 중 통행이 가능한 철교가 있었던 것이다. 28일 새벽에 이 사실이 알려졌더라면 수많은 생명이 한강에서 수장되지 않았을 것이다. 며칠 후 인민군 전차대는 이 철교를 이용하여 한강을 건넜으니 인도교 폭파는 도대체 누구를 위한 것이었던가 하는 탄식이 나오지 않을 수 없겠다.

復職

육군본부 정보국은 6월 28일 오후 이동하는 육군본부를 따라 시흥 보병학교에서 수원의 한 국민학교 건물로 옮겼다. 육본은 수원농업시험장으로 가서 작전지휘본부를 설치했다. 전투정보과는 과장이 공석인 상태에서 비공식 문관 박정희가 지휘하여 업무 체제를 갖추었다. 30일 오전 이곳에 들른 장도영은 27일 밤 육본이 철수할 때 헤어졌던 박정희가 서울에 남지 않고 도강한 것을 확인하고는 여간 반갑지가 않았다. 그는 회고록에 이렇게 썼다.

〈28일 새벽에 적군이 서울에 진입한 상황으로 보아서 그는 다르게 행동할 수도 있었지 않았겠는가. '확실한 근거도 없이 부하를 의심하는 게 아니야. 저렇게 유능하고 믿을 만한 사람이 몇이나 될까' 하고 생각했다. 나는 이때부터 그에 대한 사상적 의심을 버렸다. 오히려 과거 그를 조금이나마 달리 생각해 왔다는 것이 미안하다는 마음이었다〉

전투정보과 북한반 선임 장교이던 김종필 중위의 기억에 따르면 박정희는 수원에서 소령으로 복직했다고 한다. 박정희는 좀 계면쩍은 표정으로 김 중위에게 "나 복직했다"고 말했다. 난리통이라 새 철모나 계급장이 없었다. 김 중위는 다른 사람이 쓰던 헌 철모 하나를 주워왔다. 상황판 정리용 색연필로 철모에 빨간 태극 문양이 든 소령 계급 표시를 그려 넣었다. 김 중위는 "우선 이걸 쓰시지요"라면서 철모를 미래의 처삼촌에게 씌웠다. 김종필 총리서리는 "그분의 표정이 그렇게 유쾌한 편은 아니었다. 만감이 교차하는 것 같은 그런 얼굴이었다"고 기억했다. 무기징역을 선고받고 파면된 이후 1년 2개월 만에 박정희는 다시 군복을 입게 되었다. 인민군의 남침이 박정희를 구한 셈이다. 결과적으로는 김일성이 박정희를 살려내 자신의 적수로 만든 것이다. 박정희를 소령으로 복직시킨 데는 장도영이 중요한 역할을 했다. 장도영은 회고록에서 이렇게 썼다.

〈새벽에 책상 위에서 잠을 자고 일어나 살펴보니 상황실 저쪽에 몇몇 당직하는 장교들이 있었는데 그중에는 박정희 문관도 끼어 있는 것이 보였다. 그는 여전히 낡은 작업복을 입고 있었다. 나는 근무에 열중하고 있는 그를 바라보며 문득 '그를 계속 문관으로 둘 것인가. 장교가 심히 부족한데 그를 현역으로 복직시켜야 하지 않을까' 하는 생각이 들었다〉

장도영 국장은 채병덕 육군 총참모장의 후임으로 막 임명된 정일권에게 박정희를 복직시켜 달라고 건의했다. 정일권은 "쓸데없는 말이 나오지 않을까"하고 난색을 보였다. 장도영은 박정희가 서울이 함락될 때 취한 행동을 설명해주었다. 정일권은 "그러면 잘 생각해 보자"고 했다.

며칠 후 다시 건의하자 정일권 총장은 장도영을 데리고 신성모 국방장관을 찾아가 보고를 했다. 신 장관은 즉석에서 승낙하여 인사발령을 냈다고 한다. 박정희는 정식 발령이 나기 전에 장도영 대령으로부터 內諾 (내락)을 받고 계급장을 먼저 단 것으로 추정된다.

김종필 중위는 박정희에게 철모를 씌워주면서 맨 처음 그를 만났을 때가 생각났다고 한다. 1949년 5월 육사 8기로 졸업한 뒤 전투정보과에 배치된 김종필 등 15명의 신임 소위들이 유양수 과장에게 신고를 하니 유 소령은 박정희한테도 인사를 하라고 시켰다. 작은 방에 앉아 있는 작은 사람이 일어나더니 "나한테는 신고할 것 없어요"라고 인사받는 것을 피하는 것이었다. '나는 이제 군인이 아닌데…' 하는 自激之心(자격지심)의 발로였다.

김종필은 기자에게 "나는 당을 많이 만든 사람인데 그때는 大韓飮酒黨(대한음주당)을 만들었다"고 했다. 육사 8기 출신 장교들이 술 좋아하는 박정희를 黨首(당수)로 삼아 거의 매일 막걸리를 마시러 다녔다.

당원의 자격은 큰 양재기에 가득 담긴 막걸리를 입을 떼지 않고 단숨에 들이켤 수 있는 주량이었다. 당원의 등급은 주량과 태도에 따라 酒神(주신), 酒聖(주성), 酒豪(주호), 酒傑(주걸), 酒客(주객)으로 나누었다. 당수는 酒神과 酒聖級(급)이라야 하고 어디를 가든지 술값을 부담하고 여자를 건드려서는 안 된다는 조건이 붙었다.

박정희는 "아이구 나는 당수 자격이 없어. 주호만 하겠다"고 사양했다. 실제로 술값은 김종필 등 8기 장교들이 부담했다. 박정희는 거의 열 살이나 아래인 청년 장교들과 술을 마실 때면 일본어로 "부레이코(無禮行)"라고 외치면서 예절이나 형식을 집어치우고 마음 편히 신나게 놀도록 유도하곤 했다.

박정희는 관사로 8기생들을 초청하여 점심을 자주 대접했는데 이현란이 내오는 것은 항상 국수였다. 김종필이 어느 날 관사에 갔더니 이현란은 떠나버리고 박정희만 혼자서 덩그렇게 앉아 있었다.

김종필도 서울사대 3학년 재학 중 이화여대생과 사귀다가 失戀(실연)하여 그 충격을 잊기 위해서 13연대에 사병으로 지원 입대했다가 구타를 견디지 못하고 탈영한 전력이 있었다. 그는 탈영병 생활을 몇 달 하다가 마음을 고쳐먹고 다시 육사 교도대에 졸병으로 입대했다. 여기서 행정처장의 당번병으로 근무하다가 육사 8기로 들어갔던 것이다.

6·25를 전후한 시기의 음지와 양지를 거치면서 박정희·김종필은 끈끈한 정과 존경심으로 맺어진다. 두 인물의 특별한 인연은 한국 현대사의 흥미 있는 이야깃거리가 된다. 두 사람은 대조적인 성격의 소유자였다.

부끄럼타고 내성적이며 강직하고 규격적인 박정희에 대하여 김종필은 多情多感(다정다감)하고 多才多能(다재다능)하며 명랑하고 낭만적이었다. 박정희의 剛(강)과 김종필의 柔(유)는 때로는 어울리고 때로는 부딪치면서 현대사의 畵幅(화폭)에 극적인 陰影(음영)을 그리게 된다.

인민군이 서울로 들어온 6월 28일 북한의 박헌영 부수상 겸 외상은 방송연설을 했다.

"이와 같은 엄숙한 시기에 왜 남조선 인민들은 모두 떨쳐 일어나지 않고 있습니까. 무엇을 주저하고 계십니까. 모든 인민들은 하나같이 일어나 전 인민적, 구국적 정의의 전쟁에 적극적으로 참여하지 않으면 안 됩니다."

이 선동에 호응하여 봉기한 남로당원은 아무도 없었다. 국군은 기습으로 밀렸지만 항복을 거부하고 渡江(도강)을 선택했다. 비겁한 기습을 당했다는 데 대한 분노와 점령된 서울에서 들려오는 학살 소식은 국군들의 마음에 투지와 복수심을 심었다.

야크기 공습

미군이 개입하지 않을 것이라는 김일성의 기대도 무너졌다. 트루먼 미국 대통령은 미주리 주의 고향 마을에서 주말을 보내다가 한국의 남침 소식을 듣자마자 미군 파병을 결심했다.

대부분의 미국인들이 지도상 어디에 있는지도 모르던 나라를 위해서 트루먼이 이런 결심을 한 이유에 대해서는 지금까지도 논란이 되고 있다. 여순 14연대 반란사건과 같은 지하공작이 아니라 38선을 돌파하는 전면전으로 나온 북한의 철면피성이 미국 대통령의 자존심을 상하게 했다는 해석도 있다. 인민군이 서울에 들어온 28일 미군 공군기가 처음으로 출격하여 인민군을 공격하기 시작했다. 6월 29일 맥아더 극동군 사령관은 노량진 쪽의 한강 방어선을 시찰하다가 참호 속에 있는 한국군 병사를 발견하고 물었다.

"자네는 언제까지 그 호 속에 있을 셈인가."

"각하도 군인이고 저도 군인입니다. 군인은 명령에 죽고 삽니다. 상관의 철수명령이 내려지든가, 아니면 제가 여기서 죽을 때까지 이 곳을 지키겠습니다."

감격한 맥아더 원수는 그의 등을 두드려주면서 말했다고 한다.

"내가 도쿄로 돌아가 지원 병력을 보내줄 테니 안심하고 싸우게."

(당시 그를 안내했던 김종갑 장군 증언)

6·25 동란에서 김일성의 3대 실수는 남로당의 봉기를 기대한 것과 미군이 개입하지 않을 것이라고 오판한 것, 그리고 서울을 점령한 뒤 3일간 머뭇거리면서 한강을 건너지 않은 것이다. 당시 인민군 작전국장 俞成哲(유성철)의 증언에 따르면 인민군의 남침 계획 초안은 소련 군사고문단이 만들어준 것인데 서울 점령까지의 작전 계획만 되어 있었다는 것이다. 서울만 점령하면 후방에서는 남로당이 들고 일어나 이승만 정부는 자동적으로 瓦解(와해)될 것으로 믿었기 때문에 점령 이후의 작전 계획이 존재하지 않았다는 주장이다. 인민군이 서울을 통과하여 곧바로 남진했더라면 국군은 재편성의 여유를 갖지 못하고 붕괴되어 버리고 미군이 상륙해도 교두보를 만들 수 없었을지 모른다.

많은 국민들은 피란의 길을 선택하여 국군과 함께 남하하기 시작했다. 6·25 직전에 이승만 대통령이 超法的(초법적)인 방법으로 단행한 농지 개혁으로 거의 모든 농민들이 '지킬 재산을 가진' 地主(지주)가 되었기 때문에 인민군이 내건 '농지 무상분배'나 '계급해방'이란 구호도 매력을 상실했다.

여순 14연대 반란 사건 이후에 있었던 군내 남로당원들의 숙청과 서울 함락 이후 후방에 불어닥친, 남로당 전력자 모임인 補導聯盟員(보도연맹원) 숙청은 인민군의 남진에 호응할 조직을 원천적으로 제거했다. 무엇보다도 우리 군인들을 고무시킨 것은 미군의 참전이었다. 세계 최강의 군대가 참전했으니 언젠가는 이긴다는 희망을 갖게 되고, '후퇴는 있지만 항복은 없다'는 투지를 샘솟게 했다.

김일성의 3대 실수에 대해서 대한민국을 도운 3대 기적이 있었다. 6월 28일 인민군이 서울을 점령한 뒤 7월 1일 전차대를 渡江(도강)시켜 3일 수원을 점령할 때까지의 6일간 한강 남쪽 방어선을 지켜낸 것이 첫째 기적이었다. 나머지 두 개의 기적은 8월에 낙동강 교두보를 지켜낸 것과 9월의 인천상륙작전이다.

국군은 28일 중국군(장개석軍)의 소장으로 근무한 적이 있는 김홍일 소장을 시흥 지구 전투사령관으로 임명했다. 김 사령관은 한강을 건너온 장병들을 수습하여 혼성 5개 사단으로 재편성하여 김포—서울 사이 한강 南岸(남안) 방어선에 투입했다. 중화기는 서울에 버려두고 온 탓으로 연대當(당) 공용화기는 박격포가 2~3문, 기관총이 5~6정에 불과한 사실상의 소총부대였다.

육군사관학교 생도들까지 사병 신분으로 전투에 투입되었다. 육사는 1949년에 4년제로 개편하고 정규 1기생(통산 9기)으로 263명을 선발하였다. 교관요원이 부족하고 교과과정에 대한 준비가 안 되어 있어 1기생에 한하여서는 1년제로 하기로 했다.

1950년 6월 1일에 입교한 정규 2기생(통산 10기) 334명부터 4년제 교육을 시키기로 한 것이다. 약 600명에 달한 이들 정규 1, 2기는 남침 직후 생도대대로 편성되어 미아리와 태릉전선에서 격전 중 흩어졌다가 한강 남쪽에서 재편성되었다. 이 생도대대의 전사, 실종자는 150명을 넘을 것으로 추정되지만 정확한 수는 파악되어 있지 않다. 정규 2기생들은 입교한 지 한 달이 되지 않아 총도 제대로 다룰 줄 몰랐다.

살아남은 정규 2기 생도들은 부산 동래에서 단기 장교 양성 기관으로 창설된 육군 종합학교 1기 및 2기생으로 편입되었다. 여기서 6주간의 교육을 받고 임관되어 전선에 배치되었다. 진짜 4년제 정규 육사 1기는 1952년 진해에서 입교한 생도들(통산 11기)이다. 全斗煥(전두환), 盧泰愚(노태우)도 여기에 포함되었다.

육군 소령으로 복직한 박정희는 한강 방어선 공방전 동안 수원의 한 국민학교로 들어간 정보국 전투정보과에서 전황판을 복원했다. 교실 벽에 걸린 지도를 떼내어 깔아 놓고서 박정희는 주로 기억에 의존하여 서울철수 직전에 종합된 敵情(적정)을 붉은 색연필로 그려 넣기 시작했다. 김종필, 이영근 등 육사 8기 출신 장교들은 1년이 넘게 박정희의 지도하에 인민군 사단의 병력, 화기, 편제에 대해서 씨름하다 보니 각자의 머리에 관련 정보가 많이 입력되어 있었다. 박정희는 이들 장교의 머릿속에 있는 정보를 뽑아 내어 상황판의 복원에 성공했다. 그 16년 뒤 이영근은 반공연맹의 사무총장으로서 승공관 기념비 제막식을 가졌다. 박정희 대통령이 참석했는데 전시관에 걸린 6·25 남침도를 바라보더니 이렇게 말하는 것이었다.

"이봐 이 총장, 이거 잘못 됐어. 인민군 105전차여단은 여기가 아니고 여기에 있었어."

지도상으로는 불과 몇 cm의 오차였고 일반 관람객들에게는 하등 문제가 될 것이 없을 정도였지만 박정희의 뇌리에 남은 서울 진입 선봉부대의 전투배치도는 이것을 허용하지 않았다.

육군본부는 한강을 도하한 인민군 주력이 밀고 들어오자 7월 3일 오산을 거쳐 평택으로 이동하게 되었다. 육본의 차량행렬이 오산을 지났을 때 북한 공군 야크기 편대의 공습을 받았다. 차를 도로상에 세우고 탑승자들은 길가 水路(수로)에 뛰어들어가 몸을 숨기려 했다. 김종필 중위는 수로에 몸을 잠그고 야크기의 기총소사 소리를 들으면서 박정희 소령을 바라보았다. 박정희는 굵은 가로수를 끌어안고서 요리조리 돌면서 야크기의 공격을 피하고 있었다. 이때 미군 전투기 편대가 나타나 야크기 한 대를 격추시키자 나머지는 북쪽으로 달아나고 미군기는 추격해 갔다. 육본 차량 행렬이 평택역에 도착했을 때 다시 야크기의 공습을 받았다. 이날 수원이 적에게 점령되자 육본은 다음날 대전으로 이동했다.

국가의 생존본능

국군은 기습을 받아 서울을 3일 만에 내주었지만 '질서 있는 후퇴'를 했다.

한강에서 낙동강까지 밀리는 데 한 달을 끌었다. 국군이 싸우면서 후퇴하는 동안 미군은 부산 – 낙동강 교두보를 강화하여 반격에 대비할 수 있었다. 전투정보과장 시절 6·25 남침을 정확하게 예측했던 柳陽洙(유양수) 중령은 6사단 정보참모였다. 그는 후퇴를 하면서도 전쟁에서 지겠다는 생각이 한 번도 들지 않더라고 했다.

"정의는 우리 편이라는 생각과 우리의 가족과 땅을 지킨다는 의무감이 그런 확신을 준 것 같습니다."

인민군 창설작업에 참여했다가 공산주의의 본질에 절망하고 월남하여 국군에 들어갔던 방원철 소령(당시)은 국군이 뜻밖의 장점을 가진 것을 발견했다.

"인민군은 부대가 와해되면 어쩔 줄 모르고 흩어져 있다가 포로가 되는데 국군은 그럴 경우 스스로 인접 부대를 찾아가서 또 싸우곤 합디다. 무질서하게 보이던 남한 군대의 자율성과, 질서 있는 북한 군대의 비능률성을 보았습니다. 우리는 항복을 거부하고 질서 있는 후퇴를 했지만 인천상륙작전 이후 인민군은 도처에서 항복하면서 붕괴하여 우리는 한 달 만에 압록강까지 가지 않았습니까."

대한민국은 붕괴를 막기 위하여 국가로서의 무자비한 생존본능을 발동시켰다. 내부 반란을 막기 위해 경찰이 관리하던 '남로당 전력자' 보도연맹원들을 숙청했고 후퇴를 막기 위해서 분대장까지 즉결처분권을 행사토록 한 것이다. 우리 육군은 전사자료로 비치하기 위하여 참전군인들의 증언록을 많이 축적하고 있다. 1966년 육군방첩부대 준위 方孟松(방맹송)을 인터뷰한 기록에 이런 증언이 나온다. 6·25 때 방 준위는 방첩부대에 근무하고 있었다.

〈문: 후퇴하고 북진하면서 보도연맹이라든지 적의 악질분자를 처단하지 않았습니까.

답: 서울에 괴뢰군들이 들어오니까 보도연맹원들이 상당히 나서서 대대적인 환영을 했다고 하니까 수원에서부터 보도연맹원을 없애야 하겠다, 이렇게 되었는데 大를 위해서 小를 희생하는 일이 있었습니다. 악질적인 놈은 죽을 때도 '괴뢰군 만세'라고 하고, 또 죽을 때 '대한민국 만세'라고 외치는 사람도 있었습니다. 한꺼번에 40~50명, 수원에서 20여 명…. 그때 김창룡 중령한테는 빨자만 들어가도 통하지 않으니까요〉

수도사단 8연대 소속 강영환 중위는 한강 인도교가 폭파된 날 광나루를 통해서 한강을 넘었는데 도중에 작대기를 들고 국군 낙오병들을 잡으러 나온 보도연맹원들의 추격을 받았다. 수원에 몰린 국군에게는 벌써 서울에서 자행되고 있던 경찰·군인가족과 우익인사 학살사건이 전해지고 있었다. 비겁한 기습을 당해 쫓기는 신세가 된 국군에게 이런 소식은 치가 떨리는 것이었다. 즉시 방첩부대와 경찰 계통으로 보도연맹원 처리 지침이 내려갔다.

이 무렵 야간에 충북의 진천을 후퇴하던 국군 부대는 마을 창고에서 들려오는 '인민군 만세!' 소리를 듣게 되었다. 창고에 갇힌 보도연맹원들이 국군의 접근을 인민군의 접근으로 오인하고 그런 것이었다. 화가 치민 국군들은 수류탄을 까 창고 속으로 던져 넣었다. 후퇴과정에서 그런 살벌한 일들만 생긴 것은 아니었다. 수도사단 강영환 중위는 육사 8기생회가 펴낸《老兵들의 증언》에서 이런 이야기를 공개했다.

〈용인에서 오산으로 철수하라는 명령을 받은 것은 7월 4일 밤. 며칠간 악전고투하면서 잠도 못 자고 식사도 못 해 기진맥진했다. 출발과 함께 졸면서 앞에서 가는 대로 발길만 옮겼다. 옆이나 앞뒤에 누가 가고 있는지 관심도 없었다. 자정쯤인데 눈을 떠보니 옆에서 누런 肩章(견장)을 붙인 북괴병들이 우리와 함께 걸어가고 있지 않은가. 吳越同舟(오월동주)였다. 그들도 휴식을 하다가 어느 사이 우리 대열에 끼어든 모양이었다. 잠에 취해서 적이란 생각도 못 하고 경계심도, 긴장감도 들지 않았다. 그들이 앞뒤로 얼마나 있는지 확인할 생각조차 들지 않았다. 눈을 감고 정신없이 걸었다. 잠이 그다지도 야속할까. (중략)

청주, 보은, 점촌, 의성 전투를 거치고 청송전투에 참가하기 위하여 야간 강행군을 실시했다. 휴식명령이 떨어지면 병사들은 길가에 앉아버린다. 자정쯤인데 앉으면서 보니 북괴병들이 휴식을 취하고 있었다. 우리 병사들은 슬금슬금 걸어다니며 앉을 자리를 찾고 있다. 지칠 대로 지쳐서 피아 간에 전투란 말이 떨어지지 않으면 긴장도 적개심도 발동하지 않는 모양이다. 서로 잡거나 총을 쏘면 끔찍한 살상극이 벌어졌을 텐데 그들은 떠나가고 우리는 그 자리에 앉으며 눈을 감는다.(중략)

영천시내 어느 교회에서 우리 중대가 잠을 자고 있는데 북괴군의 수류탄 공격을 받았다. 중대원들이 빠져나와 대구로 통하는 다리를 건너게 되었다. 내가 맨 앞에 서서 부대를 인솔하여 다리 위에 들어섰다. 아직 새벽이 오기 전의 어둠 속이었다. 우리 앞에서 한 부대가 걸어가는데 북괴의 행군부대였다. 이제는 아무런 방법이 없었다. 교량 끝에 가까이 가니 북괴군 장교가 서 있었고, 양쪽에는 기관총을 거총하고 사수들이 엎드려서 사격자세를 취하고 있었다. 북괴군 장교는 우리의 존재를 확인하는 순간 우리 앞에서 걷고 있는 인민군들을 향해서 손을 흔들면서 고함을 질렀다.

"야, 너 이 새끼들 왜 지금 오나."

그의 눈앞에서 피아가 순간적으로 뒤섞여 버렸으니 그도 기가 찰 노릇

이었다. 인민군은 오른쪽으로, 우리는 왼쪽 제방으로 갈렸다. 그들은 우리를 등 뒤에서 공격하지는 않았다〉

소대장, 중대장으로서 인민군 남침을 정면에서 받아야 했던 육사 8기 출신 장교들은 후퇴하다가 상관으로부터 즉결처분을 당하기도 했다. 《노병들의 증언─육사 8기사》는 8사단 10연대장 高根弘(고근홍) 대령에 대한 저주 섞인 특집기사를 싣고 있다. 8사단 10연대 1대대 1중대 1소대의 金千萬(김천만) 소대장은 충북 구합리 전투에서 대대가 전멸하는 가운데 혼자서 후방으로 이탈하다가 高 연대장과 맞닥뜨렸다. 敵前(적전) 도망이라며 헌병에게 총살명령을 내리는 연대장에게 김 중위는 이렇게 항변했다는 것이다.

"대대가 전멸했는데 어떻게 단독으로 싸웁니까. 연대장께서는 안전한 후방에서 강 건너 불구경하듯 하고 있습니다. 내 스스로 죽게 해주십시오."

그는 이 말을 남기고 수수밭으로 뛰어들어가 권총으로 자살했다는 것이다. 그 며칠 뒤인 7월 10일 단양 전투에서 작전상 후퇴를 하던 같은 연대의 중대장 鄭求情(정구정) 중위도 고근홍 연대장이 쏜 총탄으로 즉결처분되었다. 정 중위는 유언으로 '대한민국 만세'를 삼창했다고 한다. 高 연대장은 8월에는 다부동 결전에서 큰 공을 세웠고 북진 중 전사했다.

낙동강 戰線

6·25 남침 때 일선 소대장, 중대장으로 배치되었던 육사 8기 장교들 가운데 많은 전사자가 발생했다. 육사 8기생은 졸업생이 1,345명으로서

역대 最多(최다)인데 6·25 중의 전사자가 419명으로 31%이다. 대부분의 전사자는 보병 특기자들(885명) 중에서 나왔는데 전사율이 40%를 넘었다. 인민군은 1등 저격수를 선발하여 국군의 소대장을 표적으로 삼도록 했다.

'8기생은 소모품' 이란 말이 나올 정도였다. 戰史(전사)에 8기생이 유공자로 나오는 경우가 별로 없는 것은 그들이 말단 지휘자들이었으므로 단독 작전을 수행할 입장에 있지 않았기 때문이다. 이들 8기생은 중령 계급장을 6년 이상 달아야 할 정도로 진급에서도 불이익을 보았다. 이런 저런 울분에 차 있던 이들은 5·16 거사의 주체세력이 된 뒤에는 우리나라의 중추부를 장악했다. 그 인맥의 마지막 주자가 김종필인 셈이다.

7월 3일과 4일 박정희 일행은 육본과 함께 수원을 떠나 평택을 거쳐 대전으로 가면서 북상하는 미군 선발대를 만났다. 이들은 일본에 주둔하던 미 24사단 21연대 1대대 장병 406명으로서 스미스 중령이 지휘하고 있었다. 인민군을 장개석 군대 정도로 만만하게 보고 소련제 T-34 전차에는 통하지 않는 무반동포나 바주카포를 가지고 소풍가는 기분으로 올라가던 스미스 부대는 7월 5일 오산 북쪽에서 인민군 4사단 전차 부대의 공격을 받고 괴멸해 버렸다.

육본은 7월 4일 대전에 있던 충남도청에 들어갔다. 도청 발코니에서 장도영 정보국장은 미 24사단의 전차 부대가 북상하는 것을 보고서 '이제는 안심이다' 고 생각했다. 미군은 인민군을 錦江線(금강선)에서 막으려고 했으나 실패했다. 금강을 넘은 인민군은 20일 대전을 점령했다. 21일 새벽 후퇴 중에 길을 잃은 24사단장 딘 소장은 혼자서 35일간 헤매고 다니다가 8월 25일 좌익청년들에게 붙들려 북한 측에 넘겨졌다. 미군은 마침내 북한 인민군이 남미나 필리핀 군대 같은 오합지졸이 아니라는 사실을 알게 된다.

뒤의 일이지만, 미국은 일본군, 북한군, 중공군, 월맹군 같은 유교 문화권의 군대가 인간 관계와 상하간 서열의식이 강한 데다가 정치적 이념으로 무장하면 逆境(역경)에 처해서도 악착같이 싸운다는 것을, 1승(태평양전쟁) 1무(6·25 동란) 1패(월남전)의 기록을 통해서 깨닫는다. 그들은 역사·문화가 서구와 너무 다른 동아시아에서 육상전에 말려들어선 안 된다는 교훈을 얻었다.

박정희는 7월 11일 대전을 철수하는 육본을 따라서 김천에 가서 3일간 머물다가 14일 대구에 도착하여 경북도립병원 앞에 있는 건물에 입주했다. 인구 30만 명이던 대구는 피란민이 몰려들어 70만 명으로 불었다. 8월에 접어들면서 대구 북쪽으로 10km까지 남하한 전선에서 대포 소리가 들려오고 밤에는 하늘이 벌겋게 달아오르곤 했다. 박정희 소령이 이끄는 전투정보과의 주임무는 낙동강 교두보를 압박하고 있는 인민군 부대들에 대한 戰力造成表(전력조성표)를 만드는 것이었다. 이는 우리 군에서 '전투서열'(Order of Battle)이라고 번역하는 개념이다. 우군이 상대하고 있는 적 부대의 역사, 지휘관들의 성격, 장비, 편성, 사기 등에 관한 정보를 항상 최신상태로 유지하는 것이다. 이 정보개념은 6·25를 통해서 한국군에 소개되었다. 미군은 전투정보과에 정보장교를 파견하여 적 부대의 전력조성표를 영문으로 번역하여 가지고 갔다. 낙동강 전선의 상황이 급박해지자 국군은 육본의 참모장교들까지 뽑아 가서 일선에 투입하곤 했다. 박정희는 이런 조치에 맞서서 전투정보과 소속 장교들을 잘 보호하여 한 사람도 일선으로 뽑혀 가지 않도록 했다.

어느 날 육본 정보국 첩보과 장교 및 하사관 비상소집이 있었다. 집합한 수십 명의 장병들은 트럭을 타고 어디론가로 사라졌다. 이들은 한동안 돌아오지 않았다. 미군 수송기에 실린 장병들은 낙하산을 하나씩 짊어지고 즉석 낙하요령을 교육받았다. 비행기는 낙동강 전선 후방의 점령지 상공에 도달했다. 장병들은 뛰어내렸다. 미군은 겁을 먹은 사람들을 비행기 밖으로 밀어버리기도 했다. 이들에게 주어진 임무란 '살아서 돌아오라'는 것이었다. 4명의 실종자를 제외한 崔正國(최정국) 중위 등 대부분의 장병들이 피란민으로 가장하여 생환했다. 생환과정에서 보고들은 敵情(적정)이 좋은 정보 보고서의 자료가 된 것이다.

정보국 산하에 있긴 했지만 독립부대처럼 행동하던 방첩부대에서도 그런 목적의 비상소집이 있었다. 집합한 장교들을 둘러보던 부대장 韓雄震(한웅진) 중령은 앞에 있는 張坰淳(장경순·국회 부의장 역임) 소령을 보더니 화를 버럭 내면서 "장 소령, 자네는 내 방에 가서 대기해!"라고 소리쳤다. 장교들을 비행장으로 보낸 뒤 사무실로 돌아온 한 중령은 영문을 모르는 장경순에게 자초지종을 설명해주었다. 전북이 고향인 두 사람은 군에 들어오기 전부터 친구 사이였다. 육사동기 박정희를 형님으로 모시면서 그가 불우할 때도 의리를 변치 않았던 한 중령은 이때 대구 지역의 저승사자였다. 낙동강 전선과 후방의 防諜(방첩)을 책임진 한웅진의 부대는 간첩과 좌익 색출작업을 벌이고 있었다. 대구 폭동의 예에서 보듯 좌익 세력이 뿌리깊은 이 지방에서는 수많은 용의자들이 재판 없이 처리되었다. 그들의 生殺(생살) 여탈권을 쥔 사람이 한웅진과 후임 부대장 김창룡 중령이었다.

대한민국의 운명이 경각에 달렸던 1950년 여름의 대구시절, 박정희는 한웅진, 장경순과 자주 어울렸다. 한웅진은 술에 취하면 짓궂은 장난을 잘 쳤다. 박정희의 군화에다가 소변을 누기도 했다. 그것도 모르고 발을 넣다가 오줌물이 쭉 솟아오르면 박정희는 "이 친구가 또 지랄했구나"하고 웃기만 했다. 박, 한, 장 이 세 사람의 인연은 그 11년 뒤 박정희 소장이 신당동 집을 나와서 군사혁명의 지휘본부로 출발할 때 동행하는 운명으로 발전한다.

8월 말 인민군이 마지막 힘을 내어 대구 북쪽을 공격하고 있을 때 박정희 소령의 科(과)에는 인민군 13사단 포병연대장 鄭鳳旭(정봉욱) 중좌가 이영근 중위와 침식을 함께하면서 조사를 받고 있었다. 정 중좌는 8월 22일 多富洞(다부동) 전선에서 당번병 한 명을 데리고 백기를 흔들면서 귀순했다. 그는 허리에 찬 가죽가방에 작전지도를 넣어왔다.

《한국전쟁사》에 따르면 그는 정치군관들의 간섭에 대한 불만과 함께 사단장이 포병 사격의 문제를 추궁하는 데 대하여 위험을 느꼈다고 한다. 그는 국군 1사단에 인민군이 과수원에 위장시켜 놓은 20문의 포 위치를 알려줬다. 이 포들은 즉시 파괴되었다. 이영근 중위는 정봉욱의 머리에 남아 있는 정보들을 빼내 책 한 권 분량의 '적 전투서열 정보'를 작성하여 미군과 국군 지휘부에 제출했다.

제8장

전쟁과 사랑

朴正熙

좋은 색시

1950년 8월 전투정보과장 박정희 소령은 좁아지고 있는 부산 — 낙동 강 교두보의 상황지도를 매일 아침 바라보고 있어야 했다. 교두보는 마 산 — 상주 — 영덕 — 부산을 잇는 사각형 지역으로 쪼그라들고 있었다. 눈덩이를 손아귀에 쥐고 힘을 주면 작아지지만 단단하게 변하듯이 이 교두보는 강화되고 있었다. 이 교두보의 東面(동면)과 南面(남면)은 바 다이고 서쪽에는 낙동강이 남북으로 흐르고 있으므로 대구 — 포항의 북 방 전선이 주 방어선이 되었다. 인민군이 먼저 이 방어선을 돌파하여 부 산을 점령하느냐, 그 전에 유엔군이 병력과 물자를 충분히 투입하여 반 격의 발판을 마련하느냐 하는, 시간과의 싸움이었다.

남한의 인민군 점령지에서는 조직적인 저항이 일어나지 않았다. 북한 측은 약 47만 명을 이 점령지에서 동원하여 전선으로 보냈다. 6만~12만 명은 군인으로, 나머지는 노무자로 부렸다. 8, 9월의 대공세 때 인민군 의 약 3분의 1은 남한 출신이었다. 국군은 교두보 지역의 가두에서 지나 가는 청년들을 徵募(징모)하는 방식으로 병력을 보충했다. 대구와 부산 에 있던 두 개의 보충병 훈련소에선 이들 청년을 받아서 열흘간 훈련을 시킨 다음 하루에 1,500명을 전선으로 보냈다. 부산에 설치된 육군종합 학교도 단기 교육으로 매주 250명씩의 장교들을 배출하여 전선에 투입 하고 있었다.

8월 16일 오전 일본 공군기지에서 출격한 미군 B — 29 폭격기 98대는 왜관의 낙동강 西岸(서안) 인민군 집결지구로 추정되는 곳에 약 30분간 900t의 폭탄을 쏟아부었다. 이때는 이미 인민군의 주력이 도하한 뒤라서 큰 성과는 없었다는 것이 정설이다. 인민군 3, 13, 15사단은 Y자 모양의 삼거리에 위치한 다부동을 탈취하려고 했다.

이곳은 왜관과 군위 쪽에서 오는 길이 만나 대구로 빠지는 교통의 요충이었다. 공격자로서는 分進合擊(분진합격)하기에 좋은 곳이었다. 백선엽 사단장이 지휘하는 국군 1사단이 미 25사단과 국군 8사단으로부터 1개 연대씩을 지원받아 방어하고 있었다.

이곳에 대한 적의 일제 공격은 18일부터 시작되었다. 인민군은 청진으로부터 열차편에 실어온 21대의 전차를 투입했다. 21일 대구 시내에 포탄이 떨어졌다. 국방부와 내무부를 제외한 행정부와 국회는 며칠 뒤 부산으로 옮겨갔다. 경북도청에서는 시민들에게 피란을 권고하기도 했다. 일선의 군인들은 등 뒤에서 일어나는 사태로 사기가 흔들리기 시작했다. 미군은 정부에 대해 피란을 중지시켜 줄 것을 요구했다.

8월 21일 새벽, 백선엽 1사단장은 적의 15사단이 영천전선으로 빠진 틈을 이용하여 반격에 나섰다가 적의 즉각적인 재반격을 받았다. 11연대 1대대가 고지에서 후퇴하자 인접한 미 25사단 27연대장 마이켈리스 대령(뒤에 주한미군 사령관)은 "우리 측면이 노출되었으니 우리도 후퇴하겠다"고 백 사단장에게 통보했다. 백선엽은 사단본부에서 일선으로 달려갔다.

대대원들은 총을 거꾸로 메고 후퇴하고 있었다. 이들은 밤낮으로 싸운 데다가 물과 식량 공급을 2일간이나 받지 못했다고 했다. 사단장은 대대원들의 앞을 막고 나섰다. 그들을 앉힌 다음 이렇게 역설했다.

"조국의 흥망이 여기에 걸려 있는데 어디로 후퇴할 것인가. 우리가 갈 곳이라곤 바다뿐이다. 지금부터 내가 앞장선다. 만약 내가 물러나면 나를 쏴라. 그 대신 귀관들이 명령 없이 물러나면 내가 쏘겠다."

백선엽 사단장은 대대의 앞장을 섰다. 패잔병 같던 대대원들이 사단장이 앞장서자 갑자기 사기충천해지더니 잃었던 448고지를 탈환했다. '한국전의 영웅' 백선엽 장군은 기자에게 "지휘관은 자신이 할 수 없는 일을 부하에게 강요해선 안 된다"고 말했다. 21~23일 사이 인민군은 일곱 차례의 야간공격을 가해왔다. 다부동 전투는 이제 '한국의 베르당 결전'으로 변하고 있었다. 1사단은 이 전투에서 56명의 장교들을 비롯하여 2,234명의 戰死傷者(전사상자)를 냈고 인민군은 5,690명이 전사했다.

육본을 따라 박정희 소령이 대구와 부산으로 옮겨다니고 있던 시기 정보국 보급실장 김재춘(중앙정보부장 역임) 소령은 육사 5기 생도시절 중대장이었던 박 소령을 스승처럼 모시고 다녔다. 박정희는 일곱 살이나 아래인 김재춘에게 "김 형"이라고 했다. 김 소령이 "제자보고 뭘 그러십니까"라고 하면 박정희는 "임자"로 바꿔 부르곤 했다. 김재춘은 박정희가 그 난리통에도 헤어진 이현란을 못 잊어 하고 있음을 알고 "제발 단념하시고 장가 드십시오"라고 말하곤 했다.

이 무렵 박정희의 대구사범 한 회 후배인 宋在千(송재천)이 찾아왔다. 그는 충북 옥천농업고등학교 교사로 재직 중 교육을 받고 배속장교가 되었는데 6·25가 터지자 소집영장이 날아왔다. 그는 선배인 박정희를 만나러 왔다. 박정희는 졸업하고 처음 보는 후배를 반갑게 맞아주면서 전투정보과에서 포로 신문관으로 일하도록 해주었다. 8월 어느 날 송 소위는 박정희에게 말을 건넨다.

"과장님 왜 혼자 사십니까. 가족이 있어야 마음도 든든하고 위로도 될 것이 아니겠습니까."

"글쎄, 좋은 색시가 있어야지."

송 소위는 외가 쪽으로 동생뻘 되는 陸英修(육영수)란 색시를 소개했다. 나이는 스물여섯 살이라고 했다.

"제가 보기에는 만점인데 과장님이 보시면 만점이 될지, 영점이 될지 모르겠습니다."

박정희는 그저 "그런 색시가 있느냐" 하는 정도였다. 며칠 뒤 송 소위는 다시 육영수 이야기를 꺼냈다. 박정희는 "그럼 한번 만나 보기나 할까"라고 하는 것이었다. 송재천 소위는 그 길로 부산 영도에서 셋방을 얻어 피란 생활을 하고 있던 이모 李慶齡(이경령)을 찾아갔다.

"이모님, 마땅한 자리가 있는데 영수 누이 출가 안 시키시겠어요."

"글쎄, 어떤 사람인데."

"제가 모시는 상관입니다. 인품이 그만입니다."

"성씨는."

"고령 박 씨지요."

"그렇게 좋은 사람인가."

"청렴하고 강직하면서도 인정이 넘치는 분입니다."

맞선

박정희와 육영수의 만남을 중계한 것은 戰亂(전란)이었다. 충북 沃川(옥천) 부자 陸鍾寬(육종관)이 率家(솔가)하여 부산으로 피란와서 영도에서 일본식 2층집에 세들어 살고 있었기 때문이다. 1950년 8월 하순이었다. 박정희 소령은 송재천 소위의 안내를 받아 육영수와 한 번 만난 뒤 영도 집으로 찾아갔다. 맞선을 보기 위해서였다. 박 소령은 육영수가 어딘가에서 자신을 지켜보고 있는지도 모르고 방문 앞에서 군화 끈을 풀고 있었다.

"맞선 보던 날 군화를 벗고 계시는 뒷모습이 말할 수 없이 든든했습니다. 사람은 얼굴로는 남을 속일 수 있지만 뒷모습은 남을 속일 수 없는 법이에요. 얼굴보다 뒷모습이 정직하거든요."

영부인 시절 육영수가 한 말이다. 박정희는 육종관—이경령 앞에 앉고 육영수는 찻잔을 나른 뒤 부모 옆에 단정히 앉았다. 검정 치마에 흰 저고리를 받쳐 입고 있었다. 육종관과 박정희가 주로 이야기를 나누었지만 修人事(수인사)에 불과했다. 얼마 후 박정희가 자리를 떴다. 자기 방으로 돌아온 언니에게 동생 예수가 물었다.

"언니, 어때요."

육영수는 달아오른 볼을 싸 안으며 생글거리기만 했다. 표정은 밝았다.

"언니, 웃는 것 보니 마음에 들었나 봐."

"글쎄, 눈이 번쩍번쩍 광채가 나는데 굉장히 무서웠어. 콧날이 날카로워 성깔이 있어 뵈더구나. 그러나 주관이 확고하게 서 있는 듯한 그 눈에 마음이 끌려."

이날 밤 송재천도 육영수를 찾아가서 박 소령에 대한 인상을 물었다.

"사람은 체격도 작고 볼품이 없지만 마음이 아주 단단한 것 같고 돌아서는 뒷모습이 아주 좋던데요."

부끄럼을 타는 천성을 가진 박정희는 맞선을 보러 갈 때 떨리는 가슴을 진정시키기 위해서 소주를 몇 잔 마시고 갔다고 한다(당시 전투정보과 한무협 대위 증언). 송재천은 박정희 과장에게도 맞선 본 소감을 물었더니 싫다는 내색도, 좋다는 표현도 하지 않고 얼버무렸다. 박정희는 만만한 사이인 김재춘 소령에게는 이런 말을 했다.

"뭐, 키가 나보다 큰 것 같고, 보기는 봤는데 다시 만나봐야지, 뭐."

김재춘은 속으로 '이 양반이 까다로운 데가 있구나' 하고 생각했다.

박정희와 육영수 사이에 혼담이 오가고 있을 때 전황은 벼랑 끝으로 치닫고 있었다. 인민군은 8월 31일부터 최후의 총공세를 낙동강─부산 교두보의 全(전) 전선에 걸쳐 감행한다. 김천에 전선사령부(사령관 김책 대장, 참모장 강건 중장)를 둔 인민군은 약 9만 8,000명의 병력을 투입했다.

방어에 나선 유엔군(한국군과 미군이 주력)은 병력이 17만 6,000명으로서 약 두 배, 전차는 600대로서 인민군의 여섯 배였다. 制空權(제공권)과 制海權(제해권)은 유엔군이 잡고 있었다. 인민군은 병력과 화기의 절대적 劣勢(열세)에도 불구하고 6·25 기습으로 선점한 전장의 주도권을 놓지 않았다.

기습이 중요한 것은 주도권을 잡기 때문인데, 주도권이란 결전의 시기와 장소를 선택할 수 있는 힘을 뜻한다. 인민군의 총공세가 절정에 달한 9월 3일 밤 국군과 미군은 대구 포기를 심각하게 검토할 정도로 몰리고 있었다. 경주, 영천은 함락 직전이었고 대구 북쪽의 요충지 架山(가산)과 다부동은 인민군에게 넘어갔다. 昌寧(창녕) 전선은 돌파되었고 마산 전선에서는 혼전이 계속되고 있었다.

9월 4일 워커 미 8군사령관은 일선 지휘관 회의를 소집하여 대구─포항선을 포기하고 밀양선으로 후퇴하는 문제를 토의했으나 결론을 얻지 못했다. 워싱턴의 펜타곤과 도쿄의 맥아더 사령부에서는 유엔군이 현 전선을 지탱할 수 없을 것이라는 견해가 지배적이었다. 9월 5일 미군은 하루 동안에 1,245명의 전사상자를 냈다.

4일 워커 사령관은 대구에 남아 있던 국방부, 육본, 내무부를 부산으로 철수하도록 권고했다. 내무장관 趙炳玉(조병옥)은 워커 장군을 찾아가 반론을 폈다.

"지금 우리 경찰까지도 군에 배속되어 북쪽 전선에서 전투를 하고 있는데 내무부가 철수한다면 경찰은 물론이고 대구 시민들도 일대 혼란에 빠질 것이오. 내무부만은 남아서 경찰로써 대구를 사수하겠소."

5일 밤 그때까지 진해에 가 있던 이승만 대통령도 대구에 올라왔다. 老(노)대통령은 신성모 국방장관과 조병옥을 불러놓고 꾸짖었다.

"나보고는 '진해에 가 계십시오', 그래 놓고서 대구 철수가 무슨 소리야. 나는 이곳에서 동포들과 같이 있겠어. 다시는 진해로 안 갈 거야."

戰勢(전세)는 이런 고집을 허용하지 않았다. 국방부, 육본, 미 8군사령부는 다음날 부산으로 이동하고 내무부만 대구에 남았다. 부산에서는 유엔군이 한국에서 완전히 철수할 준비를 하고 있다는 소문이 퍼졌다. 9월 3일부터 낙동강 전선에서는 비가 내렸다. 피로 물든 山河(산하)를 씻어내는 비였지만 한·미 공군이 근접지원을 하는 데 방해가 되었다.

박정희의 전투정보과는 6일 새벽 永川(영천)이 적 15사단에 의해 함락되는 것을 지켜봐야 했다. 적은 餘勢(여세)를 몰아 대구나 경주로 진출할 것이다. 이날 오후 李成佳(이성가) 장군의 8사단이 일시 영천을 탈환했으나 적 15사단의 주력이 12대의 전차를 앞세우고 시내로 들어오자 물러나야 했다. 8일 영천을 다시 잃은 날 워커 8군 사령관이 정일권 육군 총참모장 겸 3군 총사령관을 찾아왔다. 그는 이승만 대통령에게도 비밀로 해달라면서 이렇게 말했다.

"한국군 중에서 믿을 만한 2개 사단, 그리고 저명인사 10만 명의 명단을 준비해주시오. 그 명단에는 반공 단체와 경찰 간부들을 포함시켜주길 바랍니다."

영천전선을 돌파한 인민군의 남하를 저지할 수 없을 때의 철수 대비책이었다. 부산에 있던 이승만 대통령은 정일권으로부터 보고를 받자 격하게 말했다.

"나더러 겨레를 이끌고 다시 조국을 떠나라고 … . 워커에게 말하시오. 가려거든 가라고. 내 침실 머리맡에는 언제든지 권총이 준비되어 있다고 말하시오. 좀 위태롭다 해서 떠나고 싶으면 저희들끼리만 떠나라고 하시오."

母女의 결심

영천을 남쪽으로 벗어나면 들판이 열려 있고 완만한 오르막길로 이어진 뒤에 약 12km 지점에서 높이 70~80m 정도의 언덕길이 꾸불거린다. 경주로 넘어가는 阿火(아화)고개. 8월 10일 유재홍 2군단장이 지휘하는 8사단과 4개 증원 연대와 1개 대대는 경주로 향하던 인민군 15사단이 이 고개에 나타나자 반격을 개시했다. 13일까지 계속된 반격전으로 국군은 영천을 탈환하고 15사단을 궤멸시켰다. 낙동강 교두보를 위협한 최후의 공세는 저지되었다.

다부동 방어전을 치러내고 대구 북동쪽 팔공산 전선으로 옮겼던 1사단의 백선엽 준장도 인민군의 힘이 빠지고 있음을 느낄 수 있었다. 9월의 한나절 햇볕처럼 공세의 열기는 지속성이 약했다. 영천 전선에 가 보았더니 인민군 전차들이 기름이 없어 遺棄(유기)된 것을 보았다. 백 사단장은 며칠 뒤 미 8군으로부터 '공세로의 이전'에 대한 준비 명령을 받았다. 인천상륙이 임박했다는 소문이 일선에 퍼지면서 장병들의 사기가 올랐다. KO를 노린 인민군의 9월 공세는 빗나갔고, 이제는 카운터 블로를 기다려야 하는 입장으로 돌고 있었다.

9월 15일 맥아더 원수가 지휘하는 261척의 대함대가 미 해병 1사단과 육군 7사단을 주력으로 하는 7만 5,000명의 병력을 싣고 인천상륙작전을 벌였다. 다음날 한국 해병대는 인천시내를 탈환했다. 인천지역 주둔 인민군 2,000명은 거의 전멸했다. 미군의 전사자는 20명.

인천상륙작전의 성공은 맥아더 사령부가 발표하기 수시간 전 AP통신 서울 특파원 申化鳳(신화봉) 기자에 의해서 정일권 총참모장이 발표하는 식으로 특종 보도되었다. 6·25 남침은 UP통신 서울 특파원 잭 제임스 기자가 특종하여 퓰리처 상을 받았다.

워커 미 8군사령관은 16일 오전 9시를 기해서 유엔군에 총반격 명령을 내렸다. 미 제1군단이 主攻(주공)부대로서 대구 — 김천 — 대전 — 수원으로 진격하도록 했다. '한국전쟁의 영웅' 백선엽 장군이 이끄는 1사단은 미 1기병사단, 24사단, 영국 27여단과 함께 미 1군단에 배속되었다. 국군 1사단이 19일 다부동을 재탈환했을 때 백선엽은 지옥을 보았다. 인민군이 버리고 간 전차, 중화기, 탄약, 그리고 시체들은 고지를 뒤덮고 있는데 말과 소의 사체와 뒤섞여 악취를 풍기고 있었다.

인민군 지휘부는 인천에 유엔군이 상륙한 사실을 병사들에게 비밀로

하고 모든 기관총 사수들의 발목을 쇠사슬로 묶어 실탄을 다 쏘고 죽도록 했다. 탄피 무더기에 하체가 파묻힌 사수들의 시체가 많았다. 백선엽은 북진 작전의 초장에 속시원한 복수를 했다. 인민군 1사단은 6월 25일 새벽 개성－문산을 지키던 백선엽의 1사단을 기습했던 부대였다. 인민군 1사단은 가산－왜관 사이에서 인민군 3, 13사단과 함께 한·미 혼성 1군단의 포위공격을 받고 괴멸적 타격을 받았다.

적 3사단도 포천－의정부 축선을 따라 서울로 들어왔던 부대였으니 국군은 3개월 만에 빚을 갚은 셈이었다. 인천상륙작전에 의해 배후가 차단되어 가고 있었던 인민군은 '항복을 거부하고 질서 있는 후퇴를 했던' 국군과는 달리 낙동강 전선에서부터 집단적으로 투항하기 시작했다. 포로가 너무 많이 생겨 진격에 지장이 생길 정도였다. '낙동강아 잘 있거라 우리는 전진한다'는 군가(유호 작사, 박시춘 작곡)는 유행가가 되었다.

박정희는 9월 15일 인천상륙작전이 있던 날 중령으로 진급했다. 만주 군관학교 동기인 이한림은 당시 준장으로서 副군단장이었고 육사 2기 동기생들은 대령으로 진급해 있었다. 동료들에 비해 많은 나이와 낮은 계급은 현실에 대한 박정희의 불만을 구조화했다. 그가 광복 뒤 일찍 귀국하여 군사영어학교에 들어가 쾌속승진 가도를 달렸더라면 혁명가가 되지 않았을지 모른다.

부산 문현동 부근에 있던 육본은 9월 22일 대구로 이동하게 되었다. 그 전날 박 중령은 영도의 양과자점에서 육영수를 만났다. 이 자리에서 두 사람은 약혼하기로 합의했다. 다음날 박 중령은 육본의 대구 이동 수송책임자가 되어 부산진역에서 체제의 편성을 지휘했다. 완전 군장을 한 박정희 중령의 모습을 처음 본 송재천은 절도 있고 명쾌한 지휘통솔에 감탄했다. 한편으로는 저런 분이 북진 대열에서 멀리 처져 있다는 것이 안타깝게 생각되었다.

육영수는 박정희가 이혼한 적이 있다는 이야기를 어머니 이경령을 통해서 들었을 것이다. 송재천이 이모뻘 되는 이경령에게 귀띔을 했던 것이다. 이경령은 둘째 딸의 사주를 들고 점을 보러 갔는데 "따님은 재혼하는 사람에게 시집가는 것이 좋겠다"는 말을 들었다고 한다.

이경령은 남편 육종관에게는 박정희의 혼력에 대해서 말하지 않았다. 그러지 않아도 육종관은 박정희를 탐탁지 않게 생각하고 있었다. 그는 "군인에게 영수를 시집보낼 수는 없다"고 했다. 이경령은 한때 소실을 다섯 명이나 거느린 적이 있는 남편에게 애원하다시피 했다.

"이미 영수도 마음속으로 결정한 것 같으니 성사시켜 줍시다."

육종관은 항상 자신의 말을 잘 듣던 딸이 이 중대사에 있어서는 자기주장을 확실히 하는 데 오히려 당황했다. 한편으로는 섭섭하기가 이를 데 없었을 것이다. 박정희는 대구로 올라와 태평로에 하숙을 정했다. 서울이 수복되면 육본도 서울로 돌아갈 것이었다. 이미 전방지휘소를 서울에 설치하라는 명령이 떨어졌다. 박정희의 마음이 바빠졌다. 그는 송재천 소위에게 트럭을 한 대 주어 부산으로 내려보냈다. 육종관의 가족들을 옥천으로 태워보내고 며칠 뒤에 대구로 모시고 와서 약혼식을 올리기로 했다.

이경령은 약혼식 이야기는 꺼내지 않고 다시 한 번 남편을 설득하려 했다. 육종관은 "너네 마음대로 해!"라고 쏘아붙였다.

육종관 일가를 태운 트럭이 옥천 교동 집에 도착한 며칠 뒤 이경령은 다른 이유를 대고는 딸들(육영수·육예수)을 데리고 대구로 향했다. 소

실을 다섯 명이나 데리고 들어와도 불평 한마디 못 했던 이경령으로서
는 남편 몰래 딸을 약혼식장으로 데리고 간다는 것이 일생일대의 결단
이었을 것이다. 모녀는 대구 東城路(동성로) 네거리 자유백화점 옆 일식
당 삼화식당으로 갔다.

그 시간 박정희는 전투정보과 사무실에서 이영근 중위에게 "나하고 식
사나 하러 갈까"라고 말을 건넨다. 다른 과원들은 점심 먹으러 나가고 없
었다. 이영근은 영문도 모르고 지프에 올랐다. 식당 방에 들어가니 "목이
길고 고상하게 생긴 처녀가 할머니와 앉아 있었다"는 것이다. 이 약혼식
장에는 그때 연애 중이던 김종필 대위와 박정희의 조카 영옥도 참석했
다. 식사하는 걸로 약혼식은 끝났다. 모녀는 옥천으로 돌아가고 며칠 뒤
박정희는 육본을 따라 서울로 올라갔다.

陸鍾寬의 왕국

육영수의 아버지 육종관은 개성이 강한 사람이었다. 둘째 딸이 미래
의 대통령과 결혼하는 것을 반대한 뒤로는 사위를 만나주지 않았고 사
위가 대통령이 된 뒤에도 그 고집을 꺾지 않고 1965년에 72세로 죽었다.
1893년에 충북 沃川郡 陵月里(옥천군 능월리)에서 대지주 陸用弼(육용
필)의 자식 5남매 중 막내로 태어난 육종관은 형들이 出鄕(출향)하여 출
세하자, 자신은 고향에 남아 집안의 재산을 관리했다. 그의 큰형 陸鍾允
(육종윤)은 승정원 副承旨(부승지)를 지낸 뒤 개화파 활동을 하다가 김
옥균과 함께 갑신정변에 참여했다. 쿠데타 기도가 실패한 뒤 하와이를
거쳐서 일본으로 망명하여 나리타 교쿠준(成田玉純)이란 이름으로 살다

가 죽었다.

둘째 형 陸鍾冕(육종면)은 도쿄에서 상선학교를 졸업한 뒤 선장이 되었다. 그 뒤 법률을 공부하여 판·검사를 거친 뒤 변호사가 되었다. 셋째 형 陸鍾旭(육종욱)은 일찍 죽었고 누이는 송 씨 집안으로 시집갔다.

육종관은 열여섯 살에 두 살 아래인 경주 이 씨 집안의 이경령을 아내로 맞아들였다. 육종관은 米穀(미곡) 도매상, 금광, 인삼 가공업을 해서 번 돈으로 校洞(교동)의 '삼정승집'이라 불리던 古家(고가)를 사서 대궐 같은 저택으로 증축했다. 뒤뜰 역할을 하는 과수원을 합치면 8,000평, 순수한 대지가 3,000평이나 되는 집이었다.

垓字(해자) 같은 도랑, 솟을대문, 그 안에 잘 지은 조선식 건물群(군). 대문에서 마주 보이는 사랑채는 원님이 일을 보던 東軒(동헌)처럼 꾸몄다. 큰 대청마루 옆에는 심부름꾼의 방도 있었다. 전화기를 둔 전화방과 사진 현상용 암실도 냈다. 사랑채 왼쪽의 아래채와 뒤채에는 小室(소실)들이 살았다. 연못, 안채, 행랑, 그 뒤로 蓮塘舍廊(연당사랑). 이 연당사랑에서는 2개 분대 규모의, 소실들의 아이들이 모여서 공부를 했다. 사랑과 안채를 잇는 회랑은 일종의 마루복도로서 단아한 지붕을 얹어 情趣(정취)를 더했다. 사랑 뒤에는 별당과 뒤채. 사과나무, 배나무, 밤나무, 은행나무, 감나무가 울창한 후원에는 사당과 정자도 있었다. 이 건물군을 구경한 시인 朴木月(박목월)은 '조선 상류계급의 건축을 대표하는 秘苑(비원)의 演慶堂(연경당)과 맞먹는 건물'이라고 평했다.

저택을 둘러싼 담은 세로 100m, 가로 50m나 되었다. 육종관은 이 대저택을 자신의 왕국처럼 다스렸다. 사위가 대통령이 된 뒤에도 그는 자신을 굽히지 않고 박정희를 사위로 인정하지 않는 태도를 견지했는데 이런 오기는 아무의 간섭도 받지 않고 이 城砦(성채)를 지켜온 관록에서 우러나온 것이었다.

1925년 11월 29일에 태어난 육영수는 큰언니 陸寅順(육인순)과는 열한 살, 오빠 陸寅修(육인수)와는 일곱 살, 막내 동생 陸蕊修(육예수)와는 네 살 터울이었다. 이 긴 터울 사이에 육종관은 다섯 명의 소실들에게서 18명을 생산해 모두 22명의 자녀를 두었다. 한 해에 복수의 소실들이 자녀를 낳은 적도 있었다. 육종관은 일찍 죽은 자녀들을 제외한 18명을 모두 자신의 호적에 입적시키고 평균 이상으로 교육했다. 여자는 고교, 남자는 대학까지 보냈다. 육종관은 소실 관리의 실권을 본처 이경령에게 주었다.

소실들은 이경령을 "어머니"라고 부르며 어렵게 대하여야 했다. 이경령도 관대한 태도를 견지하여 소실들을 잘 다루었다고 한다. 이 왕국에서는 여자들끼리의 싸움소리가 들리지 않았고 또 들리지 않아야 했다. 겉으로는 대범한 이경령이었지만 속으로는 마음이 편할 리 없었다. 이경령은 시누이(남편의 누나) 陸再完(육재완)을 자주 찾아가 남편의 蓄妾(축첩) 생활에서 겪는 어려움을 털어놓곤 했다.

"걔가 말을 이렇게 해요. 어떻게 그럴 수가 있어요."

"그 집 아이가 나에게 이렇게 대한답니다."

이경령은 육재완의 자녀들이 명절 때 자신에게 절한 뒤 소실들에게도 절하는 것을 매우 싫어했다. 육영수는 남몰래 눈물을 흘려야 했던 어머니를 붙들고 "제가 크면 어머니를 편하게 모실게요"라고 위로하곤 했다. 이 모녀가 박정희가 나타났을 때 대담하게 육종관에 대한 '반란'을 감행한 데는 그동안 쌓였던 불만의 영향이 있었을 것이다.

소실들 가운데 신원이 확인되는 사람은 옥천댁(2남 출산), 큰 개성댁(3남 1녀 출산), 작은 개성댁(1남 1녀 출산), 南村(남촌)댁(1녀 출산), 서울댁(1남 출산)이다. 남촌댁은 일본여성. 육종관의 일본어 가정교사로 들어왔다가 소실로 앉았다. 일본명이 노무라(野村)였던 그녀는 소실들 가운데 가장 부지런하고 이경령을 깍듯이 모셨다. 이경령도 남촌댁을 아껴주었다. 남촌댁이 없으면 이경령의 일상생활이 불편할 정도였다. 육종관은 다른 소실들에게는 집을 한 채씩 마련해 주었으나 남촌댁은 자립 능력이 없다고 판단했던지 이경령과 같은 지붕 아래서 살도록 했다. 두 개성댁은 자매가 함께 소실로 들어온 경우이다. 나중에 육종관은 큰 개성댁을 서울 사직동으로 보내 살도록 했다. 이 집은 육종관의 여러 자녀들이 서울에 유학할 때 기거하는 거점이 되었다. 육영수도 배화여고를 다닐 때 이 집에서 살면서 마음고생을 적지 않게 했다.

　이 다섯 소실들은 육종관과 적어도 2~3년간 함께 살았던 사람들이고 그 밖에도 많은 여인들이 스쳐 지나갔다. 육종관은 진정으로 한 여자를 사랑하거나 눈이 멀지 않는 이였다. 육종관은 자신의 축첩 생활에 대해서 부끄러워하기보다는 오히려 家勢(가세)를 상징하는 자랑거리로 생각했던 것 같다. 육종관은 마음에 드는 물건이나 여자가 나타나면, 비록 단기간이지만 유달리 집착하는 성격의 소유자였다. 육종관은 돈도 많았지만 사람의 심리를 꿰뚫어보고 다룰 줄 아는 안목과 話術(화술)을 갖고 있었다.

　그가 여자들의 마음을 사려고 할 때 약점이 하나 있었다. 그는 惡筆(악필)이었다. 1930년대 초 책상만한 타이프라이터가 등장하자 그는 이것을 구입하여 밤새워 戀書(연서)를 찍어내곤 했다. 한 글자를 찍고 다음

글자를 찍을 때까지 시간이 많이 걸리는 이 기계가 '덜커덩, 덜커덩' 소리를 낼 때면 이경령과 소실들은 "아이구, 저 양반 또 바람 났나벼"라고 한숨 섞인 웃음을 짓곤 했다.

육종관은 돈을 끔찍이 아꼈다. 육영수를 불러들여 함께 지폐를 다리미질하여 빳빳해질 때까지 폈다. 이 지폐들을 깔고 그 위에 요를 펴고 자기도 했다. 이렇게 해야 돈이 얇아지고 질기게 된다는 것이었다. 물건 값을 지불할 때 그는 단 세 장의 지폐를 꺼내주더라도 세 번은 세어야 했다. 돈을 위아래로 돌려쥐어 가면서 세는 것은 혹시 한 장이 접혀 있지나 않을까 해서였다. 평소 그는 돈을 빨리 세는 사람을 건방지다고 가장 싫어했고 다음은 군인이었다. 군인들이 윗옷의 등판을 다림질하여 줄을 세운 때문이었다. 입고 있으면 주름이 펴지는데 왜 애써 주름을 만드는지 그 이유를 찾을 수 없었던 것이다.

아버지의 보좌역

옥천 부자 육종관은 가난한 소작농 출신인 박정희와는 여러모로 문화적인 갈등을 겪을 만한 차이점을 가지고 있었지만 실용적인 면에서는 공통점이 있었다. 육종관은 理財(이재)에 밝을 뿐 아니라 기계를 다루는 데는 호기심과 재능이 많았다. 일제 시대에 벌써 포드 T형 승용차, 트럭, 시보레 승용차, 사이드 카(오토바이)를 갖고 있었다. 馬房(마방)을 고쳐 차고로 썼고 운전을 직접 했다. 조수가 있어도 자동차가 아까워 운전대를 맡기지 않았다. 자동차가 구덩이에 빠질 때나 타이어에 바람을 넣을 때 조수가 소용될 뿐이었다. 조수가 운전석 옆에서 주인처럼 타고다니는 판이었다. 陸씨는 사진기뿐 아니라 촬영기까지 가지고 다니면서 누에 치는 모습을 찍어 집안 식구들에게 상영해 주곤 했다. 고물상에서 기계 부속품들을 잔뜩 사가지고 와서 수리하고 기름칠하여 조립하는 것이 취미였다.

그는 대단한 수집벽이 있었다. 여자까지도 수집 대상으로 삼은 셈이다. 서울의 소실집에 살 때는 사발시계와 괘종시계를 수집하기 시작했다. 몇 달 안 가서 그의 방은 고물 시계 천지로 변했다. 온 집안에 째깍거리는 소리가 가득해 식구들은 정신이 멍멍하여 잠을 못 이룰 정도였다.

한때는 銃器類(총기류) 수집에 빠졌다. 브라우닝, 윈체스터 등 엽총 30여 정, 권총 10여 정을 수집해 놓고 일본인 경찰서장에게 자랑하곤 했다. 경찰서장이 새로 부임해올 때마다 명품을 슬쩍 보여주면서 마음에 드는 것을 물어본 다음 조만간에 선물할 뜻을 내비치곤 했다. 그때부터 서장은 수시로 이 집을 드나들게 되는데 육종관은 인허가 문제나 訟事(송사)를 청탁하곤 했다. 그는 아들 육인수한테 이런 말을 하기도 했다.

"세무서장과 경찰서장한테는 돈을 많이 줘야 한다. 군수한테는 적게 줘도 돼. 힘이 없거든."

군인을 싫어한 육종관이었지만 총기류에 대한 호기심은 6·25 동란 중 재차 발동되었다. 동네 꼬마들에게 현상금을 걸고 야산에 버려진 총기들과 총포탄을 주워 오게 했다. M—1소총, 카빈, 따발총이 그의 창고를 메우기 시작했다. 육종관은 개머리판이 없는 총은 나무로 깎아 새로 붙였다. 그런 다음에는 공터에서 시험사격을 했다. 그리고는 기름종이로 한 정씩 정성들여 싼 다음 다락방에 올려놓는 것이었다. 이것으로 끝이었다. 육종관이 새로운 수집대상을 찾아 나서는 그 순간부터 과거의 명품에서는 정을 떼는 것이었다.

육종관이 특별히 친일적 행동을 했다는 증언은 없다. 그런데도 일본인 경찰서장들이 그에게 부임인사를 올 정도가 된 것은 그의 큰형(육종윤)이 갑신정변에 참여했다가 일본으로 망명하여 살면서 일본의 정객들과 친했기 때문이었다. 조선에 부임하는 총독에게 동생부탁을 할 정도의 교분이었다고 한다.

1920년대 말 총독부에서는 충북 永同(영동)지방에 전기를 가설하고 있었다. 옥천은 역 부근에만 전기를 가설하도록 되었다. 육종관은 마을의 발전을 위해서 반드시 전기를 끌어와야 한다면서 뛰어다녔으나 잘 되지 않았다. 오기가 발동한 그는 6km쯤 떨어진 오리티강에 작은 수력발전소를 만들겠다고 나섰다. 오사카에서 발전기 제작소 사람들을 불러 현지답사를 시키는 것을 본 총독부에서 손을 들었다. 전신주를 세우는 경비는 육종관이 부담하기로 하고 교동 마을까지 전기를 끌어오는 데 성공했다. 육영수의 어린 시절 교동 집에는 100개나 되는 전등이 밤을 밝히고 있었다. 박정희가 태어난 상모리에는 그보다 40여 년이 흐른 1970년대 초에 전기가 들어갔다.

육종관은 집안을 왕국처럼, 그리고 회사처럼 운영했다. 그는 소실들을 데려다 놓고 놀고먹도록 내버려 둘 사람이 아니었다. 400석을 생산하는 논밭 일을 하는 데 소실들은 노동력을 제공해야 했다. 그 자신도 농사일에 참여했다. 장부정리는 육영수의 몫이었다. 보통학교 상급반 시절부터 육영수는 아버지한테 불려가서 장부정리, 편지대필, 헌 돈 다리미질, 고물상에서 가져온 헌 부속품에 기름칠하기 등등의 심부름을 했다. 육종관은 편지에 '부디' 라는 副詞(부사)를 남발하는 특징이 있었다. 육영수가 "아버지 '부디'가 또 나와요"라고 하면 육종관은 "그냥 받아 써"라고 하는 것이었다.

어느새 육영수는 18명이나 되는 육종관의 자녀들 가운데 아버지의 총애와 신뢰를 독차지하는 아이가 되었다. 아버지의 보좌관 역할을 하게된 것이다. 어린 시절 육영수는 차분하고 침착하며 자존심이 강했다. 네살 아래인 육예수는 활달하고 상하를 막론하고 直言(직언)을 서슴지 않는 아이였다. 그녀의 눈에 비친 언니—.

"같은 부모 밑에서, 같은 밥을 먹었어도 우리 둘은 성격이 그렇게 다를 수 없었어요. 언니는 이지적이면서도 인정이 있었지만 상대방이 무슨 사정이 생겨 약속을 어기거나 하면 탁 돌아서 버리는 성격이었습니다. 저는 아버지한테 어리광을 부리거나 떼를 쓰곤 했는데 언니는 그런 약한 모습을 절대로 보이지 않고 그 나이에도 품위를 잃지 않으려고 했어요. 그러니 아버지도 언니를 어려워할 정도였습니다."

각기 어머니가 다른 10여 명의 아이들과 섞여 살면서 육영수는 다른 사람들의 기분을 상하지 않게 하면서 자신의 분수와 품위와 영역을 지키는 훈련을 받고 있었다. 영부인 시절, 항상 칼날처럼 긴장된 정신상태를 유지하면서도 기지와 부드러움을 잃지 않았던 육영수의 품행은 이 경쟁사회에서 단련된 것이었다.

1970년대 초 부산의 국민학생들로 조직된 '어깨동무 합창단'이 청와대를 찾았을 때였다. 육영수는 일일이 학생들과 악수를 나누었다. 한 학생이 자신의 이름과 校名(교명)을 댄 뒤 느닷없이 큰 소리로 외치는 것이었다.

"우리 교장선생님은 새마을 운동에 적극 찬성하시고 열심히 참여하고 계십니다."

육영수는 고개를 약간 돌리더니 학생들을 안내해온 고모 아들 宋在寬(송재관·당시 어린이회관 전무)에게 작은 소리로 말했다.

"글쎄 교장선생님이 저렇게 외워 보내면 어떻게 해. 무슨 교육이 되겠어."

육영수의 고개가 학생 쪽으로 돌아갔을 때 표정은 싹 바뀌었다.

"돌아가거든 교장선생님께 나한테 말씀드렸다고 꼭 전해요. 알았지요."

이 상냥한 영부인의 말을 전해들은 교장은 기분이 좋았을 것이다. 어릴 때부터 사람들 속에서 부대끼면서 성장한 육영수는 다른 사람들 앞에서 자신의 감정과 표정을 절제하고 조절하는 데 거의 천부적인 재능을 가졌다.

깨어진 婚談

육영수는 배화여고 학생 시절 일본으로 단체 수학여행을 가려다가 아버지 육종관의 반대에 부딪힌 적이 있었다. 육종관은 "과년한 처녀가 여행이라니" 하면서 허락하지 않았다. 육영수는 졸업하기 1년 전에 상급학교로 진학하는 문제로 아버지에게 말을 꺼냈다가 매정하게 거절당했다. "여자가 공부하면 공연히 건방져진다"는 것이었다. 육영수는 이불을 뒤집어쓰고 며칠을 울었다. 육영수의 동생 예수도 퇴짜를 맞았다. 육종관으로서는 18명의 자녀들에 대한 공평한 기준을 양보하고 싶지 않았을 것이다. 남자는 대학까지, 여자는 고등학교까지 교육시킨다는 원칙을 그는 견지했다.

1942년 3월 배화여자고등보통학교를 졸업한 육영수는 옥천 교동 집으로 내려왔다. '작은아씨'라고 불렸던 육영수는 좀처럼 집 바깥을 나가지 않으려 했다. 육종관은 그런 딸이 대견했던지 금고 열쇠를 맡기고 경리를 보게 했다. 하루는 아버지가 외출하고 난 뒤였다. 어머니 이경령은 돈이 급하게 필요해서 영수를 불렀다. 육영수는 그러나 "아버님의 허락 없이는 금고를 열 수 없어요"라고 거절하는 것이었다. 그런 딸이 오히려 미더웠던지 이경령은 "영수는 어디 가나 귀염 받고 잘살 거야"라고 말하곤 했다.

"넉넉한 집안에 가면 허세부리지 않고 잘살 것이고, 가난한 집안에 시집가더라도 초라하지 않게 불평 없이 잘살 거야."

이 무렵 육종관은 전국의 고물상을 뒤져 값싼 기계류 부속품을 사들인 뒤 기름칠하여 새 기계처럼 조립하는 취미에 빠져 있었다. 이런 식으로 조립한 라디오가 30여 대나 되었다. 아버지가 "영수야, 이거 닦자"라고 하면 그녀는 아무 말 없이 마루에 앉아 종일 녹을 닦곤 했다. 오빠 육인수의 회고—.

"아버님께서 아침에 이것을 닦아 놓으라고 하시면 종일 그 일만 하는 것이었습니다. 참을성이 대단했습니다. 무엇이나 대충대충 하는 법이 없었습니다."

그러나 육영수가 진정으로 즐겁게 그런 일을 한 것 같지만은 않다. 쌓이는 좌절감을 녹을 닦는 것으로 풀었을 것이다. 육영수는 그런 일에 자학적으로 몰입하기도 했다. 동생 육예수의 증언.

"언니는 위장병을 심하게 앓고 있었는데도 우리 식구 중 누구도 알지 못했어요. 아버지가 일을 시키면 아프다는 내색도 하지 않고 시키는 일만 했어요. 하루는 하도 얼굴이 창백해서 아버지가 물었는데도 별일이 없다고 말하는 거예요. 나중에 알았는데 언니는 밥도 못 먹을 정도로 병이 악화되어 있었습니다. 아프다고 일을 중단하기에는 자존심이 허락하지 않은 것이지요."

아버지를 돕는 일이 끝나면 자수를 놓고 어머니와 함께 바느질을 했다. 자수를 앞에 앉을 때 육영수는 늘 손을 씻고 옷매무새를 여미는 것이었다. 그녀는 옷도 직접 만들어 입었다. 헌 옷을 머슴집에 보낼 때는 꼭 누구한테 준다는 것을 분명히 했다. 아랫사람에게 함부로 대하지 않았기 때문에 오히려 더 어려운 사람이 육영수였다. 육영수의 큰언니 육인순은 1935년 10월 춘천의 洪淳一(홍순일)과 결혼했다. 그는 춘천고보, 경성제국대학 법문학부를 거쳐 고등문관시험 양과에 합격한 후 만주국의 馬政局(마정국) 과장, 광복 후 강원도 소방청장, 許政(허정) 교통부 장관 비서실장을 지내다가 6·25 동란 때 인민군에 납치돼 행방불명이 되었다.

육인순─홍순일 사이에 태어난 장남 洪世杓(홍세표)는 외환은행장을 지냈다. 장녀 銀杓(은표)는 張德鎭(장덕진·전 농수산부 장관)의 부인, 차녀 昭子(소자)는 韓昇洙(한승수·전 경제부총리)의 부인, 3녀 晶子(정자)는 柳然相(유연상·전 영남대 이사장)의 부인, 4녀 智子(지자)는 (주)조원관광진흥 회장 鄭永三(정영삼)의 부인, 5녀 在嬉(재희)는 전 대한선주 회장 尹錫民(윤석민)의 부인이 된다.

육영수는 1942년 말 만주 신경에 살고 있던 큰언니 육인순의 집에 갔다가 돌아올 때 세 살배기 정자를 안고 와서 키웠다. 언니가 지자를 낳은 뒤의 산후 조리를 도와주러 갔다가 오는 길이었다. 육영수는 정자를 자신의 방에서 데리고 자고 옷도 해 입히면서 친딸처럼 키웠다. 홍정자는 나중에 청와대에서 이모의 개인비서가 된다.

육영수도 박정희처럼 교사로 1년 반을 재직했다. 1945년 10월 중학교 과정인 옥천공립여자전수학교의 家事(가사) 담당 교사가 된 것이다. 이 학교의 서무과장 송재만은 육영수와 이종육촌 간이었는데 육종관의 허락을 받고 육영수를 교사로 추천했던 것이다. 교실 4개, 교사 13명, 학생 수 130명의 학교였다. 육영수가 교사를 그만둔 것은 남자 교사들이 던진 농담에 마음이 상했기 때문이었다. 육영수가 나오지 않자 교장이 사람을 보내 달래고 사과도 했지만 독한 구석이 있는 그녀는 "글쎄 내가 안 나가면 아무 일도 없게 되는 것 아녜요"라면서 요지부동이었다. 다시 '교동의 작은아씨'로 돌아온 육영수는 춘천에 돌아와서 살고 있던 언니 육인순의 집에 들렀던 적이 있다. 육인순의 차녀 홍소자가 기억하는 이모의 모습—.

"이모가 오셨을 땐 온 식구가 그렇게 좋아할 수 없었습니다. 집안 분위기가 환해지는 거예요. 온화하게 웃으며 조용조용하게 말하는데 사근사근 잔잔한 시냇물 같았어요.

'그려… 그려… 난 그렇게 하는 게 좋아.'

가벼운 충청도 사투리로 표정을 지어가면서 말하면 저는 이모가 너무 좋아서 어떤 때는 그런 이모와 내가 함께 손잡고 걷고 있는 게 사실인가 하고 한 번 더 얼굴을 쳐다보기도 했습니다."

강원도 소방청장이던 형부 홍순일의 옆집에 살던 부인이 육영수를 보더니 반했다. 강원도청의 고위간부 부인인 그녀는 남동생을 육영수에게 소개했다. 육영수의 동생 예수 할머니에 따르면 "언니는 그를 한 번 만난 뒤 별로 적극적인 의사 표시가 없었다"고 한다. 육종관도 "두고 보자"고 시간을 끄는데, 남자 쪽에서 서울 명륜동에 기와집까지 사 두었고 식모도 데려놓았으니 빨리 식을 올리자고 서둘렀다고 한다. 이 혼담이 오고갈 때 6·25가 터지고 육영수와 큰언니의 장남 홍세표는 피란의 선발대가 되어 부산 영도로 내려갔다. 훗날 청와대 안주인 시절 육영수는 이런 글을 남겼다.

〈부산이란 곳은 난생 처음이요, 어느 누구에게도 의지할 수 없는 곳이었다. 혼자서 이곳저곳을 헤매다니 방이라도 얻고 보니 말로만 듣던 영도섬이었다. 뒤늦게 남하하시겠다던 부모님을 맞이하기 위하여 영도에서 막연하게 찾아 헤매며 애타는 초조감과 긴박감 속에서 오로지 국군의 승리만을 기도하며 불안에 싸여 있던 그때, 다리 아래로 푸른 바다를 내려다보고만 있던 나에게 '인내'라는 두 글자가 새로워졌다〉

戰亂의 거리에서

박정희와 육영수는 출신 배경이 너무나 달랐다. 육종관의 선친은 대지주였기 때문에 동학농민봉기의 공격 대상이었던 데 비해 박정희의 선친은 동학봉기에 가담하는 쪽이었다. 마주칠 일이 없었던 두 사람을 맺어준 것은 민족 대이동을 일으킨 전쟁이었다. 결과적으로는 김일성이 두 사람을 중매한 셈이다. 박정희는 육영수와 약혼식을 올린 며칠 뒤 육본 트럭 행렬을 따라 서울로 향했다. 육군 수뇌부는 시흥을 거쳐 파괴된 한강 인도교 밑에 난 浮橋(부교)를 따라 서울로 돌아왔다. 전투정보과는 지금 외환은행 본점 자리에 있던 건물로 들어갔다. 당시 상황실 장교이던 서정순 대위는 "그때는 정말 신나는 계절이었다"고 말했다.

"인민군 포로들을 붙들어서 신문하여 정보를 수집해 파죽지세로 북진하는 국군 부대한테 적정을 알려주려고 하면 이미 전선은 저만큼 북상하여 舊聞(구문)이 되는 실정이었습니다. 중공군에 대한 정보는 주로 미군 정보에 의존했습니다. 만주에 중공군 대병력이 집결하고 있다는 정보였습니다만 미군은 그들이 개입하지 않을 것이라고 낙관하고 있었습니다. 우리도 그렇게 생각했는데 나중엔 불안해지더군요. 전투정보과 상황판에 중공 야전군의 중국 내 이동경로가 그려지고 있었습니다."

당시 정보국에서는 귀순한 인민군 통신병들을 이용하여 敵(적)의 통신을 엿듣고 있었다. 한 통신병은 평양에서 金策(김책) 전선사령관에게 보내는 암호문을 해독했다. 장도영 국장은 김책과 거의 동시에 그 명령문을 읽을 수 있게 되었다. 인민군의 방어선과 병력 배치 상황 및 단계적 철수선을 미리 알고 그들이 계획한 방어진지를 국군이 먼저 점령해버려 철수작전을 혼란에 빠뜨리기도 했다.

1950년 10월은 결혼을 앞두고 데이트에 열중하던 박정희나 육영수뿐 아니라 국군 장병과 민족 전체를 들뜨게 만들고 있었다. 모두가 통일이 눈앞에 다가오고 있다고 믿었기 때문이다. 가슴 설레던 그 해 10월의 나날들을 떠올리면 자동적으로 되살아나는 멜로디가 있다. '전우야 잘 자라'. 작사가 俞湖(유호·본명 俞海濬·유해준)는 경향신문 문화부 기자로 일하고 있다가 한강을 넘지 못하고 敵 치하에서 숨어서 살았다. 9·28 수복 뒤 신문사로 나갔다. 문화부에서는 당분간 쉬라고 했다. 그래도 회사에는 매일 나오고 있었는데 어느 날 거리에서 작곡가 朴是春(박시

춘)을 만났다. 밀짚으로 만든 벙거지를 쓰고 있는데 거지꼴이었다. 피란
길에서 돌아온 박시춘과 유호는 명동에서 술을 한잔 나눈 뒤 필동에 있
던 박 씨의 집으로 옮겨 痛飮(통음)을 했다. 피란살이, 후퇴, 낙동강 전
선, 국군, 북진 이야기를 하다가 즉석에서 유호가 노랫말을 만들고 박시
춘이 기타를 쳐 가면서 작곡한 것이 '전우야 잘 자라' 였다.

  〈전우의 시체를 넘고 넘어 앞으로 앞으로
  낙동강아 잘 있거라 우리는 전진한다
  원한이야 피에 맺힌 적군을 무찌르고서
  꽃잎처럼 떨어져 간 전우야 잘 자라.
  우거진 수풀을 헤치면서 앞으로 앞으로
  추풍령아 잘 있거라 우리는 돌진한다
  달빛어린 고개에서 마지막 나누어 먹던
  화랑담배 연기 속에 사라진 전우야.

  고개를 넘어서 물을 건너 앞으로 앞으로
  한강수야 잘 있더냐 우리는 돌아왔다
  들국화도 송이송이 피어나 반기어주는
  노들강변 언덕 위에 잠들은 전우야.

  터지는 포탄을 무릅쓰고 앞으로 앞으로
  우리들이 가는 곳에 삼팔선 무너진다
  흙이 묻은 철갑모를 손으로 어루만지니
  떠오른다 네 얼굴이 꽃같이 별같이〉

북진 장병의 주제곡이 되었던 이 노래는 중공군의 침입으로 후퇴할 무렵에는 육본에 의해서 금지곡이 된다. 육군에서는 '화랑담배 연기 속에 사라진 전우야'란 대목이 불길하다는 것이었다. 휴전 이후에 이 노래는 복권되었다. 한편 국군은 인민군 포로들을 잡으면 '신라의 달밤'을 불러보게 했다. 부를 줄 아는 포로는 남한에서 동원한 의용군, 못 부르는 포로는 진짜 인민군으로 분류되는 수도 있었다.

박정희는 서울로 올라오자 맨 처음 육영수의 큰언니 육인순의 집을 찾아갔다. 어느 날 육인순이 마당에서 그릇을 씻고 있는데 한 군인이 마당으로 들어서는 걸 보았다. 그녀는 가슴이 철렁했다. 동생이 군인과 약혼했다는 소식은 듣고 있었는데 '저 사람이라면 아닌데' 하는 실망감이 엄습해왔다. 그런데 두리번거리고 서 있는 운전병을 따라서 키가 작은 장교가 들어오는 것을 보고 육인순은 '그러면 그렇지' 하고 마음을 놓았다. 박정희는 차 대접을 받았다. 육인순의 남편 홍순일이 납북된 이야기를 들으면서 박정희는 손수건을 꺼내더니 눈물을 닦았다.

"남편 없이 이 세상을 살아가는 것만큼 힘든 일이 어디 있겠습니까."

육인순은 박정희를 본 뒤 "순수하고 정직한 사람"이란 평을 했다. 그 며칠 뒤 박정희 중령은 서울고등학교 수학 선생이던 육인수의 집을 찾아갔다. 집의 위치는 육영수가 알려주었다. 이 집은 뒷문이 앞문보다 커 보였다.

"하루는 마당에 나가 있는데 누가 뒷문을 열고 들어와요. '어디서 오셨습니까' 하고 물으니까 '저 박정희라고 합니다' 하며 인사를 해요. 그래서 알게 되었지요."

그 며칠 뒤 육영수가 올라와 오빠 집의 2층 방에 머물렀다. 육영수가 물었다.

"오빠, 그 사람 어때요."

"키도 참 작더구나. 그런데 사람 하나는 다부지게 생겼더라. 인상은 좋더구나."

砲火(포화)를 견디고 남은 가로수에 단풍이 물들기 시작한 서울거리에서 두 사람은 자주 만났다. 박정희와 데이트를 하고 나면 육영수는 사직동 언니집으로 오곤 했다. "재미있었니"하고 물어보니 "제가 핸드백이 없는 걸 알고 며칠 뒤에 만나서 핸드백을 사준다는데 부끄러웠어요"라고 하며 얼굴을 붉혔다. 며칠 뒤 박정희가 육영수를 데이트에 데리러 가려고 육인순의 집에 나타났다. 차녀 홍소자는 그 순간의 육영수를 기억한다.

"부끄럽다거나 내숭 있는 표정이 아니라 맑고 투명한 표정으로 박정희 씨를 맞이하였습니다. 두 사람은 그 戰時(전시)의 들뜨고 불안하고 뒤죽박죽이던 시절에도 안정되고 자신감 넘치는 표정이었습니다. 두 사람의 연애시절은 젊은 청춘남녀의 불타는 사랑도 아니고 그렇다고 노인네들의 로맨스도 아니고, 참 신기했어요. 성숙된 인격의 만남이었기 때문이 아닌가 하고 훗날 와서 생각합니다."

육인순은 '두 사람이 어쩌면 저렇게 부자연스러운 데가 없이 충만하게 보일까' 하는 생각을 했다고 한다.

李承晩과 맥아더

전쟁이 비참하면서도 매력적인 것은 외교가 수백 년 동안 해결하지 못

한 문제를 전쟁은 단 한 번의 결전으로 해결하기 때문이다. 박정희 전투
정보과장이 정보국 상황판의 敵情(적정)지도에 나타나기 시작한 중공군
의 만주 집결을 불안하게 지켜보고 있던 1950년 10월은 한국 현대사의
결정적인 순간과 순간의 연속이었다. 이 운명의 10월에 이승만, 毛澤東,
트루먼, 맥아더가 결심한 행동이 지금까지 계속되고 있는 한반도의 상황
과 조건을 만들어 낸 것이다.

　박정희는 11년 뒤 이 네 巨頭(거두)가 만든 상황을 유산으로 물려받게
된다. 박정희는 6·25 동란 이전에 고생을 미리 해서 그런지 이 전쟁에서
는 비교적 안전한 곳에 위치했다. 박정희가 남긴 전쟁 회고담을 살펴보아
도 전투와 관계되는 것은 별로 없다. 그는 적의 포화나 총격에 직접 노출
된 적은 거의 없었다.

　1963년 10월 7일 제5대 대통령선거 기간 중 진주에서 한 유세에서 13
년 전의 체험을 실감나게 설명한 적이 있었다.

　〈오늘 이 학교 운동장에 와서 앉으니까 6·25 사변 당시의 일을 회상
하게 됩니다. 당시 육군 참모총장께서 "임자가 비행기로 진주 방면으로
날아가서 진주가 현재 적의 수중에 있는지 아군의 수중에 있는지 공중
에서 확인하고 돌아와서 보고하라"는 명령을 내렸습니다. 당시 T—6라
고 쪼맨한 비행기가 있었습니다. 그 비행기를 타고 이 진주 상공에서 돌
았습니다.

　당시에 이 학교의 나무들이, 지금은 플라타너스가 여기저기 서 있는
데, 현재보다 훨씬 더 많이 서 있지 않았나 기억하고 있고, 건물도 지금
과 같은 저런 건물이 아니라 붉은 벽돌 건물에 까만 기와가 입혀져 있는
건물이라고 기억하고 있었습니다. 상공을 돌다가 보니까 운동장에 까만

사람들의 그림자가 보이는데 비행기가 저공으로 날아오니까 놀라서 나무 밑으로 들어갔는지 이것을 좀더 확인하기 위해서 저공으로 내려가서 학교 상공을 한 바퀴 도니까 바로 이 부근에 있던 어떤 플라타너스 밑에서 인민군의 기관총이 갑자기 다르륵 하고 올라왔습니다. 제가 타고 있는 비행기 날갯죽지에 까만 구멍이 순식간에 네 귀퉁이로 뚫리기 시작했습니다. 아차 하고 비행기 고도를 높여서 돌아가 보고를 했는데 '진주는 현재 적이 점령하고 있습니다' 이렇게 보고를 했습니다〉

10월의 상황에서 이승만·맥아더는 동지였고, 毛澤東은 외부의 적, 트루먼은 내부의 방해자였다. 이승만과 맥아더는 서로를 이해하고 평가하는 사이였다. 같은 70대의 年輩(연배)인 데다가 (이승만이 5세 위) 기독교 정신에 입각하여 공산주의를 악마의 교리로 보는 시각에서도 완전히 일치하고 있었다. 맥아더는 14년 동안 미국 땅을 한 번도 밟지 않고 아시아에서 군림했다. 맥아더는 필리핀과 일본을 관리한 경험에 입각하여 아시아는 아시아인에 의해 지배되어야 한다는 확신을 갖고 있었다.

9·28 서울수복 바로 다음날 총탄 자국과 불탄 자국, 그리고 화약과 연기냄새가 진동하고, 돔 천장에서는 유리조각들이 떨어지고 있는 중앙청에서 還都式(환도식)이 열렸다. 도쿄에서 날아온 유엔군 사령관 맥아더 원수는 참석자들과 함께 기도한 뒤 남한의 행정권을 老(노)대통령에게 이양했다. 맥아더가 며칠 전 워싱턴에 행정권 이양문제를 타진했을 때, 이승만을 공산주의자보다도 더 싫어했고 신탁통치를 검토하고 있던 국무성 관리들은 '그런 결정은 상부에 의하여 이루어져야 한다'고 반대했다. 맥아더는 '본인은 그 말을 이해할 수 없다' 면서 '한국정부가 전쟁 중에 언제 사라진 적이 있었던가' 라고 일축했다. 환도식 직후 별실에서

이승만과 맥아더 사이에는 이런 대화가 오고갔다. 배석했던 정일권 육군 총참모장의 증언이다.

"(맥아더)장군, 38선 돌파를 주장해 온 장군의 굳은 의사를 믿어도 되겠습니까."

"물론입니다. 군사상의 추적권은 勝者(승자)의 당연한 권리입니다."

"국군은 내일 38선에 도달합니다. 그 추적권을 인정해주시기 바랍니다."

"대통령 각하, 이틀 정도의 여유가 있어야 하겠습니다. 김일성에게 항복을 권고할 작정입니다. 이에 불응하니까 38선을 돌파할 수밖에 없다는 형식을 취할 작정입니다."

"하지만 사기충천한 현지 부대가 무슨 실수를 저지를지 모르는데 그것은 양해해주시기 바랍니다."

"현지부대가… 알았습니다."

맥아더는 야릇한 暗示(암시)가 숨어 있는 듯한 미소를 지었다고 한다. 다음날 이 대통령은 육군의 수뇌부를 경무대로 불렀다. 그는 손자뻘 되는 30대 초반의 장성들에게 꾸중하듯이 물었다.

"정일권 총장, 미국 쪽인가 한국 쪽인가. 국군 3사단과 수도사단이 38선에 도달했는데 왜 북진명령을 내리지 않는가."

"38선 때문입니다."

"38선이 어찌 되었다는 것인가. 무슨 철조망이라도 쳐져 있다는 것인가. 넘지 못할 골짜기라도 있다는 것인가."

이 대통령은 강문봉 작전국장, 장도영 정보국장, 황헌친 인사국장, 최경록 헌병사령관에게 일일이 의견을 물었다. 모두 "명령만 내려주십시오"였다.

"여러분의 의견은 나에게 용기를 주었습니다. 나는 맥아더 장군에게 우리 국군의 지휘권을 맡기기는 했으나 내가 자진해서 한 것입니다. 따라서 되찾아올 때도 내 뜻대로 할 것입니다. 그러한즉, 대한민국 군인은 대한민국 대통령의 명령만 충실히 지켜주면 되는 것입니다."

이 대통령은 책상에서 종이 한 장을 집어들어 정일권 총장에게 주면서 말했다.

"이것은 나의 결심이요 나의 명령입니다."

종이에는 붓글씨로 이렇게 적혀 있었다.

〈大韓民國 國軍은 三八線을 넘어 卽時 北進하라.

一九五○年 九月 三十日 大統領 李承晩〉

그때 3사단(사단장 이종찬)은 포항 전선에서 반격을 개시하여 패주하는 인민군을 하루 20km의 속도로 추격, 강원도 襄陽(양양) 남쪽에 당도해 있었다. 장벽도, 철책선도 없는 지도상의 38선에 묶여 북진 명령이 떨어지지 않자 분대장, 소대장, 중대장들이 흥분했다. 하사관들은 분대원들을 데리고 38선이라 표시된 흰 선을 들락거리면서 밟아 뭉개고 있었다. 군화 바닥이 다 닳아질 정도로 발을 구르기도 했다. "38선이 다 뭐냐"면서 총 개머리판으로 땅을 꽝꽝 찧는 군인들도 있었다. 열광된 현장의 분위기에 물든 정일권 총장은 '10월 1일 오전 11시 30분을 기해 38선을 돌파, 북진을 개시하라'는 명령을 김백일 1군단장에게 내린다. 그 전에 이미 3사단 23연대 3대대(대대장 許亨淳·허형순)는 38선 북쪽 12km까지 진출해 있었다.

毛澤東의 결심

국군 3사단을 선두로 하여 유엔군이 38선을 넘어서 북한으로 진격해 들어감으로써 한국전쟁은 새로운 양상을 띠게 되었다. 유엔 안전보장이사회가 유엔군에 부여한 최초의 임무는 '침략군을 38선 이북으로 몰아냄으로써 평화와 군사분계선을 회복하라' 는 것이었다. 인천상륙 작전 직전 트루먼 대통령은 유엔군의 당초 임무를 수정하여 '인민군을 38선 북쪽으로 밀어내든지 북한 정권의 군사력을 무력화시킬 것' 을 맥아더에게 지시했다. 해석에 따라서는 38선 이북으로 진출하여 인민군을 철저히 궤멸시킬 수 있는 여지를 남겼다.

워싱턴의 우려와 비관에도 불구하고 맥아더가 고집했던 인천상륙 작전이 예상을 능가하는 성공을 거두자 전략목표의 설정에 대한 주도권과 해석권이 일시적으로 맥아더에게 넘어갔다. 언론과 여론으로부터 엄청난 지지를 받게 된 '미국의 시저' 맥아더한테 트루먼 행정부와 合參(합참)은 끌려 다니게 되었다.

이런 열광적 분위기 속에서 미군의 참전 목표는 저절로 북한 인민군의 완전한 붕괴와 김일성의 항복, 그리고 한반도 통일로 확대된 것이다. 맥아더가 이 목표를 달성할 수 있을 것이라고 믿지 않는 사람은 거의 없었다. 스탈린도 김일성에게 중국으로 도망가서 망명 정부를 수립하도록 권고할 정도였다. 폭풍처럼 북진하는 유엔군 앞에서 인민군은 사실상 저항을 포기하였다. 대부분의 전투는 총격전이 아니라 행군이었다. 중공군이 개입하더라도 기울어진 대세를 돌려놓기에는 너무 늦었다는 분석이 압도적이었다.

20세기를 대표하는 군사적 천재로 꼽히는 毛澤東(마오쩌둥·모택동)은 인민군이 기습에 성공하여 승승장구하고 있을 때 벌써 준비를 시작했다. 1950년 7월 13일 毛澤東은 하남, 광동, 광서 등지에 배치되어 있던 제13병단(한국군의 야전군 규모로서 병력은 12만~13만 명)을 중심으로 하여 동북 변방군을 조직하고 만주로 이동시키기 시작했다. 8월 중순에는 약 25만 명의 병력이 만주에 집결하여 훈련에 들어가고 속속 증원군이 북상하기 시작했다. 8월 중순 인민군의 공세가 낙동강 방어선에서 교착되자 毛澤東은 東北軍(동북군)에 대해서 오는 9월 30일까지 출동준비를 끝내도록 지시했다. 이런 대비를 해놓고 중국은 미국 측에 경고하기 시작한다.

국군이 38선을 돌파하기 하루 전, 周恩來(저우언라이·주은래) 총리는 "맥아더의 북진을 좌시하지 않을 것이다"고 방송했다. 10월 1일 맥아더로부터 '항복하라'는 최후 통첩을 받은 김일성은 외무상 박헌영과 함께 毛澤東에게 지원군 파견을 애걸하는 긴급전문을 보냈다. 기습남침을 위하여 소련을 끌어들임으로써 한반도를 떴던 미군을 다시 불러들인 김일성은 망할 지경이 되자 이번에는 중공군까지 초대하여 한반도를 국제전쟁판으로 만들려 하고 있었던 것이다.

김일성은 동포의 共同善(공동선)과는 아무 관계 없는 一黨(일당)의 이익을 위하여 외세를 불러들여 조국의 산하를 피바다로 만들었다. 이것이 바로 민족사상 최악의 사대주의인 것이다. 이런 그가 이른바 주체사상을 들고 나온 것은 자신의 본질을 기만하기 위한 위장술에 불과하다.

10월 3일 주은래는 駐(주)중국 인도 대사 패니컬을 밤중에 불러 "만약 미군이 북진하면 중공군은 인민군을 지원하기 위하여 출동할 것이다.

그러나 한국군만 북진하면 개입하지 않을 것이다"고 말했다. 패니컬 대사는 이 메시지를 미국 측에 전달했다. 트루먼 대통령은 패니컬을 신용하지 않았다. 인도 대사를 중공의 심부름꾼 정도로 과소평가하고 묵살했다.

毛澤東은 10월 2일 오후 朱德(주더·주덕), 주은래, 劉少奇(류샤오치·유소기), 高崗(가오강·고강) 등 수뇌부 회의를 소집하고 참전 문제를 논의하기 시작했다. 많은 간부들이 참전에 반대했다. 미군에 비해 장비가 절대적으로 열세하고 공군의 엄호를 받을 수 없으며 이제 막 내전을 끝내고 국가 건설을 시작한 마당에 너무나 위험한 도박이란 것이 반론의 요지였다. 毛澤東이 지원군의 총사령관으로 점찍어놓고 있던 林彪(린뱌오·임호)도 아프다면서 반대 뜻을 전해왔다.

이런 반론을 누르고 毛澤東은 '프롤레타리아 국제주의'를 명분으로 참전을 결심하고 총사령관에는 彭德懷(텅더화이·팽덕회)를 임명했다. 毛澤東은 팽덕회에게 아들 毛岸英(마오안잉·모안영)을 데려가도록 명령했다. 彭德懷는 중국내전 중에 毛澤東의 처와 아들이 피살된 것을 잘 알고 있었기 때문에 사양했지만 毛의 강권을 이기지 못하고 데려가게 된다(나중에 북한에서 전사).

毛澤東은 압록강을 넘는 날을 10월 15일로 잡았다. 그리고는 주은래 총리를 소련으로 보내 공군의 지원을 요청했다. 스탈린은 이때 겁을 먹고 있었다. 미국이 소련과 정면 대결로 나올 가능성이 있다고 보았다. 중공군 20개 사단의 장비를 제공할 용의는 있지만 공군의 지원은 당분간 불가능하다고 뒤로 빠져버리는 것이었다. 이 배신에도 불구하고 毛澤東은 不眠(불면)의 고민을 한 끝에 참전 강행을 결단한다. 압록강 도강은 10월 19일, 제 1波(파)는 25만, 제 2파는 15만, 제 3파는 20만, 총 60만의 대군을 보내기로 한 것이다. 전투기와 탱크는 한 대도 없고, 소총과 방망이 수류탄마저 한 명에 하나씩 돌아갈까 말까 한 중공군은 그러나 혁명적 열정과 엄정한 군기로 똘똘 뭉쳐서 육해공의 최신무기로 철갑을 두른 유엔군을 향하여 나아갈 참이었다.

10월 12일 트루먼 대통령은 맥아더 원수와 만나 한반도 전략을 의논하고 싶다고 도쿄의 맥아더 사령부에 타진한다. 맥아더는 태평양 상의 웨이크 섬에서 만나자고 제의한다. 트루먼 대통령은 전체의 3분의 2, 맥아더는 3분의 1을 날아가게 되어 있는 거리였다. 맥아더는 사실상 "나는 바쁘니까 만나고 싶으면 이리로 오시오"라고 한 셈이다. 솔직담백한 성격의 트루먼은 주변의 불평을 누르고 부하를 만나러 태평양을 건너가기로 한다. 회담의 주제는 중공군의 참전 여부에 대한 논의가 될 터였다.

이 무렵 이승만 대통령은 맥아더 사령관에게 한 통의 편지를 보낸다. 대통령이 보여준 이 편지를 읽어보았다는 丁一權(정일권) 육군 총참모장의 기억에 따르면 요지는 이러했다.

〈본직은 소련은 몰라도 중공이 (한반도에) 개입할 가능성은 매우 크다고 보는 바입니다. 이번에 트루먼 대통령을 만나더라도 이 가능성을 긍정하지 말았으면 합니다. 귀하가 긍정함으로써 북진을 방해하는 작전상의 제한이 가중될 우려가 있기 때문입니다. 한국민은 거족적으로 북진통일만을 열망하고 있습니다. 귀하의 英邁(영매)하신 지도가 아니고서는 이 열망 달성이 불가능하다는 점을 굳게 믿고 있으니 이 간절한 심정을 살펴주시기 바라는 바입니다〉

정일권은 이승만 대통령의 편지에 대한 맥아더의 답장도 보았다고 한다. 그가 기억한, 10월 13일자 맥아더의 답장 요지는 엄청난 내용을 담고 있었다.

丁一權 증언―맥아더의 음모

'트루먼 대통령을 만나더라도 중공개입의 가능성을 긍정하지 말아 달라'는 이승만의 편지에 대한 맥아더 사령관의 답장 요지는 이러했다(《정일권 회고록》).

〈전적으로 동감합니다. 본직은 믿을 만한 정보통의 보고를 받고 있습니다. 중공군은 반드시 나타날 것입니다. 하나 이 가능성을 겉으로는 긍정할 수 없습니다. 그들은 숨어서 압록강을 넘을 것입니다. 조금도 모르는 것으로 할 것입니다. 중공은 그 방대한 군사력을 배경 삼아 가까운 장래에 아시아에 있어서 데모크라시의 최대 위협이 될 것입니다. 그 배후에는 소련이 있습니다.

중공의 잠재적인 군사력을 때릴 만한 기회는 지금 아니고서는 없을 것입니다. 전략은 이미 준비되어 있습니다. 다만 워싱턴이 언제까지 본직의 전략을 뒷받침해 주느냐가 문제입니다. 경우에 따라서는 거센 반대에 부딪힐 것입니다. 하지만 본직의 불퇴전의 결의는 조금도 변하지 않을 것입니다. 이미 말씀드린 바와 같이 필요하다면 原爆(원폭)도 不辭(불사)할 것입니다〉

정일권(국무총리, 국회의장 역임, 1994년 77세로 작고)은 회고록에서 이렇게 썼다.

〈이승만 대통령과 맥아더 사령관이 주고받은 이 두 통의 私信(사신)을 아는 사람이 나 말고 또 누가 있는지 확실하지 않다. 극비 중의 극비였다. 史家(사가)들이나 비평가들이 이 극비를 알 까닭이 없었다. 맥아더 장군은 자신에게 집중되는 비판의 소리, 즉 '맥아더는 중공군 개입의 가능성을 오판하여 유엔군의 북조선 철수를 자초했다'는 명예롭지 못한 책임추궁에도 이 비밀 서한만큼은 일절 언급하지 않았다〉

정일권의 이 증언은 엄청난 역사적 의미를 담고 있다. '중공을 치기 위하여 중공군의 개입 가능성을 알고도 방치했다'는 巷間(항간)의 음모론을 확인해주는 결정적 자료가 될 수 있기 때문이다. 정일권은 육군 총참모장 겸 3군 사령관으로서 맥아더의 전략에 대한 가장 신뢰성 있는 정보원이었다. 성격이 신중하기로 유명했던 그의 이 증언은 다른 자료나 증언들과 비교하여 검증할 때 더욱 신뢰도가 높아진다.

1972년 일본에서 출판된 '캐논 기관으로부터의 증언'이란 책이 있다. 저자는 3년 동안 이 부대에서 근무했던 한국인 延禎(연정). 묵호경비사령관이던 연정 해군소령은 1949년 9월 이승만 대통령의 추천을 받고 도쿄로 건너가 맥아더 사령부 산하의 첩보부대인 캐논 기관에 소속되었다. 캐논 소령이 지휘하는 이 부대는 미국 극동군 사령관 맥아더의 정보참모 윌로비 소장의 지휘를 받고 있었다. 일본뿐 아니라 한반도와 중국의 정치·군사 정보 수집을 하고 있던 부대였다.

1950년 10월 캐논 소령의 명령에 따라 연정은 한국 민간인들로 구성된 위스키 부대를 지휘하여 대청도—백령도 등 서해안의 島嶼(도서)를 점령하고 여기서 3~4명을 한 조로 묶은 수십 명의 첩보원들을 大連(다이렌), 旅順(뤼순), 신의주로 침투시켰다. 이 첩보원들 중에는 중국인과 중국어를 잘 하는 한국인들이 끼여 있었다. 14일부터 적진에 침투한 첩보원들에게서 '중공의 대군이 韓滿(한만)국경에 집결, 남하하여 유엔군에 대항할 기세임' 이란 보고가 들어오기 시작했다. 연정은 이 첩보들을 윌로비 소장 앞으로 보내기 시작했다.

'대군이 이동한 흔적—화덕과 쓰레기가 산처럼 쌓여 있다. 10개 사단 규모로 추정된다', '진행방향은 신의주, 뒤를 쫓고 있음.' 이런 보고에 이어서 곧 '육안으로 중공군 관찰' 이란 보고가 들어왔다. 백령도로 귀환한 첩보원들은 남하하는 중공군 대열에 끼어들어 병사들과 대화를 나눈 사람들도 있었다. 첩보원들은 그런 모험이 가능한 이유를 설명해 주었다. 중공군은 여러 지방에서 소집한 병사들로 구성되어 있어 자기들끼리 말이 통하지 않는 경우도 있더란 것이다. 더구나 이들은 군복을 제대로 지급받지 못해 그냥 민간인 복장으로 기나긴 대열을 따라가고 있어 거기에 끼어도 아무도 이상하게 보지 않았다. 상대가 광동어로 이야기를 걸면 이쪽에서는 북경어로 상대하여 기를 죽이는 방법도 썼다.

"마치 하나의 도시가 이동하는 것 같았습니다. 임표 장군이 지휘자라고 합니다."

이렇게 혀를 내두른 첩보원은 촬영한 필름도 내놓았다. 연정은 더욱 확신을 갖고 윌로비 소장에게 보고했다는 것이다.

'임표 지휘 하의 10만 대군이 신의주의 對岸(대안) 안동을 향하여 대이동하고 있다. 북한지역으로 남하할 의도가 있는 것으로 판단된다.'

사실은 이 보고 중 임표 부분은 틀린 정보였다. 임표가 지휘하던 제 4 야전군 출신 병사들이 지원군에 많이 끼어 있었는데 이들은 팽덕회가 지원군의 새 사령관으로 임명된 사실을 모르고 있었다. 북한에서 初戰(초전)에 포로가 된 병사들도 '임표 부대원' 이라고 진술했다. 이 때문에 미군과 한국군은 중공군의 초기 사령관은 임표였던 것으로 오판했다.

미국의 公刊史(공간사)에도 되풀이된 이 오판이 수정된 것은 중공 쪽의 한국전 자료가 공개되기 시작한 1980년대부터였다. 맥아더는 자신이 상대하고 있던 敵將(적장)을 誤認(오인)했다는 뜻이다. 이윽고 북한에 침투시킨 첩보원들로부터 '남진한 중공군이 보이기 시작한다'는 첩보가 들어오기 시작했다. 연정은 일련의 정보를 맥아더 사령부로 타전하면서 맥아더가 적절한 조치를 취할 것이라고 기대했다.

한편 10월 15일 태평양상의 작은 섬(웨이크)에서 이상한 정상회담이 열렸다. 맥아더는 낡은 모자를 쓰고 작업복을 입은 채, 그것도 윗단추를 하나 풀어놓은 모습으로 트루먼 대통령을 맞았다. 트루먼은 훗날 측근에게 "내 부하가 만약 그자처럼 옷을 입었더라면 엉덩이를 차버렸을 것이다"고 불평했지만 맥아더 원수의 아내가 좋아한다는 블럼 캔디를 선물로 내놓았다. 공항 내 콘세트 건물 안에서 한 시간 동안 이루어졌던 회담의 終盤(종반)에 트루먼이 중공군의 개입 가능성에 대해서 물었다. 맥아더 원수는 단언했다.

"그럴 가능성은 거의 없습니다. 그들이 전쟁이 터진 첫째 달 혹은 둘째 달에 개입하였더라면 결정적이었을 것입니다. 우리는 저들을 이제는 두려워하지 않습니다. 우리는 지금 모자를 손에 들고 있는 게 아닙니다. 만주에 집결한 30만 병력 중 기껏해야 5만~6만 명 정도가 압록강을 건널 수 있을지 모르지요. 중공군이 만약 평양으로 남진하려고 하면 아마도 역사상 최대의 떼죽음이 일어날 것입니다."

압록강으로

38선을 10월 1일에 돌파하여 동해안을 따라 북진하던 국군 1군단(군단장 김백일) 예하의 수도사단(사단장 송요찬)은 17일에 벌써 함흥을 점령했다. 수도사단의 선두부대는 李秉衡(이병형) 대대장이 지휘하는 18연대 1대대였다. 함흥을 점령한 이병형(뒤에 2군사령관, 전쟁기념사업회장 역임) 중령은 시내 쪽으로 들어가다가 우연히 쳐다본 기와집 기둥에 사람이 매달려 있어 다가가 보았다. 30세 가량의 남자인데 양손에 대못이 박힌 채 죽어 있었다.

반공 유격대원들의 안내를 받아 형무소에 갔더니 깊이가 30m쯤 되는 우물 안을 수십 구의 시체가 그득히 메우고 있었다. 유격대원들은 공산당이 애국 인사들을 학살한 현장이 한 군데 더 있다고 했다. 산중의 일제 시대 방공호에 그들을 몰아넣고 폭파시켜 버렸다는 것이다. 공산당과 인민군은 철수할 때 우물과 광산을 집단학살 장소로 애용했다. 그들은 대전 형무소에서 철수할 때는 6,831명의 수감자들을 주로 몽둥이와 쇠파이프로 때려죽인 뒤 일부를 다섯 개의 우물에 쳐넣었다(유일한 생존자 李甲山·이갑산이 취사당번을 하면서 기억한 급식인원 수).

북진과정에서 이런 학살을 목격한 국군이 흥분하여 북한지역에서도 좌익들에 대한 상당한 보복이 있었다. 흔히 동족상잔이라고 말하지만 '증오의 과학'으로 무장한 공산주의자들이 먼저 일으킨 동족학살에 대응하는 과정에서 남한 측의 복수와 응징이 따랐다는 것이 정확한 표현일 것이다.

함흥 점령 다음날 평양은 국군 1사단(사단장 백선엽)과 7사단(사단장

신상철)의 8연대(연대장 김용주)에 의하여 거의 동시에 점령되었다. 이승만 대통령은 "평양만은 반드시 국군이 점령해야 한다"고 강조했다. 서울이 미군에 의해서 수복된 데 자존심이 상해 있었던 老(노)대통령은 평양을 우리가 점령해야 북한 지역에 대한 행정권을 제대로 행사할 수 있을 것이라고 보았다.

白善燁 장군은 한·미 1군단이 평양공략에 미 제1기갑사단을 주력으로, 24사단을 助功(조공)으로 배치하자 밀번 군단장에게 건의하여 국군 1사단을 助功으로 교체하도록 한 뒤 제1기갑사단보다도 2분 먼저 대동강에 도달했다. 유재흥 2군단장도 대통령의 특명에 따라 7사단을 평양으로 돌려 서평양의 도심부를 선점했다. 미군은 그러나 평양을 유엔군 군정지역으로 선포하여 우리 행정요원들이 들어가지 못하게 했다.

평양 점령 직후 정일권 3군 총사령관은 강문봉 작전국장이 제의한 '김일성 생포 작전'을 명령했다. 이 작전은 김일성 일당이 재빨리 평양을 탈출하여 산길로 달아남으로써 목적을 이루지 못했다. 그 대신 김일성이 버리고 간 전용차를 발견했고 김일성 호위대의 한 장교가 귀순해왔다. 이 장교에 대한 신문서가 丁一權 총장에게 전달되었다.

〈질문: 김일성이 평양에서 도망친 것은 언제인가.

답: 10월 16일 밤중이었다.

질문: 가족도 함께였나.

답: 아니다. 아들 김정일과 가족들은 10월 10일에 이미 만주의 장춘으로 피란시켰다.

질문: 김일성은 어디로 향했나.

답: 江界(강계)로 갔다. 거기에 가면 중공군을 만나게 된다고 했다.

질문: 강계에 중공군이 와 있다는 것인가.

답: 그 소문은 파다했다. 인민군은 끝장났다고 하면서도 중공군이 와서 구해줄 것이라고 믿었다.

질문: 그게 언제부터인가.

답: 38선 너머로 도망쳐 올 때부터였다〉

정일권 총장이 이 보고서를 읽어본 것은 10월 24일. 그는 장도영 정보국장을 불러 '중공군이 와 있다'는 첩보의 확인을 지시했다. 그러나 때는 너무 늦었다. 10월 24일 맥아더는 서부전선의 미 8군과 동해안의 10군단에 대해서 '모든 병력을 총동원하여 압록강을 향해서 全速(전속)으로 전진하라'는 명령을 내렸다. '한·만 국경지역으로의 진격은 한국군에 맡겨라'는 워싱턴의 종전 지시를 맥아더는 무시했다. 미 합참은 인기절정의 전쟁영웅을 상대로 감히 따지지는 못하고 '이 진격명령의 이유를 설명해 달라'고 요청할 뿐이었다. 맥아더는 '웨이크 섬에서 대통령과 이 문제를 이미 논의한 바가 있다'고 답신했다. 더 물어볼 것이 있으면 대통령에게 알아보라는 식이었다.

며칠 뒤 트루먼이 "압록강에는 한국군이 접근할 것으로 안다"고 말하자 맥아더는 기자들에게 "유엔군의 임무는 한국 전체를 평정하는 것이다"라고 반박했다. 미 국방부는 트루먼 대통령에게 가만 있어 달라고 주문한다. 링컨이 남북전쟁 때 그랜트 장군에게 부여한 재량권의 전통에 따라 '일단 현지 사령관에게 전략 목표를 부여한 이상 그 목표를 어떤 방식으로 달성할 것인가에 대해서 간섭해서는 안 된다'는 것이 미군의 입장이었다.

'이 원칙과 맥아더의 명성이 트루먼의 혀를 멈추게 했다'고, 맥아더의 전기(《아메리칸 시저》) 작가 윌리엄 맨체스터는 썼다. 트루먼도 한술 더 떠서 '인민군이 압록강을 건너가 만주 땅을 성역처럼 이용해서 숨어드는 것을 허용하지 않을 것이다'고 경고했다.

1주일 전 압록강을 건너온 26만 명의 중공군이 북쪽 산중에 숨어 다가오는 유엔군을 기습하기 위하여 숨을 죽이고 있던 바로 그때, 맥아더는 생애의 절정에 있었다. 毛澤東은 맥아더가 중공군에 대해 아는 것보다 미군에 대해서 훨씬 더 많이 알고 있었다. 중국 측의 公刊史(공간사)에 따르면 10월 21일 毛澤東은 유엔군의 급속한 북진에서 허점을 발견, 북한에 들어가 있던 팽덕회에게 전문을 보내 '동부전선은 방어에 전념하고 서부전선에 병력을 집중, 한국군 3개 사단을 섬멸하라'고 명령한다.

유엔군의 허점은 지휘권의 이원화와 분산 진격이었다. 서부전선은 워커 중장이 지휘하는 미 8군이, 동부전선에선 알몬드 중장이 지휘하는 10군단이 각개 북진하고 있었다. 인천상륙작전의 주인공인 10군단은 해병을 주력으로 한 약 10만 대군. 맥아더는 서울 수복 직후 10군단을 8군과 합류시키지 않고 인천에서 배에 태워 원산으로 보냈다. 원산만의 기뢰제거에 시간이 걸려 10군단은 10월 하순에야 동해안에 상륙할 수 있었다.

그들은 근 한 달간을 이동에 허비하고 말았다. 총병력 약 20만의 두 주력군―8군과 10군단 사이엔 개마고원과 낭림산맥이 남북으로 뻗어 큰 자연적 장애물을 이루고 있었다. 가운데 끼여 있는 이 산악지대는 무인지경으로 방치되어 있었다. 중공군은 바로 이 허점을 간파했다. 그들은 이 중앙 산악지대에 숨어들어 북진하는 兩軍(양군)을 동시에 타격할 수 있는 전략 지점을 先占(선점)한다.

중공군 기습

　서부전선에서 북진의 주력은 미 8군의 제1군단이었고 선봉부대는 백
선엽 준장이 지휘하는 국군 1사단이었다. 1사단은 6·25 기습 때도 선전
했고 낙동강 방어선의 최대 격전지 다부동 전투를 승리로 이끌었으며,
평양 돌입에서는 先着(선착)부대가 되었다. 백 사단장은 청천강을 넘어
금광으로 유명한 雲山(운산)으로 진입하면서부터 불길한 예감을 감출
수 없었다. 기온은 급강하하여 아직 하복을 입고 있던 장병들은 추위를
타기 시작했다.

　지형도 바뀌어 날카로운 봉우리와 깊은 계곡 속으로 진격부대는 빨려
들기 시작했다. 운산은 꽤 큰 도시였는데 人跡(인적)이 보이질 않았다.

　10월 25일 중공군은 드디어 매복지에서 뛰쳐나와 전력이 미군에 비해
약한 국군 선봉부대들을 공격하기 시작했다. 국군 1사단과 2군단(군단
장 유재흥) 소속 3개 사단이 표적이 되었다. 이들은 배후가 차단되고 옆
구리를 찔리고 정면을 돌파당했다.

　배후와 측면을 치는 戰域迂廻(전역우회), 인해전술에 의한 정면돌파,
신속한 산중 행군과 야간기습을 배합한 중공군은 품안에 안겨든 국군을
'독 안에 든 쥐'처럼 두들기기 시작했다. 백선엽 사단장은 첫날 붙잡은
중공군 포로를 직접 신문했다. 포로의 진술이 하도 충격적이라 백 사단
장은 1군단장 밀번 소장을 불러 그가 직접 포로를 신문하도록 했다.

　"어디 출생인가."

　"중국 남쪽입니다."

　"어느 부대인가."

"제39군입니다."

"전에도 전투해본 적이 있는가."

"海南島(해남도)에서 싸웠습니다."

"넌 중국에 사는 조선족인가."

"아닙니다. 저는 중국인입니다."

밀번 소장은 중공군 포로에 대한 신문 내용을 즉시 맥아더 사령부의 윌로비 정보참모부장에게 보고했다. 중공군의 포위 공격을 받은 국군 1사단은 워커 8군 사령관의 명령에 의하여 후퇴하기 시작했다. 9월 15일 인천 상륙작전 이후 40일 만에 처음인 후퇴명령이었다. 1사단의 후퇴를 엄호하기 위하여 미 제1기병사단의 8연대가 중공군과 교전하기 시작했다.

역사상 최초의 미·중 무력충돌이었다. 탱크와 중화기로 무장한 8연대를 공격한 중공군은 조랑말에다가 공용화기와 탄약을 싣고 다닐 뿐 자동차나 전차는 한 대도 없었다. 하룻밤의 산악행군으로 백 리 길을 간단하게 돌파하는 중공군은 산불을 내어 연기와 화염으로 자신들을 은폐하기도 했다. 미 8연대 3대대는 중공군에 포위되고 통신이 두절되었다. 호바트 게이 미 제1기병사단장은 5연대를 보내 3대대를 구출하도록 지시했다. 이 5연대도 집중적인 공격을 받고 마비 상태에 빠졌다.

게이 사단장은 더 오래 구조작전을 끌다가는 5연대가 전멸할 위험이 있다는 판단을 내렸다. 3대대를 포기하라고 지시했다. 미군 전사상 포위된 부대의 구조를 포기한 것은 이것이 처음이었다. 3대대 장병 800명 가운데 600명이 전사하거나 실종되었다. 전차 17대와 105밀리 포 13문과 함께. 백선엽은 지금도 "우리를 구원하려다가 전멸한 미군 3대대 장병들에 대한 기억은 죽을 때까지 내 마음속에 있을 것이다"고 말하고 있다.

만주군 장교 출신으로서 중공군의 전신인 팔로군과 싸워본 적이 있는 정일권 총장은 워커 미 8군사령관과 참모들이 중공군의 출현에 대해 과소평가하고 있는 것을 보고 놀랐다. 워커는 "아직까지는 정규군이 개입했다는 증거는 없다. 인민군에 들어 있는 팔로군 출신들과 구별이 잘 안 된다"고 말하는가 하면 "한국군 지휘관들은 패퇴의 책임을 피하려고 중공군 병력을 과장하고 있는 게 아닌가"라고 빈정대기도 했다. 이승만 대통령도 정 총장의 보고를 받고서 태평스럽게 말했다.

"역시 나왔구먼. 이젠 겁쟁이 트루먼도 배꼽에 힘 좀 넣겠지."

老(노)대통령은 "걱정할 것 없습니다. 맥아더가 잘 알아서 할 것이오"라고 했다. 맥아더가 2주 전에 보낸 편지대로 원폭을 써서라도 중공군을 격멸하고 만주를 공격할 것이라고 낙관하고 있었다.

이 무렵 동해안에서는 수도사단 18연대 1대대(대대장 이병형 중령)가 북진 대열의 선두에 서 있었다. 함흥 북쪽 부전고원에 올라갔을 때 1대대는 중공군 취사병들을 포로로 잡았다. 이들은 해질 무렵에 도착할 중대를 위해 식사를 준비하고 있었다. 이병형 대대장은 중공군 중대가 접근해 올 길목 주변에 중대 규모의 병력을 매복시켰다.

〈그들의 말소리는 수백m에서도 들릴 정도로 시끄러웠다. 죽음의 그림자가 기다리고 있는 줄도 모르고 떠들어대면서 오니 우리도 다소 긴장이 풀리는 듯 싶었다. 어둠 속에서 중공군들은 4열 종대로 무언가 지껄이면서 내 앞을 지나서 종대의 선두가 隘路(애로)의 끝에 도달했다. 나는 신호탄의 방아쇠를 당겼다. 300정의 소총과 수십 정의 자동화기가 일제히 사격을 개시했다. 수류탄과 조명탄이 폭발하기 시작했다. 전투는 순식간에 끝났다. 사거리 30m, 죽은 자, 부상자, 엎드린 자의 구별

없이 몽땅 다 쓰러지고 말았다. 오랜 시간 긴장하고 기다린 것에 비하여 너무나 반응이 없어서 무언지 모르게 허탈감마저 느꼈다〉

맥아더는 자신이 예상했던 대로(이승만에게 보낸 그의 편지) 중공군의 대병력이 출현하자 일단 이를 과소평가하려고 했다. 그는 워싱턴에 '세 가지 가능성이 있다. 첫째는 단순한 지원병일 가능성, 둘째는 인민군에 대한 보급 지원 부대일 가능성, 세 번째는 압록강 남쪽에 완충지대를 형성하려고 하는 병력일 가능성'이라고 보고했다. 정예사단(한국군 1사단)이 반신불수 상태에서 청천강 이남으로 후퇴하고 국군 6사단은 궤멸적 타격을 입었는데도 맥아더는 게릴라의 출현 정도로 평가하고 있었다.

반면 중공군은 미군의 장단점을 정확하게 평가했다. 그들은 제1차 충돌 직후의 평가서에서 '미군은 화력은 뛰어나지만 보병의 경우, 겁이 많고 야간 작전을 두려워하며 보급선이 차단되면 사기가 떨어지고 배후를 치면 후퇴한다'고 했다.

박정희의 美軍觀

정보국 전투정보과에 근무하면서 박정희는 6·25 남침과 중공군 개입에 대한 미국 측의 정보판단 실패가 수백만의 생명을 앗아가는 것을 가까이에서 두 번씩이나 지켜볼 수 있었다. 두 번 다 미군 측은 한국군 측에서 제기한 인민군 남침 가능성과 중공군 출현 정보를 묵살했다. 그 정보 오판의 참담한 결과를 떠안아야 한 것은 국군과 국민들이었고, 자주 국방력을 갖추지 못한 국가의 운명이자 안보의 무임승차에 따른 대가였다. 훗날 박정희가 이런 미국 측의 오판이 사실은 맥아더가 중국 본토를 공격할 명분을 만들기 위한 함정이자 유인동작이었다는 인식을 갖게 되었는지는 확인할 수 없다. 다만 박정희의 한국전쟁에 대한 시각이 단순하지만은 않았음을 엿보게 하는 흔적은 있다.

1963년 국가재건최고회의 의장 시절 그가 쓴 《국가와 혁명과 나》는 미국에도 민족분단의 책임이 있다고 지적했다. 독일과 베트남의 분단은 패전과 내란의 산물이었지만 한반도 분단은 순수하게 미·소의 편의에 따른 것으로 '억울하기 짝이 없다'는 것이었다.

'우리는 일본에 시달렸고, 또 임정이 연합국 편에 서서 투쟁한 교전국가가 아니었던가.'

그는 또 미국이 6·25 동란에 참전한 것도 '단순히 한국의 방위만을 위한 것이었다고는 생각할 수 없는 것이다. 그것은 미국을 비롯한 자유진영의 평화와 태평양지구 방위정책에 직결된 것이었다'고 주장했다.

〈한국동란에서 남한이 유린되었다면 당장 일본이 위태로워졌을 것이고, 소련 잠수함은 오키나와를 위협하고, 미국의 서부 방위선은 샌프란시스코 연안으로 후퇴했을 것이다〉

박정희는 또 '한·미 양국 간의 관계는 그럴 만한 이유가 있기 때문에 결과된 것이다. 미국은 한국전에서의 역할을 내세워 우리 실정에 맞지 않는 서구식 민주주의를 강요하는 일을 중단해야 한다'고 논리를 확대했다. 요컨대 박정희는 '우방 미국이 자유를 지키기 위해서 피를 흘려 한국을 구출해 주었다'는 단순 논리를 거부하고 있다. 미국에 대한 고마움을 부인하는 것은 아니지만 '미국=구세주'론으로 국내정치에 간섭하려 하는 자세에 반발한 것이다.

남한 국민은 '맥아더의 大謀略(대모략)에 걸려든 김일성의 小謀略(소모략)으로 발생한 참화의 일방적 희생자'란 시각도 있다. 일본 공산당 기관지 〈아카하다〉의 평양 특파원을 지내면서 김일성에게 절망했던 하기와라 료(萩原遼)는 미국 국립문서보관소에 있는, 6·25 동란 중 미군이 노획한 북한문서 160만 페이지를 2년 반 동안 通覽(통람)하고 난 뒤 《조선전쟁 ― 김일성과 맥아더의 음모》란 책을 썼다(1994년 일본 文藝春秋 발간). 북한 측의 자료를 가지고 6·25 남침과정을 재구성함으로써 북침설을 근본에서부터 붕괴시킨 이 책에서 저자는 이렇게 단정했다.

〈김일성이 은밀하게 진행시켰던 조선전쟁의 음모는 맥아더의 극동 미군에 의하여 1년 전부터 일일이 포착되어 그들의 대모략에 완전 이용되었다. 조선전쟁은 김일성과 맥아더의 합작품이라고 말할 수 있다. 중대장 정도의 경력과 안목밖에 없는 김일성을 '천재적 군사전략가'라고 치켜세웠던 소련, 무력통일을 응원한 중국, 김일성의 妄動(망동), 미군의 개입이 평화스러운 조선을 지옥으로 바꾸어놓은 원흉이었다〉

맥아더 극동사령부는 1949년 6월 서울에 KLO(Korean Liaison Office)라고 약칭한 한국연락사무소를 개설했다. 이 첩보기관은 북한 정부기관과 군·산업시설에 많은 첩보원들을 들여보냈다. 1950년 6월 24일까지 이 첩보원들이 보고해온 정보보고는 1,195건이었다. 이 문건으로 미루어 북한에서 활약한 맥아더 사령부 직속 첩보원 수는 100명을 넘었던 것으로 보인다.

이들의 보고에는 중공군에 속해 있던 조선족 장병들의 대거 입북과정, 각 사단 및 전투비행장의 구조와 구성, 김일성의 비밀 연설 등 전쟁준비과정이 자세히 적혀 있다. 1950년 3월 15일에 'SAN93호'란 암호명의 첩보원이 보낸, 인민군 대대장급 지휘관 360명을 모아놓고 한 김일성의 연설문 요지는 사실상 남침선언이었다.

〈1949년에는 북조선을 방위하는 데 주력했지만 올해는 조국을 통일하기 위한 영웅적 투쟁을 전개할 것이다. 그 목적을 달성하기 위하여 38선상에서 여러 사건들을 일으켜 남조선군의 관심을 그곳으로 돌린 다음 우리 유격대는 후방에서 괴뢰군을 공격할 것이다. 이것이야말로 조국을 통일할 수 있는 유일한 길이다〉

이런 모든 보고는 맥아더의 정보참모 윌로비 소장 앞으로 가게 되어 있었다. 윌로비는 1951년 〈코스모폴리탄〉誌(지)에 기고한 글에서 '1950년 3월 맥아더 사령부는 북한이 전쟁준비를 하고 있다는 것을 알았다'고 고백했다. 당시 그는 워싱턴에 대해서는 '올해 봄이나 여름에 남침 가능성은 없다'고 보고했었다.

백령도에 본부를 두고 중공군의 동향을 정확하게 파악했던 맥아더 사령부 캐논 기관의 기관원 연정은 1950년 10월 이후 중공군의 개입에 유엔군이 패퇴를 거듭하고 있는 것을 보고 배신감을 느꼈다. 한국 해군 소령 출신인 그는 한국전이 끝난 뒤 미국에서 윌로비 소장과 재회했을 때 이렇게 물었다고 한다.

"우리가 목숨을 걸고 수집하여 보낸 정보들은 맥아더에게 전달됐는가."

"물론이다. 나는 맥아더와 국무성에 그 정보를 전달했지만 그런 꼴을 당하고 말았다. 내가 맥아더를 따돌리고 콜린스 육군 참모총장에게 직보할 수는 없지 않은가."

연정은 자신의 회고록 《캐논 기관으로부터의 증언》에서 이렇게 썼다.

〈맥아더가 그 정보를 애써 무시한 것은 만주를 공략하고 싶었기 때문일 것이다. 전략적으로 볼 때 만주를 중국이 장악하고 있는 것은 자유 진영에 불리하다고 판단했을 것이다. 맥아더는 (중공군이 출현한) 이 기회를 놓치지 않고 일거에 만주로 북상하고 싶었을 것이다. 그러나 정치적 군인이라고 일컬어지던 맥아더도 결국은 정치가에게 당하고 만다. 군인은 이기는 길만 생각하는데 정치인은 세론을 따르기 때문이다〉

좌파들이 주장하는 북침설이나 남침 유도설은 이미 낡은 학설이 되어 버렸다. 최근 들어 정일권, 연정 같은 우익 인사들이 주장한 것은 '남침 방치설'이라 불릴 만하다. 이 설은 도저히 믿을 수 없는 맥아더의 두 가지 실수─6·25 기습과 중공군 개입에 대한 오판을 설명해줄 수 있다. 미국은 소련의 팽창과 중국의 공산화로 유라시아 대륙이 붉게 물들어 가는 것을 막기 위한 합법적 군사 개입의 명분을 한반도에서 찾으려 했고, 바로 이때 '맹동분자' 김일성이 한민족을 함정으로 끌고 들어갔다는 해석이다.

9사단 참모장

前(전) 2군사령관 이병형 장군은 수도사단 18연대 1대대장으로 북진 대열의 선두에 서서 올라가면서도 늘 '왜 한국전이 일어났는가'란 화두를 머릿속에 지니고 다녔다고 한다. 그는 인민군 남침 이튿날인 6월 26일 의정부 전선에 벌써 미군기가 나타나 적을 공격하는 신속성을 보고 의문을 가졌다. 그는 名著(명저)《대대장》에서 이런 요지로 썼다.

〈아시아에서 불고 있는 공산화의 불길을 끄려면 어딘가에 물구덩이를 파야 했다. 정치권은 경제권과 같은 의미일 것이고 15억의 아시아는 너무 큰 시장이다. 미국의 극동 및 아시아 방위선이 변경되었다. 한국과 대만이 아시아 최전선에서 제외되고 한미군사원조협정이 1950년 1월에 체결되었다. 물구덩이는 비밀리에 파였다. 표면은 위장되어 잘 보이지 않았다. 한국의 메마른 땅에서도 메마른 풀이 생겨나기 시작하고 불길이 조금씩 보였다. 북극곰과 그 졸개들이 군침을 삼켰다. 불길에 덴 짐승한테 이들은 날쌔게 덮쳤다. 그러다가 38선에 파놓은 물구덩이에 빠지고 만 것이다〉

'아시아의 시저'란 자의식이 있었던 맥아더는 중국의 공산화를 미국이 막지 못했다는 데 대한 반작용으로 미국 의회와 군부에서 일어나기 시작한 울분을 이용하는 한편, 대만의 장개석―한국의 이승만―일본의 요시다(吉田) 정권을 잇는 反(반)중공 보루를 강화하여 반격의 기회를 노리고 있었다. 맥아더는 장개석이 제의한 대만군 3만 명의 한국전 파견案(안)을 관철시키려고 워싱턴 당국을 끈질기게 설득하기도 했다. 인민군 남침과 중공군 개입은 맥아더에게 대반격의 기회를 제공해 주었다.

트루먼 행정부는 맥아더와 뜻을 같이하면서도 유럽방어를 우선해야 한다는 영국의 만류와 미군들의 인명손실에 대한 미국 내 여론의 압력을 받아들여 불 끄기를 포기하고 38선의 물구덩이를 더 깊게 파놓는 식으로 타협하게 되는 것이다. 북진이 성공했더라도 그것이 즉각적인 통일을 의미했을지는 의문이다.

파죽지세의 북진 중 이승만은 북한 수복지역의 관할권을 놓고 미국 측과 신경전을 벌이고 있었다. 미국은 유엔을 움직여 북한 수복지구는 유엔군의 관할하에 두며 대한민국의 주권이 미치지 못한다고 못을 박았다. 이에 따라 미군은 해주, 평양 등지의 시장을 미국인으로 임명했다.

이승만 대통령은 원산을 방문할 때 미 10군단장 알몬드 중장에게 서면 허가서를 요청해야 했다.

10월 24일 이승만은 약 200명의 경찰병력을 수복된 평양으로 들여보내려고 했으나 미군에 의해 저지당했다. 이승만은 북한지역에 미국이 군정을 실시하면서 남한에서 했던 똑같은 실수를 되풀이할 것이라고 강력하게 반발했다. 그는, 미군이 점령지에서 공산당을 허용하고 反(반)이승만 세력에게 이용당할 뿐 아니라 소련에 양보함으로써 피로써 되찾은 북한을 다시 내주게 될 것이라고 걱정했다.

유엔군이 북한을 해방했다고 하더라도 미국은 이 지역에 대한 주변 강대국들의 발언권을 받아들임으로써 남한 정부와 대치되는 또 다른 정권을 세웠을지도 모른다. 미군이 한국전에서 흘린 피는 결코 공짜가 될 수 없었을 것이고, 한국이 나라를 구하기 위하여 강대국에 진 빚은 필연적으로 우리의 자주성을 제약하는 식으로 상환되었을 가능성이 높다.

청천강 북쪽 운산에서 압록강을 향해 북진 중이던 국군 1사단이 중공군의 기습을 받고 있던 10월 25일, 9사단이 서울 시내 청계국민학교에서 창설식을 가졌다. 그 이전에 이미 초대 사단장으로는 장도영 정보국장, 참모장에는 사단장의 추천에 의해 정보국 전투정보과장 박정희 중령이 임명되어 창설 작업을 지휘하고 있었다.

당시 국군의 거의 모든 병력이 북진 대열에 참가하여 텅 비게 된 서울이나 후방을 방어할 사단으로 신설된 것이 9사단이었다. 부산에 세워졌던 장교 단기 양성소인 종합학교를 갓 졸업한 100여 명의 소위들이 소대장으로 충원되었다. 기간 하사관과 장교들은 병원에서 퇴원한 부상자들로 채웠다. 일반 병사들은 부산과 대구의 신병훈련소에서 M-1소총

사격술과 수류탄 투척교육만 10일간 받고 배치되었다. 약 4분의 1은 문맹. 무기 공급도 제대로 되지 않아 전투력이 허약할 수밖에 없었다. 포병대대가 창설된 것은 두 달 뒤였다. 3개 연대(28, 29, 30)를 창설하고 있는 중에 급한 명령이 떨어졌다. 후방 산중에 낙오된 인민군 패잔병들이 전열을 가다듬어 북상하고 있는데 중부지방이 위협을 받고 있으니 대전으로 이동하라는 명령이었다.

지금의 대전고등학교에 사단사령부가 설치된 직후 장도영 사단장은 일선으로 불려갔다. 중공군으로부터 큰 타격을 받은 2군단의 6사단을 金鐘五(김종오) 사단장으로부터 인수하기 위해서였다. 9사단 후임 사단장으로는 10월 31일자로 金鐘五 준장이 부임했다가 이틀 뒤 오덕준 준장으로 바뀌었다. 그 뒤로도 1~3개월 간격으로 사단장이 이성가, 김종갑, 崔錫(최석) 준장으로 자주 교체되었다. 자연히 사단사령부는 박정희 참모장 중심으로 운영되었다.

참모진은 인사참모 백남태, 정보참모 崔澤元(최택원), 군수참모 金在春(김재춘), 작전참모는 육사 2기 출신으로서 박정희의 동기인 孫熙善(손희선) 중령이었다. 나중에 육군본부 인사참모부장과 국가안보회의 상임위원을 지낸 손희선은 "그분은 참모들을 자상하게 거느리고 사단장에게는 깍듯이 대해 사단사령부의 분위기가 매우 좋았다"고 했다. 박정희는 참모들에게 업무의 지침만 내려 보내고 세부적인 방안은 일임했다. 지시한 업무의 처리 결과는 비망록을 갖고 다니면서 꼼꼼히 챙겨 참모들은 자율 속에서도 긴장하지 않을 수 없었다.

손희선은 "나는 작전참모장이란 별명을 들을 만큼 재량권이 컸다. 그분의 작전에 대한 안목이 뛰어나 내리는 지침대로 하니까 틀림이 없었다. 뒤에 내가 7사단 참모장이 되었을 때는 그분의 방식대로 하려고 했다"고 회고한다. 참모진 가운데는 정훈부장 이용상 대위도 끼여 있었다. 유진오의 처남인 이 시인은 그 뒤 박정희와 인간적으로 가까이 지내면서 여러 가지 일화를 남긴다.

9사단은 부대 편성이 대충 끝나자 후방의 인민군 패잔병 소탕작전에 나섰다. 28연대(연대장 李昌禎·이창정 대령)는 전북 대둔산과 충남지구, 29연대(연대장 韓信·한신 대령)는 경북 김천 및 왜관지구, 30연대(연대장 高時福·고시복 대령)는 경북 상주·영주·문경지구의 평정을 맡았다.

대전에 있는 동안 박정희는 가까운 옥천의 육영수 집으로 자주 내려갔다. 육종관 일가가 집을 비운 사이 교동집은 인민군 치하에서 공산당원 강습소로 쓰였다. 박정희가 정식으로 육종관에게 인사를 하려고 교동을 찾은 날 後園(후원)의 감나무는 빨갛게 익은 감을 주렁주렁 달고 있었고 마당에는 낙엽이 질펀하게 깔려 있었다.

사위와 장인의 대결

육영수는 9사단 참모장 박정희 중령이 장인 육종관에게 정식으로 인사하러 오는 날 홍정자, 송재관 등 집안 아이들을 문 밖에 세워 두었다. 박정희는 운전병이 모는 지프를 타고 나타났다. 철모에 카빈소총을 멘 부관을 앞세워 바짝 마른 박 중령이 들어왔다. 더 바짝 마른 부관은 걸을 때 철모가 흔들거려 아이들은 웃음을 참느라고 애를 먹었다. 박 중령의 전투복 상의 양 어깨엔 초록색의 지휘자 견장이 붙어 있었다. 멋을 낸 차림이었다. 아이들의 안내로 대궐 같은 집에 들어선 박정희는 안채의 대청마루로 올라서 이경령의 안방으로 들어갔다. 그사이 이런 일에는 유달리 호기심이 많은 부인네들과 아이들은 옆방으로 들어가서 미닫이문을 닫고 틈새로 눈과 귀를 갖다 댔다. 육영수의 친가 쪽 동생인 송재관은 마루에서 왔다 갔다 하면서 문틈으로 두 사람을 지켜볼 수 있었다.

"먼저 박정희 씨가 저의 외삼촌(육종관)에게 큰절을 하면서 '안녕하셨습니까' 하고 인사를 했지요. 외삼촌은 절을 대충 받았지만 눈길을 주지 않았습니다. 아직은 사윗감으로 인정하지 않겠다는 뜻이 역력했어요. 외삼촌께서는 상대가 잠시 다른 쪽으로 눈길을 줄 때는 날카로운 눈매로 그 사람을 싹 훑어보는 버릇이 있었는데 그날도 그러셨을 거예요."

이때까지만 해도 육종관은 딸이 자기 몰래 박정희와 약혼식을 올렸다는 사실을 모르고 있었다. 육종관은 박정희에게 형식적인 질문만 몇 차례 던지고 있었다. 이런 모습을 엿보고 있던 송재관은 자신의 눈을 의심했다. 박정희는 벽에 등을 기댄 채 오른쪽 무릎을 반쯤 세우고는 그 위에 오른팔을 걸쳐 놓은 '불손한' 자세를 취하고 있는 것이 아닌가.

"저는 지금도 매형이 왜 그때 그런 자세로 앉아 있었는지 이해가 되질 않습니다. 외삼촌은 그 모습을 보고 더욱 마음의 문을 닫은 듯 합니다."

육종관은 박정희에게 매정하게 말했다.

"요사이 군인들이 얼마나 끼가 많은가. 서른네 살까지 총각이 어디 있나. 좀 더 알아봐야겠네."

'일이 꼬이는구나' 하고 직감한 송재관이 박정희를 보니 그는 육종관의 말에 고개만 주억거리면서 지포 라이터를 꺼내더니 손장난을 치는 것이었다. 라이터 뚜껑을 열었다가 닫았다가 하는 '또각또각' 소리만 어색한 방 안 공기를 깨고 있었다. 육종관은 할 말을 다 했다는 듯이 "그럼 잘 놀다 가게"라며 방을 나왔다.

그날 박정희는 저녁을 잘 대접받았다. 잠자리로는 육영수의 동생 예수 방을 썼다. 박정희가 저녁상을 물리자 육영수는 예수를 앞세워 그 방으로 들어갔다. 육영수는 다소곳이 앉아 박정희가 묻는 말에 대답만 했다. 육예수는 그런 언니의 수동적인 모습에 다소 불만이었다. 박정희 일행이 다음날 새벽에 집을 떠나자 육종관은 본처 이경령에게 불만을 터뜨렸다.

"태도가 그게 뭐야. 라이터를 찰칵거리지를 않나, 꽁초까지 피우지도 않고 장초를 끄질 않나….."

육종관의 주된 불만은 박정희의 집안 내력을 잘 모르는데 어떻게 딸을 줄 수 있느냐는 것이었다. 타인에게 항상 공손한 박정희가 육종관에게 보인 의외의 모습은 그의 자신감을 반영한 것이리라. 아버지의 반대를 무릅쓰고 모녀가 참석하여 비밀 약혼식까지 올린 마당에 육종관의 반대란 활시위를 떠난 화살을 논하는 격이라고 그는 판단했을 것이다. 박정희는 이런 배짱을 품고 육종관의 영토를 야금야금 잠식해 간다.

대전의 9사단 사령부에서 박 참모장과 같이 근무했던 작전참모 손희선 중령은 박정희가 '툭하면 저녁에 사라졌다가 아침에 돌아오곤 했다'고 기억한다. 박정희를 누이뻘 되는 육영수에게 소개했던 송재천 중위는 이때 박정희의 직속부하인 군수참모 김재춘 중령 밑에서 일하고 있었다. 송재천은 박정희가 워낙 내색을 하지 않아서 두 사람의 사이가 잘 되어가고 있는 줄도 모르고 있었다. 눈치가 빠른 김재춘은 박정희가 거의 매일 옥천에 다니러 가는 것을 보고는 '곧 결혼까지 가겠구나' 하는 판단을 했다. 육예수는 언니를 자주 놀렸다.

"아유, 새까매. 언니는 눈이 삐었어? 뭐가 그리 볼 게 있어? 지금까지 기다렸는데 겨우 저런 사람한테 시집가려고 해?"

육영수는 정색을 하고 말했다.

"너무 그러지 마라, 얘. 저 사람은 뭐 좀 다르지 않니? 난 뭔가 끌리는 데가 있더라."

이즈음 육종관은 자기 집에 뻔질나게 나타나는 박정희를 실리적인 관점에서 바라본다. 어느 날 육종관은 이경령과 육영수가 있는 데서 들으라는 듯이 힘주어 말했다.

"9사단 참모장 정도면 내가 잃어버린 닛산 트럭 정도는 찾아올 수 있을 거야. 거 조금만 신경 쓰면 찾아온다고. 유능한 사람이면 부하들을 시켜 찾아올 수 있다고."

광복 직후 귀국하는 일본군이 주고 간 닛산 트럭을 피란 중에 인민군이 몰고 가버린 사건이 있었다. 자동차 수집광인 육종관은 그렇게 잃어버린 트럭을 두고두고 원통해하고 있었다. 육영수는 아버지의 이 소원을 박정희에게 어렵게 이야기한 것 같다. 며칠 뒤 육종관은 대문 앞에 갖다 놓은 닛산 트럭을 발견한다. 박정희는 수송부대를 시켜 폐차 직전의 고물 차를 하나 구해서 가져왔던 것이다. 그러나 육종관의 기대는 이 고물을 보는 순간 실망으로, 다시 분노로 바뀐다.

"아니, 걔가 성의만 있으면 싹 손보고 가져다 줄 수 있는 거잖아. 군인들은 부속품이 공짠데 이 고물을 나보고 손보란 말이지. 하여간 결혼은 다시 생각해봐야 한다니깐."

어느 토요일 점심 때 육영수는 송재관을 부르더니 "오늘 박 중령이 올

거니까 동생이 나가서 좀 봐"라고 했다. 잠시 후 도착한 박정희는 육영수와 송재관 두 사람을 차에 태웠다. 차중에서 박정희는 "천렵을 좋아한다"고 하더니 오리티 강가로 가자고 했다. 박정희는 고기를 잡으러 간다면서 어디서 났는지 수류탄을 들고 강물로 다가가서 안전핀을 뽑아 던졌다. 폭음과 함께 물기둥이 솟아올랐다. 또 한 발 투척. 泡沫(포말)이 사그라지더니 죽은 물고기들이 허옇게 떠올랐다. 운전병과 송재관은 열심히 고기를 건져 담았다. 송재관이 길 위를 올려다보니 박 중령은 두 다리를 떡 벌린 채 양손을 허리춤에 괴고 의기양양한 모습으로 내려다보고 있었다. 그 옆에 육영수가 함박웃음을 짓고 있었다. 노을이 지고 있었다.

離婚 수속

육영수와 재혼하기로 결심한 박정희로서는 糟糠之妻(조강지처) 김호남이 가출한 뒤 아직 호적이 정리되지 않고 남아 있는 것이 마음에 걸렸다. 그는 조카 박재석에게 또 독촉했다. 박재석은 그 전에 몇 번 김호남의 친정으로 가서 사정을 해보았지만 번번이 퇴짜였다. 박재석은 그날은 '결판을 내야겠다'고 결심하고 자전거를 타고 선산군 도개면에 있는 박정희의 장인 金世鎬(김세호)를 찾아갔다. 큰절을 올린 뒤 말을 꺼냈다.

"아무래도 이혼 도장을 찍어주셔야겠습니다."

김세호가 거절하자 박재석은 야무지게 나왔다.

"법적으로도 가출하여 1년이 지나면 이혼이 가능합니다. 그런데도 도장을 안 찍어주시면 김 씨 집안에 관한 소문이 나쁘게 날 겁니다. 따님은 이미 다른 남자와 살림을 차렸다던데요."

김세호는 잠시 눈을 감고 생각에 잠기더니 쌈지를 열고는 나무도장을 꺼내 박재석에게 던져주었다. 박재석은 가져간 서류를 내놓고 "어르신네가 직접 찍어주십시오"라고 들이밀었다. 김세호는 눈물을 지으면서 도장을 꾹꾹 눌렀다. 1950년 11월 1일자로 호적이 정리되었다. 박정희와 김호남은 호적상 9년간 부부였으나 한 지붕에서 살았던 것은 1년도 채 되지 않았다. 1948년에 어머니와 함께 집을 나와 대구로 가서 살던 큰딸 박재옥은 6·25 동란이 터지자 경주로 피란 갔다. 그때 열두 살이던 재옥은 '아무리 생각해도 여기는 내가 있을 곳이 아니다'는 생각을 했다.

"엄마, 전 우리 집으로 갈래요. 저 사람은 우리 아버지가 아니잖아요. 제게는 아버지가 계시는데 여기 있을 수는 없어요."

박재옥은 '독하게' 어머니의 만류를 뿌리치고 선산의 외갓집으로 갔다. 보름 뒤 박재옥은 다시 사촌오빠 박재석의 집으로 보내졌다. 비로소 박재옥은 안정을 찾고 국민학교 5학년부터 학교를 제대로 다니기 시작했다.

충청도와 경북 지방의 산중에서 9사단이 인민군 패잔병을 상대로 한 소탕작전을 벌임에 따라 11월 22일 사단 사령부는 대전에서 대구로 이동했다. 박정희는 새 장가를 갈 준비를 해야 하는데 재물에 대해서 결벽증이 있는 그로서는 스스로 나서서 결혼경비를 마련하기가 어려운 형편이었다. 어느 날 박정희는 군수참모 김재춘 중령에게 弄半眞半(농반진반)으로 말했다.

"김 형, 이제 중신도 했으니 결혼도 시켜주어야지."

그래 놓고는 한참 있다가 침울하게 말했다.

"김 형, 그런데 나, 아무것도 없어."

"아, 예, 알겠습니다."

김재춘은 풍족한 집안 배경을 갖고 있었다. 그는 직속상관의 결혼에 필요한 돈을 모으면서 식장 준비도 했다. 박정희의 대구사범 동기생들도 김 중령과 함께 결혼 준비를 도와주었다. 교육계에서 활약하고 있던 杜庸奎(두용규)와 이성조가 중심이 되어 청첩장, 예물준비, 식장 물색에 나섰다. 뒤에 경북 교육감을 지낸 이성조의 증언—.

"피란을 와서 고생하고 있는 정희를 돕자는 뜻에서 대구에 사는 동기생들은 거의 다 모였을 겁니다. 마침 은사 김영기 선생이 대구에 계셔서 축사를 해달라고 부탁했습니다. 박정희와는 만난 적이 없지만 許憶(허억) 대구시장을 주례로 모시기로 했습니다."

결혼식 날을 기다리던 육영수는 이즈음 재봉틀을 돌릴 때나 바느질을 할 때 노래를 흥얼거렸다. 그 뒤 육영수 집안에서 유명해진 그 노래의 가사는 이러했다.

〈검푸른 숲속에서 맺은 꿈은

어여쁜 꽃밭에서 맺은 꿈은

이 가슴을 설레어라

첫 사랑의 노래랍니다

그대가 있었기에 그대가 있었기에

나는 그대의 것이 되었답니다

그대는 나의 것이 되었답니다〉

박정희는 육영수에게 결혼한 적이 있다는 사실을 이야기했는데 딸 재옥의 존재에 대해서도 털어놓았다. 육영수는 차마 아버지 육종관한테는 이 사실을 알릴 수 없었다. 치밀한 육종관은 박정희의 호적을 떼보고는 더욱 거세게 딸을 말렸던 것으로 보인다. 이경령, 육영수 두 모녀는 육종관으로부터 결혼 허락을 받지 못하니 이미 날을 받아놓은 사실을 알릴 수도 없었다. 며칠을 속으로 끙끙 앓고 있다가 급기야 이경령이 남편에게 넌지시 귀띔했다. 시인 朴木月(박목월)은 《육영수 여사》에서 그 직후에 있었던 부녀의 대화를 이렇게 재구성했다.

〈"집안을 알아보았느냐."

"아뇨."

"이 난리판에 군인에게 시집을 가다니 될 법이나 한 소리냐."

"…."

"잘 생각해 봐라. 지금도 늦지 않았으니 그만두도록 해라."

다소곳이 앉아서 듣고만 있던 작은아씨가 고개를 들어 정면으로 아버지를 쳐다보며 말했다.

"아버지, 군인으로 그이에게 어떤 일이 일어난다고 해도 다 제 운명이라 생각하고 누구도 원망하지 않겠어요."

육종관은 딸을 설득할 수 없자 "너네 멋대로 해!" 하고는 방을 나왔다〉

그 며칠 뒤 송재천 중위가 군용트럭을 몰고 와서 이경령의 집 대문을 두드린다. 육영수를 데리러 온 것이었다. 모녀는 육종관한테 차마 결혼식을 올리러 간다는 말이 떨어지지 않았다. 육영수의 동생 예수가 나섰다. 아버지한테 다가갔다.

"예수야, 너도 네 언니 결혼식에 갈 테야?"

"그럼요, 언니 들러리를 서기로 했는걸요."

"너네 멋대로 해! 넌 오늘부터 내 딸도 아무것도 아니란 말이다."

결혼식

동생 육예수가 아버지 육종관으로부터 호통을 듣고 나오자 육영수는 마지막으로 아버지를 설득하려고 사랑방으로 들어갔다. 육종관은 대전으로 간다면서 집을 나가 버렸다. 모녀는 대구로 떠나지 못하고 두 시간쯤 기다렸다. 육영수는 "인사만이라도 드리고 가야 한다"고 마냥 기다리려고 했으나 예수는 "언니, 아버지가 반대하는 결혼을 척 해버리는 것도 로맨틱하잖아" 하면서 출발을 권했다. 어머니 이경령이 나섰다.

"너희 아버지가 언제 네 결혼 걱정하는 것 보았니. 어서 너희들이나 먼저 가라. 나는 내일 아버지 모시고 갈 테니."

육영수, 예수 자매는 군용파카를 입고 송재천 중위가 몰고 온 트럭 짐칸에 타고 대구로 출발했다. 이날 집안에서 있었던 일로 해서 신경이 곤두섰던 육영수는 차 안에서 심한 위경련을 겪었다. 예수가 언니의 배를 주물러 주었지만 통증은 계속되었다. 밤 10시에 두 자매가 도착한 곳은 대구 三德洞(삼덕동)의 李正雨(이정우) 집 사랑채였다. 박정희 중령은 9사단 사령부가 대전에서 대구로 옮겨오자 이 집을 얻어 두었던 것이다. 박정희는 육영수를 사랑채의 한 방에 눕혔지만 육영수는 그날 밤을 딴 집에서 보냈다. 아직 정식으로 결혼하기 전이었기 때문이다. 다음날, 즉 1950년 12월 11일 육영수는 동생을 데리고 미장원에 갔다가 간밤의 고통으로 엉망이 된 얼굴을 보고 놀랐다. 예수는 "언니, 내일이 결혼식인데 어떡하지" 하고 울상이 되었다. 이날 오후 어머니 이경령이 혼자서 대구로 내려왔다. 전날 밤늦게 돌아온 남편과 싸우고 온 것이었다. 두 사람의 싸움은 점잖게 진행되었다고 전한다.

서로 옆방에 앉은 채로 한마디씩 주고받는 식이었다. 육종관이 자기 방에 앉아 "집안도 알아보지 않고 딸을 치우는 부모가 어디 있나" 하고 소리치면 이경령은 안방에서 "영수가 그렇게 마음에 들어하는데도 가만 있으란 말이에요"라고 외친다. 남편이 소실을 다섯 명이나 집안에 들여도 순종하던 이경령으로서는 이런 '점잖은 싸움'도 대단한 도전이었다.

다음날 일찍 이경령이 대구로 출발할 때 이미 결심이 섰다. 이경령은 딸 편을 들기로 함으로써 육종관과 헤어지는 것이다. 이날 이후 두 사람은 사실상 별거 상태로 들어가고 만다. 육종관은 서울 사직동에 살던 큰 개성댁과 함께 여생을 보내고 이경령은 육영수와 함께 살게 된다. 순종적인 여성상의 전형처럼 보였던 이경령─육영수 모녀의 육종관에 대한 반란은 그들의 내면에 그동안 쌓여갔던, 바람피우는 남자에 대한 공통된 증오심이 공동 전선의 형식으로 發露(발로)된 때문이리라.

훗날 박정희는 정권을 잡자 친인척들의 집에 경찰관들을 배치하여 이권청탁 등 비행에 휘말리는 것을 감시케 했다. 서울에 살던 장인 집 앞에도 경찰이 진을 치자 육종관은 "사위놈이 날 감시하려는 구나" 하고 이경령이 자주 출입하는 친척집에 가서 이런 부탁을 했다고 한다.

"내가 영수한테도 전화를 제대로 할 수 없는데 여기 너희 외숙모(이경령)가 자주 온다고 해서 찾아왔다. 내가 무슨 독립운동 하는 것도 아닌데 형사들이 우리 집에 와 앉아 있으니 성가셔 죽겠다. 너희 외숙모한테 이야기 좀 전해라. 제발 형사들 좀 보내지 말라고."

이 말이 박정희에게 전달되어 육종관에 대한 감시가 풀렸다고 한다.

박정희─육영수의 결혼식은 12월 12일 오후 대구 계산동 천주교성당에서 열렸다. 박정희의 가족으로는 큰형 박동희, 조카 박재석, 박영옥이 참석했다. 대구 시장 허억이 주례석에 오르자 모닝코트를 입은 박정희 중령이 독특한 걸음걸이로 입장했다. 육영수는 꽃바구니를 든 두 소녀를 앞세우고 박정희의 대구사범 은사 김영기 선생의 손에 이끌려 들어왔다. 육영수의 들러리는 김재춘 중령의 부인 장봉희와 육예수.

주례 허억은 신랑 신부와 만난 적이 없었다. 그는 주례사를 하면서 "신랑 육영수 군과 신부 박정희 양은…"이라고 序頭(서두)를 떼 장내는 웃음바다가 되었다. 그러나 송재천은 얼굴이 하얘졌다. 송 중위는 김재춘으로부터 신부용 금반지를 하나 사 갖고 있었다.

그는 반지 匣(갑)이 너무 커서 반지만 꺼내 호주머니에 넣어두었다. 그런데 예물 교환 시간에 맞추려고 반지를 찾으니 잡히지 않았다. 마음이 급해진 송재천은 김재춘한테 돈을 타서 뛰어나갔다. 금반지를 새로 구입하여 겨우 예물 교환 시간에 댈 수 있었다. 송 중위가 나중에 차분히 반지를 찾아보니 시계 호주머니에 들어 있었다.

이날 박정희의 은사 김영기는 이런 요지의 축사를 했다.

〈창천에 기러기 훨훨 날아가는 맑고 갠 오늘, 신랑 박정희 군과 신부 육영수 양은 바라건대 세상은 회오리바람처럼 그칠 줄 모르니…신랑의 억센 기품과 아름다운 신부의 온화함이 화합되어 서로 도와, 푸른 강가에 원앙새 한 쌍 훨훨 날아 따뜻한 보금자리를 마련하고…〉

이 결혼식을 준비하는 데 애썼던 대구사범 동기생 이성조의 회고─

"하객은 비교적 많은 편이었지만 피로연은 조촐했지요. 전란 중이라 뭐가 있었겠습니까. 동기생들이 밤새워 피로연을 준비했는데 성당 뒤편에 밤, 대추, 오징어로 한 상 차렸습니다. 순수한 우정으로 마련한 자리였습니다. 이날 우리 동기생들은 다짐을 했어요. 박정희의 신혼생활을 도와주지는 못할망정 방해하지는 말자' 고 말입니다. 결혼식이 끝나자 우리는 뿔뿔이 흩어져 각각의 삶 속으로 돌아갔지요. 전쟁 중에 모두가 갈 길이 바빴거든요."

박정희도 결혼식 다음날 사단사령부로 출근했다. '신혼여행'이란 개념이 생소하던 때였다. 박정희가 세든 사랑채는 방이 세 개였다. 큰방은 박정희, 두 번째 방은 이경령과 육영수·육예수, 세 번째 방은 운전병과 부관이 썼다. 이 집에는 부엌이 없었다. 육영수는 예수와 함께 현관을 부엌으로 개조하였다.

박정희는 퇴근하고 귀가하여 식사를 할 때는 주로 처제와 대화하는 편이었다. 그는 아내를 '영수'라고 불렀고 아내는 '저 보세요'라고 얼버무렸다. 박정희가 아침에 눈을 뜨면 아내는 따뜻하게 데운 세숫물을 대야에 받쳐들고 마루에 서 있었다. 육영수는 머리를 곱게 빗고 엷은 화장도 했다. 육영수는 집안에서도 흐트러진 모습을 보이지 않았다. 박정희로서는 처음으로 안락한 가정생활을 맛보게 된 것이다.

사라진 中共軍

대구 삼덕동에서 신혼생활을 시작한 지 닷새째 되던 날 박정희는 며칠 전 이동한 9사단 사령부를 찾아 강원도로 향했다. 박정희 중령은 떠나기 전 돈을 봉투에 넣어 아내에게 건네주었다. 봉투 안에는 '家用費(가용비)'라는 제목 아래 쌀값 얼마, 생활비 얼마 식으로 쓴 쪽지가 들어 있었다. 두 사람은 편지를 주고받으면서 기다림의 세월을 보낸다. 육영수는 나중에 청와대에서 이때를 회고하면서 "가계부를 열심히 적으면서 인편으로 오는 그분의 편지를 무척 기다렸으며, 하루빨리 평화가 오게 해 달라고 기도했답니다"라고 말했다.

강원도 동부지방으로 이동한 9사단의 임무는 남진하는 중공군에 대비하는 것이었다. 9사단이 맡은 방어 정면은 강원도 인제—양양線(선)으로 약 40km나 되었다. 보통 때 같으면 3개 사단이 맡아야 할 넓은 구역이었다. 박정희 참모장은 線(선) 방어 전략을 포기하고 據點(거점) 방어를 채택한다. 9사단 작전참모 손희선의 증언—.

"처음엔 전투가 없었습니다. 사단 전방에서는 국군 1군단 소속 수도사단과 3사단이 동해안을 따라 함경남·북도로 진격하다가 중공군의 기습을 받고 철수하고 있을 때였습니다. 9사단은 아군지역 후방에 방어선을 친 것이죠. 전방의 아군이 해상을 통해 철수하여 38선 이남의 동해안에 상륙함으로써 사단 前方(전방)이 진공 상태가 되었습니다. 패주하던 인민군이 전열을 재정비하여 우리를 건드리기 시작했습니다."

38선을 맨 처음에 돌파, 북진의 선두에 섰던 1군단이 남쪽으로 철수하여 이번엔 그 38선의 동부전선을 중공군의 남진으로부터 지켜내는 임무를 맡게 되었다는 것은 한국전의 국면전환을 상징적으로 보여준다. 9사단도 1군단에 배속되었다. 12월 20일 강릉에서 9사단, 수도사단, 3사단의 참모장들이 모여서 회의를 한 결과 9사단은 오른쪽 전선을 수도사단, 왼쪽을 3사단에 인계하고 앞(북쪽)으로는 설악산, 뒤(남쪽)로는 오대산을 둔 험준한 산악지대를 방어하기로 했다. 박정희 참모장은 눈보라 치는 전선을 덮칠 폭풍을 기다리면서 불안한 歲暮(세모)를 보내게 되었다.

1950년 11월 초순과 중순에 걸쳐서 맥아더는 중공군의 戰力에 대한 결정적(또는 고의적) 誤判(오판)을 한다. 이 오판은 한국인의 운명을 바꾸어 놓는다. 10월 말 서부전선에서 중공군의 1차 기습으로 한·미군이 큰 타격을 입었음에도 불구, 맥아더는 공식적으로는 '중공군 정규 병력의 대거 참전'을 인정하지 않으려고 했다. 기습이 있은 지 열흘이 지난 11월 5일 맥아더는 마침내 '인류 역사상 가장 침략적인 행동을 감행한 중공에 대해서 세계가 봉쇄작전을 펴야 한다'는 성명을 발표함으로써 공식적으로 중공군 참전을 인정했다.

그런데 이날 중공군은 숲(전) 전선에서 갑자기 공격을 중단하고 사라져버렸다. 그들은 북쪽 산중으로 물러나 흔적도 남기지 않고 증발해버린 것이다. 중공군의 이런 후퇴는 맥아더의 판단을 흐리게 한다. 중공군을 과소 평가하도록 도와주는 것이다. 반격을 중지하고 후퇴해버린 중공군을 두고 맥아더 사령부는 '역시 별것 아니구나'라는 판단을 하게 되었다. 중공군 사령관 팽덕회와 毛澤東은 이즈음 거대한 덫을 놓고 있었다. 誘敵深入(유적심입) 작전, 즉 적을 깊게 끌어들인 다음 우회·포위작전과 정면 돌파를 배합한 입체적 섬멸전을 벌인다는 것이었다. 그러기 위해서는 후퇴를 가장한 매복이 필요했다.

11월 6일, 맥아더는 90대의 B-29폭격기 편대를 띄워 압록강에 걸린 철교들을 폭격, 만주로부터 중공군이 북한지역에 들어오는 것을 저지하려고 했다. 맥아더는 극동 공군의 스트레이트미어 사령관에게 출격명령을 내린 뒤 잠자리에 들었는데 폭격기 편대가 이륙하기 직전 워싱턴의 합참에서 긴급연락이 왔다. '별도의 통보가 있을 때까지 韓滿(한만) 국경으로부터 5마일 이내의 지역에 대한 폭격을 금지한다'는 것이었다. 맥아더는 화가 났다.

'이 폭격이 연기되는 시간만큼 미군과 유엔군 장병들의 피가 더 많이 흐르게 될 것이다. 이 문제를 즉시 대통령에게 보고하여 주기 바란다. 이 상황에 대한 대통령의 개인적이고 직접적인 검토가 없다면 본인은 이로 인한 파국의 책임을 질 수 없다.'

브래들리 합참의장은 맥아더의 위협적인 전문을 트루먼 대통령에게 읽어주었다. 트루먼은 폭격을 승인해주도록 지시했다. 합참은 여기에 희한한 조건을 붙였다. '압록강 철교 중 북한 측 반만 폭격하라. 그리고 압록강에 있는 댐과 발전소를 폭격해서는 안 된다' 는 것이었다.

맥아더는 폭격기가 만주 영공으로 들어가지 않고서는 철교를 적중시킬 수 없을 뿐만 아니라 만주의 비행장에서 이륙하여 미군 폭격기를 공격하는 적 전투기(소련군 조종사들이 중국인으로 위장하여 미그 전투기를 몰고 있었다)를 국제법상의 '추적권' 에 의하여 만주 상공까지 따라갈 수 있어야(3분간만이라도) 아군기의 안전이 보장된다고 반론을 제기했다. 워싱턴에서는 유엔참전국들이 만주 영공 침범을 반대한다는 이유로 맥아더의 항의를 묵살했다. 맥아더는 중공군에 인원과 물자를 대주는 만주기지를 聖域(성역)으로 인정해주는 것이라고 흥분했다.

11월 9일 워싱턴에서 열린 대통령 직속 국가안보회의(National Security Council)는 한국전에 관한 기본전략을 토의했다. 애치슨 국무장관, 마셜 국방장관, 브래들리 합참의장이 참석한 이 회의에서도 북한에 들어온 중공군의 규모를 실제병력의 6분의 1정도인 6만~7만 명 정도로 잡고서 개입 목적을 '압록강의 발전소를 보호하기 위한 완충지대 설정' 이라고 해석했다.

미국 중앙정보국(CIA)도 맥아더 사령부와 거의 비슷한 수준으로 중공군을 과소 평가하고 있었다. 마셜 장관은 동부전선으로 진격한 유엔군이 너무 넓은 지역에 걸쳐 분산되어 있는 점을 지적했고 애치슨 장관은 "현 전선보다 방어에 더 적합한 진지선이 어디인가"라고 따졌다. 브래들리 의장은 "군사적 見地(견지)에선 후방으로 물러나는 것이 유리하나 그렇게 하면 한국인의 사기와 국제여론을 약화시키게 될 것이다"고 했다.

영국의 대전략가 윈스턴 처칠도 맥아더가 한반도의 목(평양─원산선) 부분에서 진격을 정지하고 방어선을 구축할 것을 희망했으나 맥아더는 "아시아 사람들은 공격적인 지도력을 숭배한다"면서 이를 묵살했다. 평양─원산선은 약 200km로서 한반도에서 가장 좁은 병목이다. 그만큼 병력을 집중하여 방어할 수 있는 데 반해 북쪽으로 올라갈수록 전선이 네 배나 넓어져 병력이 분산됨으로써 적에게 반격의 기회를 줄 우려가 있었다.

영국 간첩 필비

박정희가 9사단 참모장으로 옮긴 뒤 그의 후임으로 불려온 것은 柳陽洙(유양수) 중령이었다. 6·25 남침 직전에 전투정보과장으로 있다가 6사단 정보참모로 전보되었던 그는 북진 중에 다시 육군본부로 호출되어 장도영 국장 후임으로 부임한 白仁燁(백인엽) 정보국장 밑에서 일하게 되었다. 10월 말부터 상황판에는 'CCF(Chinese Communist Forces)', 즉 중공군 정규부대의 동향이 그려지기 시작했다. 서부전선의 1, 7사단에서 올라온 정보를 근거로 한 것이었다. 백인엽 국장은 '중공군 대부대 출현' 정보를 믿지 않으려고 했다. 장교들이 아침에 상황판을 들고 들어가서 국장에게 보고하고 나오면 'CCF'가 지워져 버리는 것이었다. 유양수 과장은 "야, 다시 기록해 둬!"라고 한 뒤 국장에게 따졌다.

"정보 보고는 정직해야 합니다."

"증거도 없이 무슨 중공군이야."

유양수는 함흥까지 비행기를 타고 날아가 국군이 중공군으로부터 노획한 물건들을 가져오기도 했으나 육본의 국장급 이상 간부들은 '중공군 출현'을 믿으려 하지 않았다. 6·25 직전에 전투정보과가 '남침임박' 정보를 그렇게 올려도 믿지 않던 사태가 재현되고 있었다. 유양수 전 동자부 장관은 이런 견해를 기자에게 전해왔다.

"6·25 남침 정보를 입수하고도 우리 군 수뇌부가 남침이 없을 것이라고 오판한 것은 미군의 판단에 따랐기 때문입니다. 중공군 개입에 대해서도 육본 수뇌부는 미국 측의 견해를 좇고 있었습니다. 정보판단을 할 때 윗사람의 의중을 살펴서 하면 오판이 생깁니다."

맥아더가 중공군 개입에 대해서 평가절하하는 입장을 취하니 워커 미 8군 사령관도 그런 태도였다. 8군 산하의 미군 사단장들도 워커의 입장을 따랐다. 미군이 그러니 독자적인 정보수집·판단의 능력에 한계가 있는 국군도 같은 태도를 취했다. 윗사람의 판단에 맞추어주는 이런 정보 왜곡이 국가적 재난의 한 원인이 되었다.

이즈음 워커 8군 사령관은 맥아더 사령관에게 불평을 하고 있었다. "우리의 작전 계획이 적에게 새나가는지 적이 우리의 의도를 미리 읽고 있다는 느낌이 든다"고 했다. 맥아더는 도쿄와 서울에 있는 미군 사령부에 대해 내사를 시켰으나 아무 증거도 잡아낼 수 없었다. 맥아더는 워싱턴을 의심하기 시작했다. 맥아더 사령부가 유엔군의 작전계획을 워싱턴의 합참에 보내면 이 복사본은 국무부, 중앙정보국(CIA), 백악관의 특정인들에게만 배포되고 있었다. 맥아더는 이 고위층에 공산당 간첩망이 숨어 있다고 주장했다.

맥아더의 이 육감은 정확했다. 당시 워싱턴 주재 영국 대사관의 1등 서기관은 킴 필비였다. 그는 영국첩보기관 MI-6에서 파견 나온 사람이었다. 케임브리지 대학에 다닐 때 공산주의자가 되었던 그는 제1차 세계대전 때는 처칠 해군장관의 보좌관이었다. MI-6에 들어가 출세가도를 밟았던 필비는 1949년 워싱턴에 부임하여 CIA와 영국첩보기관 사이의 연락관으로 일했다. 이때 영국과 미국 첩보기관은 고급정보를 공유하고 있었다. 영국군이 한국전에 군대를 파견한 이후에는 동맹국으로서 미군의 작전 계획에 대해서 상당한 정보를 제공받을 수 있었다.

6·25 남침 직전 미국의 정세판단, 중공군 개입에 대한 맥아더의 판단, 만주 폭격 금지 등 중공에 대한 주요 전략, 유엔군의 북진작전 등 미국 측의 중요정보들이 송두리째 필비에 의해서 모스크바로 전달되고 모스크바는 이를 毛澤東과 김일성에게 중계했으리라는 것이 정설이 되고 있다. 필비의 부하이던 가이 버지스 2등 서기관도 MI-6에 박힌 소련 첩자였다. 영국 외무부의 미국과장이던 돈 매클린도 소련 첩보기관에 포섭된 간첩이었다. 미국 과장이란 요직에 있으면서 매클린은 미국과 영국 사이를 오고가는 한국전 관련 비밀문서를 읽을 수 있는 위치에 있었다.

영국과 미국 사이 정보교류의 길목을 지키고 있었던 이 세 간첩들은 또 오랜 친구 사이였다. 이들은 청년기 때 빠져든 공산주의에 충성하면서 자발적으로 소련에 봉사하고 있었다. 이들을 통해서 毛澤東과 김일성은 맥아더가 취할 조치뿐 아니라 취할 수 없는 조치에 대해서도 미리 알고 있었을 것이다. 이 세 사람은 나중에 정체가 밝혀지자 소련으로 달아나 그곳에서 죽었다.

1950년 11월 23일은 추수감사절이었다. 맥아더는 전선에 있는 모든 미군들에게 칠면조 고기를 공급했다. 유엔군은 사기충천해 있었다. 한 달 전의 중공군 기습에 대한 기억도 옛날이야기처럼 느껴졌다(1사단장 백선엽 증언). 맥아더는 한국 전선에 있는 미군들은 이번 공세가 성공하면 크리스마스를 고향에서 보낼 수 있을 것이라고 말했다.

총진격 명령이 내려지기 전에 벌써 전선의 분위기는 승전 기분으로 들떠 있었다. 이때 미군은 중대한 실수를 범했다. 11월 초에 산속으로 후퇴한 중공군에 대한 수색을 소홀히 한 것이다. 미군은 차량수색을 주로 했다. 중공군은 산속에 숨어 있었으니 그런 편한 정찰에 걸릴 리가 없었다.

중공군은 유엔군의 예상 접근로 근방 산악지대에 숨어 이들이 함정 속으로 빠져들기를 기다리고 있었는데 미군은 수색정찰로도, 공중정찰로도 이들의 소재를 알아낼 수 없었다. 수색의 제1조는 '절대로 나 있는 길을 따라가지 말라' 인데 미군은 중공군을 얕잡아보고는 이 기본 수칙을 지키지 않았고 그것은 엄청난 인명 손실을 불러올 것이었다.

11월 24일 맥아더는 서부전선의 8군과 동부전선의 10군단에 대해서 총공격을 명령했다. 11월 24일 공격 개시 첫날 백선엽 준장이 지휘하는 1사단은 평안북도 박천에서 전진을 개시하여 중공군 포로를 한 명 잡았다. 신문해보니 그는 일본인이었다. 중일 전쟁 때 중공군에 포로가 되었다가 중공군 병사로서 참전한 것이었다. 공세 첫날의 進度(진도)에 만족한 백선엽 준장은 압록강까지 도달하는 데는 별 문제가 없겠다는 자신을 가졌다. 중공군은 서부전선의 동쪽을 맡고 있던 국군 2군단을 主攻

面(주공면)으로 선정했다.

6, 7, 8사단으로 구성된 2군단은 영천 결전의 영웅 유재흥 군단장이 지휘하고 있었는데 2군단의 정면은 묘향산맥, 오른쪽 면은 중앙 산악지대였다. 우군은 이 산악지대에 대해서 전혀 신경을 쓰지 않고 있었다. 서부의 미 8군과 동부의 미 10군단 사이에 방치되어 아무도 챙기지 않았던 중앙 산악지대에 매복한 중공군은 이 거대한 덫으로 국군 2군단이 빨려들면 그 측면을 내리찍으면서 배후를 포위해 버릴 작정이었다.

3개 사단 붕괴

11월 25일, 중공군은 서부전선의 오른쪽(동쪽)인 묘향산맥 남쪽의 국군 2군단 소속 8사단과 7사단을 집중 공격했다. 중공군은 2군단의 右側方(우측방)을 따라 진격하던 8사단의 21연대와 16연대, 그리고 7사단 8연대를 취약점으로 파악하고 세게 내리쳤다. 경계하기가 힘든, 부대와 부대 사이의 틈새로 대병력을 침투시켜 우회, 포위하려는 고전적 전술이었다.

7사단장 신상철 준장은 군단 예비로 뒤에 남아 있던 6사단의 19연대를 지원받아 중공군이 밀고 들어오는 7사단과 8사단 사이의 골짜기를 틀어막으려고 했다. 그러나 너무 늦었다. 중공군은 틈새를 확대시켜 대병력을 쏟아붓더니 7사단 사령부의 배후로 진출했다. 신상철 준장은 사령부 후방에서 총성이 들리자 포위되었다고 판단했다. 5, 8연대장에게 전화를 하니 이미 중공군에게 녹아 버려 연락이 되질 않았다.

맨 왼쪽에 있던 3연대만이 健在(건재)했다. 신상철 사단장은 3연대장에게는 왼쪽에 인접한 미 24사단과 합류하여 후퇴하도록 명령한 뒤 사단사령부의 후퇴를 지시했다. 7사단의 후퇴는 지휘 체계가 붕괴된 상태에서 이뤄졌다. 붕괴란, 장교들은 계급장을 떼고 사병들은 장교의 말을 듣지 않는 상태에서 무거운 공용 화기는 버리고 사단장이나 이등병이나 똑같이 살길을 찾아가는 것을 이른다.

2군단의 오른쪽 전선을 맡고 있던 8사단 가운데서도 맨 오른쪽에 배치된 연대는 21연대(연대장 金永魯·김영로)였다. 이 연대의 1대대장이 뒤에 駐越(주월) 한국군 사령관을 지낸 蔡命新(채명신) 소령. 중공군의 主攻(주공)을 받은 21연대는 와해되고 채명신 대대장은 소총을 가진 병력이 반도 되지 않는 130여 명의 부하들을 이끌고 중공군 지역을 헤쳐가면서 40여 일 만에 남한으로 귀환한다. 채명신은 중공군이 밤에 계곡을 따라 행군하는 습관을 간파하고는 밤에는 고지에서 자고 낮에는 계곡을 피해서 산등성이를 타고 내려갔다.

채명신 부대는 연대장을 모시고 있었다. 이 연대장이 자꾸만 "채 소령, 나 고기 한 점만 먹으면 원이 없겠소"라고 애원하다시피 했다. 채명신은 부대원을 이끌고 작은 마을에 들어가 닭을 삶아 먹었다. 식후에 연대장을 필두로 부대원들이 잠에 곯아떨어져 버렸다. 이미 적의 치하로 넘어가 버린 지역에서 언제 공격을 당할지 모르는데 자포자기 상태에 빠진 연대장은 몸을 일으키지 않으려고 했다. 채명신은 연대장의 머리에 권총을 들이댔다.

"연대장 한 분 때문에 우리 모두가 죽을 수는 없습니다. 어서 일어서십시오. 아니면 쏘겠습니다."

"아니, 여보, 채 소령, 왜 이래."

연대장만이 놀란 건 아니었다. 잠을 이기지 못하던 부대원들이 모두 긴장하여 졸음을 털어냈다. 그날 밤 채명신의 부대는 적의 기습을 받아 흩어졌다. 연대장과는 영영 헤어지고 말았다. 와해된 8사단의 3개 연대 가운데 21연대 김영로 중령과 10연대장 高根弘(고근홍) 중령이 실종되었다.

서부전선의 우측방을 맡고 있던 국군 2군단이 무너지자 이 붕괴면을 따라 중공군이 쏟아져 들어와 유엔군의 배후로 진출, 퇴로를 차단하기 시작했다. 2군단의 붕괴로 그 왼쪽에 있던 미 9군단은 오른쪽 측면이 적에게 노출되었다. 9군단도 후퇴, 미 9군단의 왼쪽에 있던 미 1군단도 위협을 받기 시작했다. 국군 2군단의 붕괴로 시작된 도미노 현상이 全(전) 전선으로 확대되면서 총퇴각이 불가피하게 되었다.

서부전선의 중앙부를 맡고 있던 미 9군단 소속 2사단은 11월 30일 오전 평양 북쪽 약 40km의 順天(순천)으로 철수하고 있었다. 2사단의 철수 행렬이 葛峴(갈현) 고갯길에 들어섰을 때 양쪽 산중에 매복하고 있던 1개 사단 규모의 중공군이 덤벼들었다. 기관총과 박격포밖에 없었던 중공군은 전차로 중무장한 2사단을 섬멸하기 위해 절묘한 전술을 썼다.

그들은 먼저 2사단의 선두 전차에 타고 있는 보병을 저격했다. 전차는 보병의 엄호 없이는 전진할 수 없으므로 미군 전차대는 일단 정지했다. 후속 부대와 차량들이 정지한 전차 뒤에 몰려들어 교통체증이 생겼다. 이 밀집된 차량 행렬과 장병들을 향해서 중공군의 기관총과 박격포가 일제히 불을 뿜었다. 1만 6,000명이 넘는 병력과 수백 대의 차량을 거느린 2사단의 後尾(후미)에서는 선두가 기습을 받고 있는데도 전진을 계속했다.

마치 치약이 튜브에서 짜내지듯이 계속해서 2사단은 이 죽음의 계곡으로 밀려들었다. 한나절 계속된 이 살육전으로 2사단 장병 약 3,000명이 전사, 전상, 실종됐다. 2사단의 모든 전차, 차량은 이 갈현 고개를 빠져나오지 못하고 파괴됐다. 한때는 사단장 로렌스 카이저 소장도 실종된 것으로 알려지기도 했다.

붕괴된 국군 7사단의 신상철 사단장, 8사단의 李成佳(이성가) 사단장은 군법회의에 넘어가 사형을 구형받았으나 집행유예 선고로 사면되고 곧 군에 복귀했다. 카이저 2사단장은 직위해제됐다.

동부전선에서도 長津湖畔(장진호반)까지 깊숙이 진출한 미 해병이 중공군의 덫에 걸려들었다. 평안북도와 평안남도를 경계짓는 청천강線(선)을 함경남도 장진호까지 연장한 약 300km의 숲(전) 전선에 배치되었던, 한·미군을 주력으로 하는 유엔군 12개 사단, 약 20만 명의 대병력은 36만 명의 중공군과 약 6만 명의 인민군에 의해서 포위될 지경이 되고 말았다.

V자형으로 매복하여 맥아더의 맹목적 진격 명령을 기다리고 있던 중공군은 V자 속으로 안겨온 유엔군을 죽음의 포옹으로 몰고 갔다. 毛澤東은 맥아더를 자신의 무대로 끌어들이는 데 성공했다. 태평양 전쟁에서 맥아더의 영광을 빛낸 전장은 산악 지형이 아니었다. 압도적인 해군력과 공군력을 마음껏 쓸 수 있는, 면이 넓고 평탄한 바다와 해안이 맥아더 전략의 무대였다면 한반도의 깊은 계곡과 험준한 산악은 기습, 포위, 그리고 장병들의 지구력에 의존하는 毛澤東의 무대였다.

막강한 화력과 풍부한 물자의 뒷받침을 받으면서 주로 대낮에 치르는 정규전에 길들여진 미군은 측면 우회, 후방 차단, 매복, 기습, 위장, 야간 전투, 인해전술을 배합한 毛澤東의 非(비)정규적 奇策(기책)에 정신이 혼미해질 정도였다. 클라우제비츠의 전쟁론과 孫子兵法(손자병법)의 대결이었다. 기습에 성공하고 地利(지리)를 얻은 중공군은 단박에 전장의 주도권을 잡았다.

유엔군은 11월 24일의 일제공격 개시 후 나흘이 지난 28일 벌써 전면적인 후퇴를 결정했다. 맥아더는 이날 서부전선 사령관 워커와 동부전선 사령관 알몬드 중장을 도쿄로 불러 네 시간 동안 회의를 가졌다. 맥아더는 '유엔군을 약 100km 후방인 평양－원산線(선)으로 물린 다음 차후의 행동 방침을 강구한다'고 결론지었다. 맥아더는 이날 "전혀 새로운 전쟁이 시작되었다"고 발표했다.

'걸어다니는 공수부대' 인민군 10사단

맥아더 원수는 1950년 12월 3일 당초 계획했던 평양－원산 저지선을 포기하고 서부, 동부 전선의 모든 유엔군 부대는 38선으로 총퇴각하라는 명령을 내렸다. 평양 방어의 거점 도시인 成川(성천)은 평양에서 동북쪽으로 약 50km 떨어져 있었는데 이곳이 이날 중공군에게 넘어갔다. 중공군은 성천에서 평양 동남쪽으로 진출하여 유엔군을 배후에서 포위할 생각을 가진 것 같았다. 유엔군을 추격하는 중공군의 산악행군 속도는 하도 빨라서 제공권하에서 대로를 따라 차량으로 후퇴하는 미군들을 추월할 정도였다.

맥아더는 '평양－원산 사이에 있는 산악지대를 유엔군이 방어할 수 없기 때문에 적에게 최대한의 타격을 가하면서 38선으로 물러날 수밖에 없다'고 미 합참에 보고했다. 그는 '중공은 이미 26개 사단을 전선에 투입하였고 20만 명은 만주에서 대기 중이다. 이것은 우리의 소수 병력이 전 중공인민과 대결하고 있음을 의미한다. 따라서 정치적 결단으로 새로운 작전이 수립되기를 희망한다'고 덧붙였다.

중공군이 개입할 가능성을 충분히 인식하고 있었으면서도 이 사실을 인정하면 자신의 북진작전에 제동이 걸릴까 봐 '개입 가능성 없다'고 보고해 온 맥아더는 이제는 말을 바꾸어 '중공군이 개입했으니 이길 가망이 사라졌다. 이기고 싶으면 중국을 때려야 한다'는 擴戰(확전)의 논리를 구사하기 시작한다. 문제는, 트루먼 행정부는 한국전선에서 미국이 반드시 승리해야 한다고 생각하지 않게 되었다는 점이다.

맥아더 유엔군 사령관에 의한 38선으로의 철수 결정은 한반도 통일을 포기한 것일 뿐 아니라 수복한 북한 주민들을 다시 적 치하로 넘겨주는 것을 의미했다. 국군은 북한 주민들에게 남한으로 내려가도록 강요한 적이 없었지만 수백만의 북한 사람들은 자유를 향한, 목숨을 건 집단 거주 移轉(이전)을 감행한다. 평양 철수, 흥남 철수, 1·4 후퇴로 해서 역사상 유례가 없는 이산가족의 비극이 빚어진 것이 이때이고, 한국인들이 자유의사로 김일성 정권에게 "당신은 아니오"라고 선고함으로써 민족사의 정통성을 남한 쪽으로 굳힌 것이 이때였다.

국군은 평양을 12월 5일에 포기했다. 평양이 고향이고 북진 때는 평양 돌입의 선봉장이었던 백선엽 1사단장은 대동강 철교를 비롯한 평양의 중요 시설들이 모조리 폭파되고 대동강역에서는 태평양을 건너온 미군 탱크 18대가 대포 한 발 못 쏘아보고 화염에 휩싸여 버리는 것을 목격하면서 '이것이 생전에 내가 보는 평양의 마지막 모습이겠구나'라고 생각했다.

끊어진 대동강 다리 아래로 흐르는 차가운 강물로 뛰어든 피란민 수백 명이 죽어가고 있었다. 백선엽은 황해도의 사리원을 지날 때 말라리아에 걸렸다. '미군이 일본으로 철수한다'는 소문이 번지면서 장병들의 사기는 바닥으로 떨어지고 있었다.

백선엽 장군이 한국전을 거치면서 관찰한 국군의 문제는 '상황이 유리할 때는 초인적인 용감성을 보이는데 불리하게 돌아가면 삽시간에 무너져 버리는 점'이었다. 이런 문제를 극복하기 위해서는 지휘관의 솔선수범만으로는 불가능하고 '평소의 훈련과 계획이 철저하여 부대가 기습을 받아 당황하는 상황을 만들지 않아야 한다'는 것이 그의 지휘관論이다. 서부전선에 투입된 국군사단 가운데 질서 있는 후퇴를 한 것은 1사단뿐이었다.

백선엽 장군은 "문제가 많은 한국인들을 지휘하려면 지휘관의 속이 썩어야 한다"고 회고했다. 12월 15일 1사단은 6월 25일 아침에 있었던 바로 그 자리, 高浪浦(고랑포)로 돌아왔다. 38선을 따라 진지를 구축하고 수비를 해야 할 입장으로 원위치한 셈이었다.

동해안을 따라 북진하던 국군 1군단(수도사단과 3사단)과 부전고원을 넘어 長津湖(장진호)로 북동진하던 미 10군단(제1해병사단, 미 3사단, 미 7사단이 주력)은 11월 말 중공군 9개 사단(7만~8만 명)의 매복 기습에 말려들었다. 한·미군 약 10만 명은 영하 40도까지 내려가는 고원과 협곡을 빠져나와 흥남으로 후퇴했다. 이 포위망 탈출 작전은 1950년 12월 24일 크리스마스 이브에 마지막 철수선이 흥남부두를 떠나고 부두시설과 보급창고들이 폭파되는 것으로 막을 내렸다. 미군 역사상 최대 규모의 해상 철수 작전이었다.

함선 109척이 동원되어 군인 10만 5,000명, 차량 1만 7,500대, 물자 35만t, 한국 민간인 9만 8,000명을 남쪽으로 실어날랐다. 이 후퇴─철수 작전에서 한·미군은 약 1만 500명의 병력 손실(전사, 실종, 부상)을 당했다. 7만 명의 중공군이 병력과 화력에서 월등한 유엔군을 패퇴시켰다는 것은 중공군이 결코 인해전술만으로 이기는 군대가 아님을 입증한다. 맥아더는 흥남에서 철수한 10군단을 38선 방어에 재배치했다. 12월 하순 13개 사단, 3개 여단으로 구성된 20여만 명의 유엔군은 남하하는 29개 사단 31만 명의 중공군을 기다리고 있었다.

신혼의 박정희 중령이 참모장으로 있던 9사단은 앞으로는 설악산, 뒤로는 오대산을 둔 산악지대에 배치되어 있었다. 인민군 2군단과 길원팔 유격부대가 主敵(주적)이었다. 이 유격부대는 인천상륙작전 뒤 낙오되었던 인민군 패잔병을 수습하여 만든 부대였다.

12월 26일 인민군 2군단은 뒤에서 남진하는 중공군을 선도하듯이 9사단과 수도사단이 지키고 있던 동부전선을 공격하기 시작했다. 3개 사단으로 구성된 인민군 2군단 중 10사단은 약 1만 명의 병력을 가진 完編(완편)사단이었다.

인제에 있던 인민군 10사단은 우리 9사단의 좌측방 방어선을 돌파하여 단숨에 원주 북쪽 50km 지점까지 진출했다. 9사단은 아직 방어선을 정비하기 전이었고 거점 방어를 하고 있었으므로 큰 전투 없이 인민군 10사단을 통과시키고 말았다. 9사단은 배후에서 인민군 10사단 병력이 출몰하자 영월 방면으로 후퇴를 시작한다. 그러나 인민군 10사단은 박정희의 9사단을 포위하기 위해 머뭇거리지 않고 곧장 남하하기 시작했다.

인민군 10사단은 그 뒤 태백산맥을 타고 횡성, 원주, 제천, 영주, 안동, 의성, 포항, 대구 쪽으로 내려가면서 유엔군의 후방보급선을 차단하고 교란한다. 미군이 나중에 '걸어다니는 공수부대'란 별명을 붙인 인민군 10사단은 4개월간 약 1,000km의 작전거리를 기록하면서 강원도, 충북, 경북 내륙을 휘젓고 다녔다.

전선의 중공군 대공세를 막기도 힘에 부치고 있던 미군은 흥남에서 철수시켰던 최정예 부대인 제1해병사단(병력이 약 2만 6,000명이고 군단 규모의 화력을 보유)을 비롯한 약 5만의 병력을 인민군 10사단 토벌에 돌려야 했다. 인민군 10사단은 이 산중 게릴라 작전 중 병력의 약 90%를 잃었지만 지휘부는 약 1,000명의 잔존병력을 이끌고 북으로 귀환하여 신화적 존재가 되었다.

山中의 새해

1950년 12월 23일 워커 미 8군 사령관은 서울 북쪽 의정부의 미군부대를 방문하는 길에 아들 샘 워커 중위에게 은성훈장을 직접 수여하기로 했다. 얼어붙은 도로를 맹속력으로 달리고 있던 워커 중장의 지프를 추월하려던 한국군 트럭이 추돌했다. 지프가 옆으로 뒹굴면서 보좌관과 운전병은 튕겨나와 살았지만 워커는 즉사했다. 이승만 대통령은 이 소식을 전해 듣자 사고를 낸 한국군 운전병을 즉시 처형하도록 지시한다. 옆에 있던 미 군사고문관 짐 하우스먼 대위가 말려 운전병은 3년 징역형을 받았다. 짐 하우스먼은 회고록에서 이런 뼈아픈 지적을 했다.

〈하버드 대학의 고풍어린 교내 예배당 벽에는 한국전에 목숨을 바친

20여 명의 하버드생 병사들 이름이 동판으로 새겨져 있다. 미국은 한 도시에서 한 사람이 나올까 말까 한 '미국의 희망'들을 한국에서 자유를 지키기 위해서 내보냈다. 교수들도 참전해 더러 전사했다. 한국에서도 많은 학도병들이 전사했다.

그러나 한국의 어느 학교에도 전사 학도병들의 이름이 새겨져 지나는 자들의 머리를 숙이게 하는 표지는 없다. 존경하는 소대장님, 용감한 대대장님, 그리고 생명을 던져 진지를 지켜낸 병사들의 얘기는 입으로만 전해질 뿐 그들을 기릴 수 있는 흔적은 어디에도 없다. 한국은 戰後(전후) 팔을 잃은 국회의원, 눈이 날아간 국방장관을 갖지 못했다. 행사장이나 연회장 같은 데서 한국전 전상자들을 만나 본 적도 없다〉

채명신 전 주월 한국군 사령관은 유일한 혈육인 동생이 월남한 뒤 장교가 되어 인접부대에서 함께 근무하다가 전사한 아픔을 겪은 사람인데, 1952년 당시 미 8군사령관 밴플리트 장군이 주관한 한 회의의 풍경을 이렇게 묘사했다(회고록 《사선을 넘고 넘어》).

〈밴플리트 사령관은 북한으로 출격했다가 실종된 아들(공군 조종사)에 대한 공중수색 보고를 다 들은 다음 전혀 표정 없이 말을 이어갔다.

"…그리고 마지막으로 내가 명령하는 바입니다. 오늘 이 시간 이후로 내 아들을 수색하기 위한 특수작전은 중지하도록 명령합니다. 행방불명자에 대한 공군의 수색작전은 당연합니다. 그러나 이번 특수작전은 그 정도면 최선을 다한 겁니다. 이제부터는 시간낭비이고 피로를 더해줄 뿐입니다. 그간 작전에 참여해 준 장병들에게 밴플리트 중위의 아버지로서 심심한 감사를 표합니다."

하나밖에 없는 아들을 잃은 아버지의 담담한 표정, 그건 감동 그 자체

였다. '미국의 힘'이 바로 그의 얼굴에 씌어 있었다〉

워커 사령관의 후임은 육군참모차장 매튜 리지웨이 중장이었다. 그는 제2차 세계대전 때 제82공수사단장으로서 이탈리아 전선에서 활약했고 노르망디 상륙전 때도 낙하산을 타고 적진에 내린 용장이었다. 그는 통보를 받자마자 '준비된 점검목록에 따라 짐을 꾸리고 유언장을 작성했으며 유산 분배를 결정하고 전선으로 가져갈 사진을 처자와 함께 찍었다'고 한다. 리지웨이는 가슴에 수류탄이 달린 공수부대원의 복장을 하고 다녔다. 그는 한국전선에 도착하자마자 전선을 누비면서 떨어진 사기를 되살려 내려고 애썼다. 리지웨이 사령관이 장교들에게 맨 처음 명령한 것은 지프의 덮개를 걷도록 한 일이었다. 그는 말했다.

"밀폐된 차는 탑승자에게 안도감과 안이함을 준다. 그러나 포장 따위가 총탄을 막아주지는 못한다. 달아나던 타조가 모래에 머리만 파묻고 안심하고 있는 것과 같은 심리일 뿐이다."

한국전의 세 현지사령관—워커, 리지웨이, 밴플리트는 진정한 군사문화가 어떤 것인지를 보여주었다.

1951년 1월 1일 중공군을 주력으로 하는 40만 공산군은 유엔군을 한반도에서 완전히 몰아낸다는 목표를 정하고 38선 전역에 걸쳐서 총공세를 개시했다. 6·25 남침 때처럼 서울을 둘러싼 서부전선 의정부—서울 축선에 主攻(주공)을 놓고, 중부(화천—춘천 축선) 및 동부전선을 助攻(조공)으로 삼았다.

동부전선 강원도 산악지대에 배치되어 있던 9사단의 박정희 참모장도 눈보라치는 산중에서 암울한 새해를 맞았다. 9사단은 이미 그 열흘 전부터 인민군 2군단의 공세에 시달리고 있었다. 10사단을 주력으로 하는 인민군 2군단은 공산군 주력이 서부—중부전선에서 공세를 펴기 열흘 전에 아군의 동부전선을 먼저 돌파하여 서쪽으로 진출, 중부지방에 배치된 아군의 배후를 교란시키려 했다. 공세 이전에 공수부대를 후방에 투하하는 것과 같은 독창적인 전략개념이었다.

일단 후방으로 잠입한 뒤 이 '걸어다니는 공수부대'는 탄환 한 발, 식량 한 톨도 보급받을 수 없게 되어 있었다. 최대한의 짐을 지고 酷寒(혹한) 속의 산악을 행군해야 했다. 선봉인 인민군 10사단이 먼저 국군 9사단의 방어선을 통과하여 뒤로 빠졌다. 인민군 2군단의 후속부대는 10사단을 따라가다가 국군 9사단과 충돌하기 시작했다.

12월 29일엔 9사단 29연대(연대장 고백규)의 후방지휘소가 침투 인민군으로부터 공격을 받고 포위되었다. 28, 29연대의 보급로마저 끊어져 긴급한 물자는 공중투하에 의존하지 않을 수 없었다. 12월 30일엔 9사단장 오덕준 준장이 1군단 참모장 김종갑 준장과 자리를 맞바꾸었다. 김 준장이 사단의 전방 사령부에 예고 없이 나타났을 때 손희선 작전참모는 그가 시찰 온 것으로 착각했다. 이·취임식을 가질 여유도 없었다.

1월 1일 인민군 2군단이 다시 밀고 들어왔다. 강원도 평창군 속사리에 사령부를 두고 있던 9사단은 눈 덮인 산길을 걸어서 후퇴하기 시작했다. 1군단에서 3군단으로 배속이 변경된 9사단 사령부는 인민군에 밀려 1월 중에 영월, 상동, 정선, 경북 봉화군 춘양, 정선으로 옮겨 다녀야 했다. 1월 26일 비로소 제30포병대대가 9사단에 배속되어 전투사단의 면모를 갖추게 되었다.

박정희 참모장은 주로 사단의 보급관리를 책임졌다. 탄약과 식량을 비롯한 군수물자는 주로 대구에서 실어오고 있었다. 후방으로 진출한 인민군 10사단이 이 보급선을 차단하려고 정규군에 의한 게릴라전을 전개하고 있었지만 박 참모장의 보급관리는 흠잡을 데가 없었다고 전한다.

그는 김종갑 사단장이 身病(신병)으로 한 열흘간 후송되자 사단장을 대리하기도 했다. 9사단은 서울에서 창설준비를 시작한 이래 넉 달 동안 사령부를 열 번이나 옮겼다. 중공군의 총공세에 따라 전선이 남북한을 오르내리는 데 맞추어야 했으므로 차분하게 진지를 구축할 시간도, 부대를 정비할 시간도 없었다. 사람들이 피란 가고 텅 빈 민가들을 임시막사로 사용해야 했다. 신문 읽을 시간도, 라디오 들을 시간도 없이 산맥을 따라 쫓고 쫓기는 생활을 하고 있던 박정희 중령으로서는 자신들의 운명이 누구의 손에 의하여 결정되고 있는지를 알 턱이 없었다.

陣中의 신혼생활

중공군의 개입으로 한국전의 주역은 미·중 양군으로 바뀌었고 국군과 인민군은 조역이 되었다. 정치와 외교는 전쟁의 연장이므로 군사적 조역이 자신의 운명을 결정하는 데 주도권을 쥘 수는 없었다. 1950년 12월 26일 트루먼(대통령), 애치슨(국무장관), 마셜(국방장관), 브래들리(합참의장), 스나이더(재무장관)는 한국사태를 협의한 뒤 3일 후에 맥아더 사령관에게 전황이 절망적이 된다면 어떤 조치를 권고하고 싶은지 보고해달라고 통보했다. 12월 30일 맥아더는 답신했다.

〈1) 중국대륙의 해안선 봉쇄 2)해군과 공군을 동원한 포격과 폭격으로 중국의 군수산업시설 파괴 3)대만의 지원군을 받아서 한반도의 방어선 강화 4)대만의 장개석 군대에 대한 작전제한을 철폐하여 중공 본토에 대한 양동작전 성격의 공격을 가능케 할 것.

이렇게 하면 중공의 전쟁 수행 능력은 약화될 것임. 한국에서의 승리를 보장하고 아시아의 다른 지역이 공산화되는 것을 저지할 수 있음. 이렇게 하지 않으면 부산 교두보로의 점진적인 후퇴를 통해서 한국에서 철수하는 수밖에 없음〉

트루먼은 참모들과 이 제안을 검토한 뒤 1951년 1월 9일 합참을 통해 맥아더 사령관에게 '확전은 안 된다. 병력 손실을 최소화하도록 애써 보고 불가능하다고 판단되면 일본으로 철군하라'는 지침을 내려보냈다. 1월 4일 서울이 중공군에게 넘어간 5일 뒤 미국은 드디어 한국 포기를 검토하기 시작한 것이다. 합참이 자신의 건의를 하나도 받아들이지 않자 맥아더는 다시 전문을 보낸다.

〈한국작전을 책임진 극동사령부에 대한 비정상적인 제약 때문에 현재의 전선을 방어할 수 없다〉

트루먼과 참모들은 맥아더가 자신의 예상되는 패배에 대비하여 그 책임을 워싱턴에게 轉嫁(전가)하려는 함정을 놓고 있다고 해석했다. 트루먼은 콜린스 육군 참모총장을 맥아더 사령관에게 급파했다. 콜린스는 세 가지 문서를 전달했다.

- 합참의 작전명령: '한반도에서 계속 싸워라'는 요지였다.
- 합참의 검토문서: '일본으로 철수할 경우 취해야 할 16단계 조치'
- 트루먼 대통령의 친서: '미국의 군사력 건설이 완료되기 전에 확전은 삼가야 한다'는 요지였다.

맥아더 사령관은 만약 한반도에서 철수해야 한다면 한반도의 서남해에 있는 작은 섬들을 근거지로 하여 계속 항전할 각오라고 밝혔다. 콜린스 총장은 한국으로 날아가 리지웨이 8군사령관과 함께 전선을 시찰했다. 여기서 콜린스는 맥아더에게 속았다는 느낌을 갖게 된다. 맥아더는 당장이라도 한국방어선이 붕괴될 것처럼 워싱턴에 겁을 주면서 중공을 때려야 한다고 아우성을 치고 있었는데 현장에 와보니 의외로 미군의 사기는 충천하고 있었고 리지웨이는 자신감을 갖고 있었다. 유엔군이 일본으로 철수할 필요가 없다면, 그리하여 한국 전선을 38선 부근까지 밀어올려 고착시킬 수 있다면 미국은 휴전협상을 통해 '잘못된 장소에서, 잘못된 시기에, 잘못된 적을 선택한 이 잘못된 전쟁'에서 발을 뺄 수 있을 것이다. '한반도로부터의 철수'라는 위협으로써 '중공 본토로의 확전'을 유도해내려던 맥아더의 대도박은 기묘하게도 리지웨이 사령관의 유엔군이 중공군의 남진을 수원 아래에서 저지함으로써 실패하고 말았던 것이다.

인민군 2군단의 공세에 밀려 9사단 사령부가 강원도 정선의 국민학교로 이동한 것은 1951년 2월 2일. 박정희 참모장과 다른 참모들은 국민학교 부근의 텅 빈 민가를 숙소로 썼다. 박정희는 기와집을 썼는데 아침에 일어날 때마다 결혼식을 올린 지 닷새 만에 헤어진 육영수가 그리웠을 것이다. 사단의 군수지원을 책임지고 있던 박정희는 다행히 대구와 전선 사이를 오고가는 보급부대 편으로 편지를 주고받고 있었다. 대구 삼덕동 집에서 육영수는 어머니와 동생과 함께 살면서 독서와 편지쓰기로 그리움을 달래고 있었다. 궤짝 위에 식탁보를 둘러 만든 책상에서 육영수는 거의 매일 남편 앞으로 편지를 썼다. 일기와 편지 문화에 익숙한 세대인 두 사람은 연락병들을 통해서 뻔질나게 편지를 주고받았다.

병참참모 김재춘 중령은 참모장이 너무 쓸쓸하게 보였다. 어느 날 대구로 출장 가는 송재천 중위에게 "아무래도 참모장 사모님을 한번 모시고 오는 게 좋겠다"고 했다. 이종동생인 육영수에게 송재천이 운을 떼자 그녀는 두말 않고 따라나섰다. 군용차가 민간인을 전투지역으로 수송하는 것은 軍紀(군기)위반이다. 송재천은 육영수에게 파카를 입히고 방한모를 쓰게 한 뒤 스리쿼터의 운전석에 앉혀 군인으로 위장시켰다. 트럭은 공비가 출몰하는 경북—충북 지역을 따라 올라가다가 竹嶺(죽령)을 앞에 두고는 공비가 있다는 헌병의 제지를 받았다. 육영수는 다음날 아침까지 트럭에서 오들오들 떨면서 기다렸다. 입김으로 유리창이 얼면 손바닥으로 닦아가면서 트럭은 제천—영월을 거쳐 출발한 지 24시간 만에 정선에 도착했다.

송재천 중위가 참모장에게 보고하자 박정희는 "그 사람 뭐 하러 왔대"라고 퉁명스럽게 이야기했다. 즐거움을 내색하지 않도록 교육받은 박정희로서는 그것이 최상의 환영사였을 것이다. 훗날 육영수는 청와대에서 이런 회고담을 털어놓았다.

"그분이 계시던 민가의 침구는 형편없었어요. 그런데 밤에 보니까 깨끗한 흰 수건으로 이불깃이 대어져 있었습니다. 누가 이렇게 정성스럽게 해놓았나 싶었지만 혼인한 지 얼마 안 되어 물어 보기가 쑥스러웠지요. 그래도 용기를 내어 물어 보았습니다. 그랬더니 그분은 쑥스러운지 씩 웃기만 했습니다. 그 태도가 아무래도 본인이 그랬다고 말하는 것 같았습니다."

박정희는 그 10년 뒤 최고회의 의장이 되었을 때도 광주로 출장을 가서는 숙소의 세면장에서 밤에 몰래 자신의 양말을 빨다가 경호장교 李相薰(이상훈·국방부 장관 역임) 대위에게 발각당한 적도 있다. 항상 주변을 단정하게 만들어 놓아야 마음이 편했던 박정희는 자질구레한 신변 일을 남에게 시키지 못했다.

공산군은 2월 16일부터 중동부 전선에서 총공세를 폈다. 인민군 2, 3 군단이 9사단을 공격하기 시작했다. 9사단은 정선의 사령부를 포기하고 후퇴의 길에 올랐다. 박정희 참모장은 육영수를 지프의 뒷자리에 태우고 후퇴 행렬에 끼었다. 창밖으로는 장병들이 눈비에 젖은 채 걷고 있었고, 박정희는 앞자리에 앉아 눈을 지그시 감고 깊은 생각에 잠겨 있었다. 육영수는 후퇴하는 길로 대구로 돌아왔다. 1주일간의 陣中(진중) 체험이었다. 당시 작전참모 손희선 중령은 육영수가 陣中에 와 있었다는 것을 몰랐다.

"나중에 그 사실을 알게 되었을 때 매우 놀랐습니다. 전투 중인 사단 참모가 아내를 불러다가 며칠이지만 함께 생활했다는 것은 당시로서는 상상도 할 수 없는 군기문란이었습니다. 박정희 참모장은 대구를 오고 가는 보급 차량대를 관리하고 있었으니 그런 일을 자연스럽게 할 수 있었을 것입니다."

사병의 죽음과 대통령의 죽음

9사단장으로서 석 달 동안 박정희 참모장과 함께 일했던 김종갑(육군 중장 예편)은 "사단의 안살림을 완전히 참모장에게 맡기고 나는 작전에만 신경을 썼다"고 증언했다.

"충원, 보급 등 행정적인 업무를 워낙 꼼꼼하게, 또 정직하게 처리해 주어 저는 걱정할 일이 없었죠. 솔직히 말해서 작전에 대해서도 저보다도 더 많이 알더군요. 사단사령부가 자주 옮겨 다니고 작전 지역은 넓고 험준하여 지휘하는 데 어려움이 많았습니다. 사단장이 대대장 얼굴도 모르고 장교들을 한데 모아 훈시할 기회도 없었습니다. 예비연대를 둘 처지도 못 되어 훈련과 교육을 제대로 못 하니 전투에서 신병들의 손실이 매우 많았습니다."

1951년 겨울의 강원도 산악전에서 박정희 참모장은 실탄 공급보다도 주먹밥 공급에 더 신경을 써야 했다. 전선에서는 연기를 낼 수 없어 후방에서 만든 주먹밥을 일선 사병들에게 날라다 주었다. 그 사이 주먹밥은 얼음덩어리가 되어 있곤 했다. 주먹밥과 실탄수송을 맡은 노무자들의 실정은 더욱 비참했다. 일선 사단마다 이런 노무자들을 2,000명씩 데리고 있었다. 이들은 25~40세 연령층으로서 기혼자가 많았다. 1년 기한으로 징집된 이들을 내보내고 나면 보충이 안 된다고 해서 기한을 넘기고도 붙들려 있는 사람들이 많았다.

당시 김종갑의 9사단에서는 큰 접전이 없더라도 인민군의 포격과 기습으로 하루 평균 서른 명꼴로 전사자가 발생했다. 어느 날 두 명밖에 죽지 않았다는 보고를 올린 작전참모가 "오늘은 좋은 날이니 회식을 시켜주십시오"라고 했다. 김종갑 준장은 박정희 참모장을 불러 준비를 시켰더니 그는 정색을 하고 말하는 것이었다.

"한 명도 안 죽었다면 모르지만 두 명밖에 안 죽었다고 축하하자는 데는 반대합니다. 그 두 사람의 부모는 아마 대통령이 죽은 것보다도 더 슬플 겁니다."

김종갑 사단장은 속으로 '건방지게 무슨 반대야'라고 생각했었는데 그 박정희가 대통령이 되고 나서 문득 그때 그 말이 떠올랐다고 한다.

1951년 3월 3일자로 이성가 준장이 새 사단장으로 부임했다. 그는 1950년 11월 말 평양 북방의 서부전선에서 8사단장으로 있을 때 중공군의 기습을 받아 사단이 붕괴되는 사태를 겪었다. 이 책임을 지고 군법회의에 넘어갔다가 사면되어 사단장으로 복귀한 것이다. 9사단은 3월 6일자로 3군단에서 1군단 소속으로 변경되었다. 이성가 사단장이 부임하자마자 정선군 송계리 송계국민학교에 들어 있던 사단 사령부로 '걸어다니는 공수부대' 인민군 10사단을 요격하라는 명령이 떨어졌다.

인민군 10사단은 석 달 전 국군 9사단 정면을 침투, 후방 깊숙이 진출하여 유엔군의 보급로를 습격하는 등 게릴라 전술을 구사하다가, 국군 2사단의 집요한 추격을 받으면서 약 2,000명의 잔존병력을 데리고 태백산맥을 타는 귀환길에 올랐다. 9사단의 29, 30연대와 수도사단의 1개 대대는 3월 14일 강릉 남쪽 약 50km 산악에서 매복하고 있다가 북상하는 인민군 10사단을 때렸다. 그 뒤 열흘간 대관령, 오대산, 발왕산 일대의 산악지대에서 9사단은 '쥐 잡기 작전'을 벌였다. 주·야간 계속된 산악전투에서는 차량과 중화기도 별 도움이 되지 않았다. 연대장도 뛰어다녀야 했다(30연대장 손희선 증언).

인민군 10사단은 도피 및 탈출만 한 것이 아니었다. 국군의 허점이 보이면 기습도 감행했다. 10사단은 큰 타격을 받고 지휘부와 일부 병력만이 오대산을 넘어 인민군 지역으로 귀환할 수 있었다. 《9사단史(사)》에는 '송계리 전투'로 유명해진 이 전투에서 9사단 병력 중 115명이 전사하고 77명이 실종, 264명이 부상했다고 기록되어 있다. 2,188명의 적병을 사살했다고 기록되어 있는데 이것은 약간 과장인 것 같다. 적 생포 612명, 박격포 2문과 소총 약 900정 및 기관총 30정의 노획은 정확할 것이다. 인민군 10사단의 침투를 허용했던 9사단으로서는 結者解之(결자해지)의 통쾌한 복수를 한 셈이다.

박정희 참모장은 쥐 잡기식 소탕작전 중 눈 덮인 산중에 흩어진 부대원들에게 탄약과 주먹밥을 날라다 주느라고 애를 먹었다. 생포한 포로들을 조사해보니 인민군이 남한지역에서 끌어모은 학생들과 여자들이 많았다. 인민군이 유엔군에 밀려 퇴각할 때 데려갔다가 다시 끌고 내려온 이들이었다. 이 송계리 전투는 창설된 지 다섯 달밖에 되지 않은 9사단에 자신감을 심어주었다. 정일권 총참모장이 부대를 방문해 노획한 장비를 시찰하고 표창했다.

1951년 전선에 봄이 찾아오자 유엔군은 반격에 나섰다. 3월 6일 리지웨이 사령관은 '리퍼(Ripper)작전'으로 불리는 총반격을 명령했다. 유엔군은 3월 14일 서울을 70일 만에 재탈환했다. 중공군은 결전하지 않고 서울에서 철수했다. 숲 전선에서 유엔군은 북진을 계속하여 동부에서는 38선을 돌파했다. 미국 정부는 서울 재탈환과 38선 돌파라는 이 기회를 놓치지 않으려 했다. 미 국무부는 휴전 제안문 초안을 만들어 유엔 참전국 정부에 회람시킨다. 공산군 남침 이전 상황에서 휴전하자는 것이 제안의 핵심이었다.

미국은 중공군이 서울을 점령하고 물밀듯이 남쪽으로 내려가던 1월 13일에는 이보다 훨씬 굴욕적인 조건도 받아들일 자세가 되어 있었다. 이날 영국, 프랑스가 유엔 안전보장이사회에 제출한 휴전안은 '현 전선에서 즉시 휴전, 외국군대 철수, 중공의 유엔 가입문제를 논의하기 위한 특별기구 구성'을 핵심으로 하고 있었다. 사실상 미국의 항복과 한반도의 적화를 의미하는 이 휴전안에 대해서 미국은 찬표를 던졌다.

만약 이때 중공이 이 제안을 수락했더라면 휴전선은 37도선에서 그어졌을 것이고 京仁(경인), 한강 유역이 북한으로 넘어가 남한은 머지않아 적화되었을 것이다. 다행스럽게도 중공은 '휴전 교섭과 동시에 중공의 유엔 가입'이란 조건을 내세우면서 유엔 안보리의 제안을 거부했던 것이다. 미국은 리지웨이 사령관의 勇戰(용전)으로 38선이 회복되자 이제는 무승부를 추구하려고 했다.

미 합참이 미리 보내준 휴전제안의 초안을 읽어본 맥아더는 선수를 친다. 3월 24일 그는 '전황 분석'이란 발표문을 통해서 '유엔이 전쟁을 제한해왔던 태도를 바꾼다면 중공은 순식간에 군사적 붕괴에 직면하게 될 것이다'고 경고하고 '적군의 최고사령관과 전선에서 회담할 용의가 있다'고 했다. 전선사령관이 국가원수와 같은 발언을 한 것이다.

戰線의 봄

72세의 老將(노장) 맥아더는 외교관들과 정치인들이 한국전을 38도선 상에서의 무승부로 끝내려는 데 정면 도전하기 시작했다. 한국전쟁 이전의 거의 모든 전쟁은 승리 아니면 패배로 결말이 지어졌다. 그런데 트루먼 행정부는 한국에서 현지사령관의 손발을 묶어놓고는 승리도 패배도 아닌 어중간한 그 무엇을 성취하려고 했다. '제한전'이란 개념은 선명한 승부밖에 모르는 군인으로서는 이해할 수도, 받아들일 수도 없는 정치인들의 말장난이요 음모였다.

맥아더는 대외적인 발표를 할 때는 합참의 허가를 받으라는 트루먼 측의 지시를 무시하고 기자들과 정치인들에게 자신의 불만을 털어놓았다.

1951년 4월 5일 미 하원에서 공화당 조 마틴 의원이 맥아더의 편지를 공개한 것이 결정타가 되었다. 마틴은 그 전에도 "우리가 한국에서 승리를 위해서 싸우는 것이 아니라면 트루먼 행정부는 미국 젊은이들을 살해한 혐의로 기소되어야 마땅하다"고 공격한 적이 있는 우파였다. 맥아더는 마틴이 자신에게 보낸 편지에 답장을 썼는데 마틴은 그 내용을 공개했다.

〈우리는 한국에서 유럽을 구하기 위해서 싸우고 있는데 외교관들은 말로써만 싸우고 있다. 아시아에서 우리가 공산주의자들에게 진다면 유럽의 멸망은 불가피하다. 귀하가 지적한 대로 우리는 여기서 승리해야 한다. 전장에서 승리를 대신할 것은 아무것도 없다〉

격분한 트루먼 대통령은 5일 뒤 맥아더 원수를 극동사령관직에서 해임했다(미군의 원수에게는 전역이란 개념이 없다. 죽을 때까지 현역 대우를 받는다). 맥아더의 후임은 리지웨이 미 8군사령관, 리지웨이의 후임에는 밴플리트 중장이 임명되었다. 이승만 대통령은 맥아더의 해임 뉴스를 듣고 나서 "트루먼 그 사람은 우리의 희망을 빼앗아갔다"고 말했다. 이승만이 이 무렵 그의 홍보고문이던 로버트 T. 올리버한테 보낸 편지는 맥아더 해임이 영국과 미 국무부의 음모라는 시각을 담고 있다.

트루먼은 이때 중공은 소련의 앞잡이라는 도식에 사로잡혀 있었다. 중공이 한국전에 개입한 것은 소련의 하수인으로 한 짓이며 미국이 만주를 치고 중국 본토를 봉쇄하면 소련이 반드시 서유럽을 공격할 것이고, 미·소 정면대결이 벌어질 것이라 확신했다. 트루먼은 소련과의 정면 대결에 대비한 군사력 증강이 되어 있지 않은 미국으로서는 2개 전선에서의 출혈을 감당할 수 없다고 생각했다.

최근 모스크바에서 공개된 舊(구)소련의 기밀문서에 의해서 트루먼의 이 생각은 오판이었음이 밝혀졌다. 그때 스탈린은 미국과의 정면대결을 피하려고 안간힘을 쓰고 있었다. 미군이 만주를 폭격하더라도 소련은 참전하지 않았을 것이고, 미국과의 대결을 피하기 위해서 북한을 포기할 준비가 되어 있었다는 것이다.

소련과 중공의 관계에 대해서 냉정한 관찰을 하고 있었던 것은 영국이었다. 노동당 총리 애틀리는 중공군의 개입 직후 트루먼과 정상회담을 하는 자리에서 이렇게 충고했다.

"소련과 중공은 극동에서는 필연적으로 경쟁자일 수밖에 없다. 우리는 중국인으로 하여금 '소련이 우리의 유일한 친구이다' 는 생각을 갖지 않도록 하여야 한다. 우리가 중공을 소련의 졸개로 취급한다면 우리는 무의식중에 소련에 도움을 주게 될 것이다. 중공은 티토화(필자 注: 유고슬라비아의 티토처럼 소련에 반대하고 독자적인 노선을 추구하는 것)할 요인을 갖고 있다."

이런 시각에서 영국은 중국에 대한 직접 공격은 중공을 소련 편으로 밀어버리는 부작용을 낳을 것이라고 경고했다. 그 12년 뒤 트루먼은 은퇴해 살고 있던 자신의 집을 찾아온 김종필에게 이렇게 말했다고 한다.

"나는 통일을 못 시켜드린 점으로 해서 한국 사람들에게는 참 미안하게 생각합니다. 영국 사람들 때문에 그렇게 되었습니다."

1951년 3월 23일자로 9사단은 3군단의 예비대로 돌아 휴식, 교육, 훈련을 할 수 있는 여유를 얻었다. 사단사령부는 강릉시의 남쪽 6km 명주군 구산리에 두었다. 박정희 참모장의 지휘로 사단은 군장 검사를 실시하여 망실품을 교체하고 소대, 중대 훈련을 시행했다.

4월 15일 박정희는 대령으로 승진했다. 며칠 뒤 박정희는 연락병을 보내 대구의 육영수를 군용 앰블런스에 태워 데리고 왔다. 육영수는 남편의 어깨에 무궁화 세 개가 달려 있는 것을 보고 "어머, 참모장님 계급장이 달라졌나 보네요"라고 했다. 그리고는 남편을 향해서 "어깨가 꽉 찬 것 같아 보기가 좋네요"라고 하니 박정희는 씩 웃기만 했다. 강릉에서 두 사람은 뒤늦은 신혼여행을 즐겼다.

육영수도 군복을 입고 박정희를 따라 경포대를 다녀오기도 했다. 꿈같은 전선의 신혼생활을 일주일간 보내고 돌아간 아내에게 박정희는 사진과 편지, 그리고 自作詩(자작시)를 보내주었다. 육영수는 식구들에게 사진을 자랑하고 다녔다.

육영수의 언니 육인순은 "어머나, 참 아름다웠겠구나. 두 사람이 전쟁통에서 참 오붓한 시간을 가졌겠구나"라고 말했다. 조카 홍소자는 이모가 보여주는 사진을 대하자 "군인과의 사랑이라 해봐야 삭막할 것이라고 생각했는데 그게 아니었다"는 것이다.

"두 사람의 사이는 사진이 다 말해주고 있었습니다. 정말 말이 필요없는 사진이었습니다."

박정희가 붉은 선이 그려진 罫紙(괘지)에 써 보낸 시의 제목은 '春三月 素描(춘삼월 소묘)'였다.

〈벚꽃은 지고 갈매기 너훌너훌 / 거울 같은 호수에 나룻배 하나 / 鏡浦臺(경포대) 난간에 기대인 나와 英(영) / 老松(노송)은 亭亭(정정) 亭子(정자)는 우뚝 / 복숭아꽃 수를 놓아 그림이고야 / 여기가 鏡浦臺냐 古人(고인)도 찾더라니 / 거기가 東海(동해)냐 여기가 鏡浦(경포)냐 / 백사장 푸른 솔밭 갈매기 날으도다 / 春三月(춘삼월) 긴긴날에 때 가는 줄 모르도다 / 바람은 솔솔 호수는 잔잔 / 저 건너 봄 沙場(사장)에 갈매기 떼 날

아가네 / 우리도 노를 저어 누벼 볼거나〉

육영수는 이 시의 '나와 英'이란 글귀의 '英' 자에 연필로 동그라미를 그려놓고 '나, 영수'라고 적어두었다. 말미에 '1951년 4월 25일'이라 적혀 있는 이 시를 육영수는 오랫동안 간직하면서 두고두고 읽어보곤 했다.

生鮮 사건

박정희는 9사단에서 이용문 대령과 재회했다. 그는 육본 정보국장으로 전출된 김종평 부사단장의 후임으로 9사단에 부임해왔다. 박정희가 군내 남로당 사건에 연루되어 군복을 벗고 민간인으로서 육본 정보국에 근무하고 있던 1948년 이용문 정보국장은 박정희의 마음을 사로잡았다. 이용문은 6·25 초전 때 서울을 탈출하지 못하고 남는 바람에 여러 가지 불이익을 당했다. 그는 한강다리가 끊어지자 부하들을 데리고 남산으로 들어가 항전하다가 힘이 다하자 숨어다녀야 했다.

배짱이 좋고 통이 큰 이용문은 땅굴이나 다락방에 숨어 있을 때도 어찌나 태평스럽게 코를 골면서 잠을 자는지 아내 김정자는 남편이 밉살스러울 지경이었다고 한다. 서울이 수복된 다음에 이용문은 한직으로 복귀하여 북진에 참여할 수 없었다. 南(남)강원도 계엄사 민사부장, 육군보병학교 기획부장, 육군참모학교 부교장을 맴돌다가 戰前(전전)의 대령 계급장을 그대로 달고 9사단으로 온 것이다.

서울을 버리고 달아났던 이른바 渡江派(도강파)가 서울에 남아 있던 사람들의 사상검증을 하는 일이 벌어졌다. 이용문도 군 수사기관으로부터 조사를 받았다. 그는 "망할 놈들, 거짓 방송하고 달아난 놈들이 누구를 조사해"라고 욕설을 퍼붓기도 했다. 이때부터 이용문은 이승만 정권을 뒤엎어야 한다는 생각을 굳혀 가고 있었다. 두 불우한 군인 이용문과 박정희는 9사단에서 부사단장과 참모장 사이로 만나 서로를 위로하고 意氣投合(의기투합)했다.

1951년 4월 25일 9사단은 1군단에서 3군단으로 배속 변경되면서 강원도 강릉에서 오대산 북쪽 龍浦里(용포리)로 이동, 폭 10km의 전방을 맡았다. 이틀 뒤 이성가 사단장이 태백산지구 전투사령관으로 나가고 崔錫 준장이 후임으로 들어왔다. 그가 부임하자마자 그 때까지 박정희 참모장 중심으로 인화가 잘 유지되던 사령부의 분위기가 돌변했다.

어느 날 최석 사단장은 일선을 시찰하다가 연대의 배치가 자신의 명령대로 되어 있지 않다고 생각했다. 그는 작전참모 박춘식 중령에게 오후 참모회의에서 이를 해명하라고 지시했다. 박 중령은 박정희 참모장과 함께 작전 명령이 잘못되었나 조사를 해보았으나 부대배치는 작전명령대로 되어 있음을 확인했다.

참모회의에서 박춘식 중령은 사단장이 결재한 작전명령서를 가지고 와서 해명했다. 최석 사단장은 "내가 이걸 보고 사인했나, 보지 않고 했지"라고 억지를 부리면서 작전참모를 모욕적으로 질책하는 바람에 참모진과 사단장 사이에 큰 금이 가 버렸다. 참모들은 사단장파와 참모장파로 갈리기 시작했다. 그때 정훈부장은 〈용금옥시대〉의 저자이자 시인이기도 한 이용상 대위였다. 그의 회고—.

〈밤이 되면 산중턱의 다 찌그러진 한옥인 참모장 숙소에 삼삼오오 모여드는 참모들은 언제나 그 얼굴이 그 얼굴, 즉 참모장파이고 화제는 언제나 사단장 흉담이었으니 사단장의 인품은 언제나 '원가절감' 당하는 것이 보통이었다. 어느 날 밤 K참모가 "참모장님! 사단장 각하께서 포마드를 공급하지 않는다고 며칠째 기합인데 포마드도 군수품 품목에 들어 있습니까" 하고 물었다.

"포마드라니. 머리에 바르는 것 말이야."

"예, 그렇습니다."

박정희 대령은 순간 매서운 눈초리로 변하더니 "중공군이 30리 밖에 와 있는 판국에 포마드는 무슨 놈의 포마드야. 길가에 말똥 소똥 많지 않던가. 그것 부스러지지 않은 걸로 깡통에 담아서 갖다줘요."

박 대령의 이 한마디에 모여 앉은 사람들은 呵呵大笑(가가대소)했다〉

박정희, 김재춘 병참참모, 이용상, 이 세 사람은 짬만 나면 개울가로 가서 개를 잡아 안주로 삼았다. 문제는 술인데 후방에서 귀하게 구해 온 청주나 국산 위스키가 없으면 의무실에서 에틸알코올을 가져와 물에 타서 마셨다.

어느 날이었다. 박정희 참모장 막사에 참모들이 모여 있는데 김시진 헌병대장이 강릉에 갔다오는 길이라면서 생선회 한 접시와 위스키 한 병을 들고 오더니 놓고 나갔다. 그리고는 옆에 있는 사단장 막사로 들어가는 것이었다. 이 광경을 보고 한 참모가 박정희 대령에게 말했다.

"참모장님 이상한데요. 사단장님이 평소 술도 좋아하지 않는데 이 야전에서 웬 생선회를 찾을까요."

참모들은 걱정스러운 표정을 지으면서 귀를 사단장 막사로 기울였다. 관련자와 목격자들의 증언을 종합하면 상황은 대체로 이런 식으로 진행되었다.

"생선회 왔습니다."

"그래, 그래. 빨리빨리 들어오라고 그래."

최석 사단장이 급히 야전의자를 펼치는 소리가 들렸다. 김시진은 자기보고 앉으라는 신호인 줄 알고 의아했다고 나중에 실토했다. 영문을 모른 김시진은 "사단장님 시키시는 대로 동해안에 가서 싱싱한 생선회를 가져왔습니다"라고 되풀이했다.

"그러니까 빨리 들여보내라고."

"글쎄, 여기 생선회가….."

갑자기 우당탕 하는 소리가 들렸다. 참모장실에서 귀를 기울이던 박정희 이하 참모들은 웃음을 참으려고 애썼다. 사단장의 고함소리가 들려왔다.

"야, 이 새끼야. 내가 살아 있는 생선 먹고 싶다고 했지, 죽은 생선 먹고 싶다고 했나. 눈치도 없는 놈아."

군내에서 유명해진 이 '생선 사건'의 후일담이 있다. 5·16 거사 직후 김시진은 反혁명분자로 몰리고 있었다. 혁명주체 김재춘이 박정희 소장을 찾아가 말했다고 한다.

"9사단에 있을 때 그 사람은 생선이라는 말이 여자를 가리킨다는 것도 모를 만큼 순진한 사람이란 사실 잘 아시지 않습니까. 우리가 데려다가 씁시다."

김시진은 청와대 정보 비서관으로 발탁되었고, 집에서 쉬고 있던 최석 예비역 장군도 박정희의 배려로 국가안전보장회의 상임위원으로 구제되었다. '생선 사건'이 있은 며칠 뒤 박정희 참모장은 아프다면서 출근을 하지 않더니 의무부장으로부터 진단서를 끊어와서 사단장 앞에 내어놓고는 대구 집으로 정양을 가야겠다고 했다. 이 무렵 박정희는 전출을 위해 노력했고, 상부에서는 그를 대구에 있는 육군정보학교장으로 발령을 낼 참이었다.

五馬峙 고개

대구의 육군정보학교 교장으로 내정된 박정희 참모장을 보내는 부하들의 환송연이 끝난 뒤 정훈부장 이용상 대위가 말했다.

"참모장님, 정보학교 교장으로 가신다니 간절한 부탁이 하나 있습니다."

이렇게 말문을 연 이용상은 김일성의 동생 金英柱(김영주)와의 인연을 설명했다. 보성전문학교에 다니던 이용상은 일본군대에 강제 징집되어 중국 전선에서 근무하다가 탈출, 중국군 193사단에서 근무했다. 일본이 항복한 뒤 일본군 82여단을 무장 해제시킬 때 일본군의 통역으로 일하고 있는 김영주를 발견하여 중국군으로 옮겨주었다. 아홉 달 동안 중국군(장개석 군대) 부대에 함께 있으면서 정이 들었던 두 사람은 1946년 5월 함께 서울로 돌아왔다. 김영주는 이용상의 집에서 일주일간 머물다가 평양으로 떠났는데 헤어질 때 하던 말이 오래 남았다.

"내래 일본군에서 통역했다는 사실을 안다면 형님은 나를 용서하지 않을 겁네다. 용서가 아니라 맞아죽을 겁네다."

이런 사정을 박정희에게 설명한 뒤 이용상 대위는 "정보학교에 가시면 혹시 김영주가 지금 어떻게 되어 있는지, 죽었는지 살았는지라도 좀 알려주십시오"라고 간청했다. 약간 긴장된 표정으로 생각에 잠겨 이야기를 다 듣고 있던 박정희 대령은 입을 뗐다.

"여보, 이 대위, 그 친구가 일본 통역을 했기로서니 흠될 게 뭐요. 그런 동생을 김일성이가 때려죽인다니 말이나 되오. 나는 김영주가 조국을 배반했다고는 보지 않소. 그 친구가 일본군 통역을 한 데는 아까 이 대위가 말한 대로 딱한 사정이 있지 않았소. 내가 만주군에 간 것도 말 못할 사정이 있었던 때문이오. 아무튼 잘 알았으니 그 친구 소식이 있는 대로 알리지요. 걱정마시오."

박정희 대령은 대구로 가는 길에 후방에 있던 김재춘 병참부장의 부대를 찾아갔다. 김재춘은 송아지를 한 마리 잡아 補身(보신)을 시켜주고 하룻밤을 같이 보냈다. 박정희가 대구 삼덕동의 셋집에 도착한 것은 1951년 5월 10일. 쇠약해진 박정희는 보름간 집에서 정양했다. 육영수는 인삼을 달여 남편을 먹였다. 박정희의 이 귀가는 위기일발의 탈출로 밝혀진다.

5월 16일 저녁 동부전선에 집중된 중공군의 대공세로 박정희가 키워온 9사단은 궤멸되고 수많은 전사, 부상, 실종자가 발생했다. 체력이 떨어진 박정희가 전선에 있었더라면 산을 넘고 물을 건너는 후퇴 과정에서 희생되었을 가능성이 높다고 김재춘은 말한다.

박정희는 자신이 産婆役(산파역)을 맡았던 9사단의 붕괴를 안타깝게 생각하여 대통령이 된 뒤에도 이 '현리 참패'에 대해서 많은 이야기를 하곤 했다. 고개 하나 때문에 2개 사단이 붕괴된 이 현리 大敗(대패)는 6·25 전사를 통틀어 가장 쟁점이 많고 교훈도 많은 전투로 기록되었다.

1951년 5월 16일 저녁 중공군은 동부 전선에서 또다시 대공세를 펴면서 麟蹄(인제), 현리, 오대산, 설악산 일대에 배치되어 있던 국군 3군단 (3, 9사단)과 미 10군단 예하 국군 5, 7사단을 집중적으로 때렸다. 이 4

개 사단이 아무래도 미군보다 취약했기 때문이다. 16일 밤 10시쯤 9사단의 이용문 부사단장이 유재흥 3군단장에게 전화를 걸었다.

"(왼쪽에 인접한) 7사단이 밀리고 있어 오마치 고개가 차단될 것 같습니다. 사단의 중장비를 미리 빼겠습니다."

劉 군단장은 "야포는 빼지 말고 계속 사격지원을 하라"고 명령했다. 낙동강 방어전 때 '영천 會戰(회전)'에서 대승을 거두었던 유재흥 장군은 이때 오마치 고개에 병력을 투입하여 확보하지 못했던 것을 후회한다.

현리 대패는 오마치 고개를 확보하지 못했기 때문에 일어났다. 그때 전방 산악지대에 배치된 3군단의 2개 사단, 즉 3, 9사단에 대한 유일한 보급로가 이 오마치 고개를 지나고 있었다. 이 고개를 적이 차단하면 2만 병력이 전방에서 고립되는 상황이었다. 그래서 유재흥 군단장은 9사단 29연대의 1개 예비대대를 이 고개에 배치했다. 그런데 미군 측은 앞서 전투지경선을 조정하면서 이 오마치 고개를 3군단이 아닌 10군단의 7사단 관할로 변경시켜 버렸다.

劉 군단장이 항의해도 알몬드 10군단장은 막무가내였다. 알몬드 군단장은 한술 더 떠 오마치를 확보하고 있던 9사단 병력의 철수를 요구했다. 유재흥은 "무슨 소린가. 우리 군단의 생명선을 우리가 지키는데"하고 버렸다. 알몬드는 자신의 전투관할지역에 다른 부대가 들어와 있는 것은 참을 수 없다면서 상급인 8군사령부에 항의, 9사단 병력을 철수시켰다.

이렇게 무인지경이 된 이 요충지를 중공군이 기습 장악해 버린 것이다. 중국 측 공간사에 따르면 抗美援助支援軍(항미원조지원군) 20군 60사단은 신속하게 적의 중심을 향해서 진격하여 5월 17일 새벽 3시에 오마치 일대를 점령, 국군 3, 9사단의 철수로를 차단했다' 는 것이다. 중공군은 지도상으로는 23km이지만 실제 거리는 30km를 넘는 험준한 산중을 8시간 만에 신속한 야간행군으로 돌파하여 오마치 고개를 점령한 것이다. 이 경이적 행군속도가 유재흥 군단장의 계산을 흔들어 버렸다.

劉 장군은 지형과 거리를 감안하여 적이 오마치에 도착할 시간을 17일 오후로 보고 대처하고 있었던 것이다. 정면에서 밀어닥치는 중공군을 받아내기도 힘든데 유일한 철수로까지 차단되어 사실상 포위되어 버린 3, 9사단은 혼란상태에 들어갔다.

劉 군단장은 17일 오후 경비행기를 타고 현리에 내려 3사단장 김종오, 9사단장 최석을 불렀다. 군단장은 "9사단장은 병력을 수습하여 오마치 고개를 점령, 철수로를 확보하고 3사단장은 현리 전방을 지켜 9사단의 후방공격을 엄호하라"고 명령한 뒤 군단사령부가 있는 하진부리로 돌아왔다. 나중에 그는 "내가 현리에 남아 오마치 탈환작전을 직접 지휘했었어야 했다"고 후회한다.

이날 오후 5시 劉 군단장은 양 사단장이 요청한 보급품을 현리에 공중투하했다. 이날 밤 늦게 육본에서 군단장에게 "3군단을 창촌－오대산선으로 후퇴시켜라"는 명령이 떨어졌다. 3, 9사단 사령부에 연락을 취하니 통신이 되질 않았다. 군단 사령부의 전 참모들을 전방으로 보내 상황을 파악하도록 했다.

18일 아침, "아군은 오마치 공격을 해보지도 않고 분산, 지금 방대산 쪽으로 빠져나오고 있다"는 보고가 들어왔다. 유재흥은 啞然失色(아연실색)했다.

群衆으로 변한 군대

3, 9사단은 왜 붕괴했는가. 5월 17일 새벽에 양 사단의 유일한 퇴로가 지나는 오마치 고개가 중공군에게 우회 점령되자 2개 사단 약 2만 병력과 수백 대의 차량이 전방 방어선을 포기, 현리—용포리 부근으로 집결했다. 밀려든 병력과 차량으로 폭 5m도 안 되는 좁은 길이 심한 교통체증을 빚었다. 이날 오후 최석 9사단장은 30연대로 하여금 오마치 고개를 점령, 활로를 뚫도록 명령했다고 한다. 30연대(연대장 손희선 대령)는 그 일주일 전에 중공군으로부터 매봉산, 한석산을 탈환한 전투력이 강한 부대였다.

국방부의 '한국전쟁사'는 '17일 밤 적이 사격하는 포탄이 용포리—현리 간의 도로에 낙하하기 시작하자 혼란이 일어나 어떤 영문인지 30연대의 1대대, 2대대는 오마치 고개를 공격하지 않고 방대산으로 철수했다. 다리골과 구만동선에서 진지를 점령하고 있던 3대대는 다음날 새벽이 되어도 상부의 지시가 없어 연대본부에 사람을 보냈더니 철수하고 없었다'고 적고 있다.

3대대 예하 10중대원들은 철수통보를 받지 못한 채 개인호를 파고서 모두 잠들었다가 중공군에게 포로가 되었다.

30연대장 손희선(육본 인사참모부장, 국가안전보장회의 상임위원 역임)은 이 기록을 반박한다.

"저는 오마치 돌파 명령을 사단장으로부터 받은 적이 없습니다. 오마치 고개 북쪽 고지에 배치되어 군단의 철수를 엄호하도록 명령받았을 뿐입니다."

최석 사단장이 과연 30연대장에게 오마치 고개 돌파 명령을 확실하게 내렸는지는 애매하다. 그는 생전 증언에서 유재흥 군단장으로부터 돌파 명령을 받았는지도 확실치 않다고 했을 정도이다. 9사단 30연대를 엄호하여 오마치를 돌파하기로 되어 있었던 3사단 18연대(연대장 유양수)는 30연대의 공격을 기다렸으나 공격개시 시각(밤 9시)이 지나도록 소식이 없자 수색중대를 30연대 쪽으로 보냈다. 30연대를 포함한 9사단이 방대산 쪽으로 철수하고 있다는 보고가 들어왔다.

최석 사단장을 수행하고 있었던 김재춘 군수참모는 "주변에서 소총소리가 들리니까 사단장은 지휘를 포기하고 방대산으로 올라갔다. 그때 최석 준장은 제정신이 아니었다"고 증언했다. 독전해야 할 사단장이 무질서한 후퇴를 선도한 셈이다. 9사단 28연대 부연대장이던 염정태 중령은 이렇게 말했다.

"유일한 후퇴로가 막혀버려 아군이 중공군의 포위망에 들어갔다는 사실이 알려지자 현리─용포리에 모여 있던 장병들 사이에는 공포감이 확산되었습니다. 밤이 오고 오마치 돌파에 실패하자 순식간에 집단적인 공황 상태가 빚어졌어요. 아직은 중공군이 현리 쪽으로 집중사격을 하고 있지 않는데도 장병들은 뿔뿔이 방대산으로 기어올라 철수하기 시작했습니다. 지휘체계가 무너져버린 것은 적의 공격 때문이 아니라 공포감 때문이었습니다. 지금 생각해도 참 부끄러운 일이었습니다."

'영천회전의 영웅' 유재흥 당시 3군단장은 17일 오후 현리로 비행기를 타고 와서 작전명령을 내린 뒤 군단 사령부로 돌아갔다. 포위망 속의 장병들은 이 비행기를 바라보면서 "야, 군단장이 우리를 버리고 도망간다"고 생각했다는 것이다. 이런 근거 없는 군중심리도 사태를 걷잡을 수 없게 만든 한 요인이었다. 공황 상태에 빠진 2개 사단은 싸워보지도 않고 방대산(해발 1,436m)을 타고 후방으로 달아나기 시작하면서 뿔뿔이 흩어지고 지휘체계는 마비되었으며 조직이 와해되어 버렸다. 군대가 群衆(군중)으로 변해버렸다.

상황이 유리할 때는 超人(초인), 불리해지면 오합지졸이 되어버리는 국군(특히 장교단)의 특성은 주변의 힘(권력)의 관계에 너무나 민감한 기회주의적 민족성을 반영하는 것이다. 군인(특히 장교)으로서 지켜야 할 의무와 명예가 내면화되어 있지 않고 강제적 規律에 의해서만 봉합되어 있는 군대는 위기를 맞으면 눈 녹듯 해체되고 마는 것이다. 물론 결정적인 책임은 도망에 앞장선 지휘관들의 무능이었다. 최석 사단장의 부임 이후 벌어진 박정희 참모장과 사단장 사이의 갈등, 참모들과 사단장 사이의 불화 등은 이런 위기 때 지휘부의 단합을 저해했을 것이다.

군대가 붕괴해버리면 사단장이나 이등병이나 개인으로 돌아가 자신의 체력만 믿고 제 살길을 찾아간다. 명령계통도 통신도 마비된다. 장교들은 붙잡힐 때를 대비해 계급장을 떼버린다. 옥수수를 먹고 있는 사병에게 허기진 장교가 좀 달라고 해도 거절당한다. 군악병은 나팔이 무겁다고 버리고 갔다. 심지어 시계도 무겁게 느껴져 풀어던져 버렸다. 중화기도 버렸다. 높이 1,000m가 넘는 산과 계곡, 강을 건너서 남쪽으로 사흘간 달아나는 과정에서 중공군의 매복, 요격, 추적을 받은 양 사단 약 2만 명 중 6,000명 이상이 전사, 아사, 부상, 실종되었다. 9사단 병참참모 김재춘 중령은 "몸이 크게 쇠약해져 있던 박정희 참모장이 부대에 남아 있었더라면 후퇴과정에서 탈진하여 변을 당했을 가능성이 높다"고 했다.

"그때 박정희 참모장 숙소에서는 젖먹이가 딸린 아주머니가 가정부처럼 일하고 있었습니다. 아주머니가 저와 함께 후퇴하는데 깊은 계곡물을 건너게 되었습니다. 그때 적의 총격이 있었습니다. 허겁지겁 건너는데 그 아주머니가 제 앞에서 가고 있었습니다. 등에는 빈 포대기만 있어요. '아주머니, 아이는 어떻게 했어요'라고 했더니 그제서야 떠내려간 아기를 찾는다고 야단합디다만 이미 늦었지요."

'돌아온 死者(사자)' 趙昌浩(조창호) 소위는 당시 9사단 30연대 1대대에 배속된 포병 관측장교였다. 한석산에 있다가 철수명령을 받고 有線(유선) 가설병과 함께 전화선을 거두면서 포대 본부로 돌아오니 모두 철수하고 아무도 없었다. 그 뒤 3일간 산중을 헤매면서 남쪽으로 향했다. 남행길에 국군과 미군들을 더러 만났으나 뭉쳐서 걸으면 들키기 쉽다고 해서 개인행동을 했다. 그는 연기가 피어오르는 민가에 들어갔다가 그 집에 와 있던 중공군에게 붙잡혔다.

5월 18일, 미군은 국군이 현리에 버리고 간 수백 대의 차량과 대포들을 폭격하여 불태워버렸다. 9사단이 철수 48시간 뒤 직선거리 약 50km 후방 속사리에서 재집결했을 때 병력은 약 1,300명에 불과했다. 9사단의 최종적인 피해는 총병력의 약 35%, 총화기의 약 80%였다. 중공군은 5일간의 공격으로 인제에서 하진부리까지 약 100km를 돌파했으나 보급선이 길어지자 힘이 빠지기 시작했다.

5월 23일 유엔군은 반격을 개시, 失地(실지)를 회복했다. 화가 난 밴플리트 미 8군사령관은 국군 3군단을 해체하여 9사단을 미 3사단에, 3사단을 국군 1군단에 배속시켰다.

제9장

쿠데타 연습—
李承晩 제거 계획

朴正熙

작전국 차장

1951년 5월 25일 유엔군이 縣里(현리) 대패를 극복하고 동부전선에서 중공군에 대한 반격작전을 마무리짓고 있을 때 박정희 대령은 육군정보학교 교장으로 부임했다. 9사단 부사단장 시절 박정희 참모장과 친했던 金宗平(김종평) 정보국장이 추천한 자리였다. 정보학교는 대구 칠성국민학교 교사를 빌려 쓰고 있었다. 정보요원들의 교육을 맡은 학교라 박정희는 모처럼 안정된 가정생활을 할 수 있었다.

대구 삼덕동 셋집에는 이즈음 한 손님이 들었다. 그는 뒤에 민간인으로서 5·16 주체세력이 되고 공화당 원내총무를 역임했던 金龍泰(김용태·작고)였다. 그는 이 무렵 박정희의 조카 朴榮玉(박영옥)과 결혼한 金鍾泌(김종필)과 서울사대 동창 사이였다. 김용태는 김종필 대위의 소개로 박정희를 만났다. 그는 미 8군 연락장교단에서 일하고 있었는데 박정희 내외는 건넌방에서 공짜로 기거하도록 해주었다. 김용태가 사양하니까 육영수가 말했다.

"전쟁 때는 어딜 가도 고생일 테니 우리 집에서 고생하세요. 먹고 자는 것이 그렇게 부담스러우시면 전쟁이 끝난 다음에 쌀이나 열 가마쯤 가져오세요."

박정희의 귀가시간은 늦은 편이었다. 박정희는 가끔 김용태를 불러서 소금을 안주 삼아 소주잔을 기울였다. 깡술을 마시다가 보면 빨리 취하는 법. 박정희는 독백처럼 쏟아놓는 것이었다.

"전쟁이 빨리 끝나야 할 텐데. 동족상잔의 전쟁을 무모하게 끌고 간다는 것은 참으로 비극이야. 전쟁을 막으려면 나라가 힘이 있어야 하는 거야. 특히 공산주의의 침투를 막으려면 빈곤을 없애는 길밖에는 없어. 빈곤퇴치, 이것이 우리의 당면과제야!"

박정희는 가슴에 쌓여 가던 민족의 현실에 대한 고뇌를 엿보게 하는 詩(시)도 쓰곤 했다. 이 해 10월에 쓴 詩 한 편.

〈하늘도 자고 땅도 자고 / 사람도 자는 고요한 밤 / 벌레소리 처량히 들려오는 / 어두운 가을 밤 / 길게 내뿜는 담배연기만 / 어둠 속에 흡수되어 버리고 / 캄캄한 어둠 속에 한없이 헤매고 찾아도 / 담배 연기처럼 걷잡을 수 없는 / 길고 고요한 가을 밤 / 길고 아득한 유구한 역사 속에 / 찰나 찰나의 생명 속을 연속하는 인간이 / 그러나 찰나에 사라질 담배 연기처럼 / 사라져 버릴 인간이란 것을 알면서도 / 찰나가 기쁘고 찰나가 섧다는 것을 / 인생이라고 일컬으면서 몹시도 허둥지둥하는 것이 / 어리석고 가엾구려 / 담배 연기와도 같은 인생이여! / 초초창창한 내일의 역사의 幕(막) / 그 속에 무한한 기대와 희망조차 없이 / 그러나 막연히 기다려지는 인생의 삶 / 지구는 돌고 역사는 가고 / 세월은 흐르고 인생은 늙고 / 밤이 가면 내일에 새날이 온다는 것은 / 가을 밤 어둠 속에 사라지는 연기처럼 / 인생의 부질없는 노릇이여〉

박정희는 이즈음 9사단 참모장 시절 정훈부장으로 데리고 있었던 李容相(이용상) 시인이 시집을 내려고 하는데 돈을 못 구하고 있다는 소식을 듣고 불렀다. 박정희는 李(이) 대위가 방으로 들어오자 장롱에서 신문지로 싼 뭉치를 하나 꺼내 아무렇게나 던져주었다. 이용상이 놀라서 "이게 뭐지요"하고 물었다.

"시집 출판비에 보태 쓰시오."

"이 뭉치가 다 돈입니까? 이 돈 다 어디서 났습니까?"

"세상이 다 도적놈들인데 난들 도적질 말라는 법 있소?"

옆에서 육영수가 거들었다.

"이 대위님, 염려하실 돈이 아닙니다. 저분 마음 변하시기 전에 어서 갖다가 좋은 시집 내세요."

이렇게 하여 출판된 시집이 〈아름다운 생명〉이었다.

이 무렵 박정희는 1년 반 전에 헤어진 李現蘭(이현란)과 스친다. 이현란은 그때 재혼하여 대구에서 살고 있었다. 李(이) 씨의 생전 증언.

"내가 모양내고 원피스 입고 싹 빼고 가는데 지프의 빵빵대는 소리가 들려요. 돌아다보고 깜짝 놀랐어요. 6·25 사변통에 월북했으리라고 생각했었는데, 박 씨가 내리려고 해서 나 살려라 하고 막 뛰었지요. 마침 트럭이 지나가서 만나지 못했어요."

1951년 11월 29일 박정희는 아내의 생일 선물로 스웨터를 사주었다. 12월 10일 박정희 대령은 대구에 있던 육군본부 작전교육국 작전차장으로 전보되었다. 그해 6월부터 육군참모총장 李鍾贊(이종찬) 아래서 작전국장으로 있던 李龍文(이용문) 준장이 끌어준 것이었다. 두 사람에게는 세 번째의 만남이었다.

그때 육군참모차장은 劉載興(유재흥)으로 육본은 총장, 차장, 작전국장이 모두 일본 육사 출신들이었다. 전임 丁一權(정일권) 총장― 姜文奉(강문봉) 작전국장이 만주군관학교 출신이었던 것과 대조적이다. 박정희는 만군 출신으로 분류되지만 만주군관학교 예비 과정을 수석 졸업, 일본 육사에 유학하여 3등으로 졸업함으로써(57기) 엘리트 의식이 강한 일본 육사 출신들도 한 수 접고 대했다.

시인 具常(구상)은 그때 국방부 기관지인 陣中(진중)신문 〈승리일보〉

의 편집책임자였다. 친구인 이용문과 자주 어울렸다. 이 준장은 그를 참모회의에 참석시키기도 했다. 어느 날 이용문의 사무실로 구상이 놀러갔더니 조그맣고 새까만 장교 한 사람이 와 있었다. 이용문이 그 사람을 소개시켜 주면서 일본말로 "이 사람은 義理(의리)의 남아야"라고 했다. 그 사람―박정희 대령의 눈이 퍽 인상적이었다. 맹수의 그것처럼 매서웠는데 눈동자가 한가운데 있질 않아 잘못 보면 사팔뜨기 같았다. 이, 구, 박 세 사람은 곧 술친구가 되었다. 酒席(주석)의 분위기는 이용문과 구상이 주도했다. 박정희는 상관인 이용문을 의식하여 활달하게 놀지 않았다.

구상은 박정희의 見識(견식)이 높은 데 놀랐다. 책을 손에서 떼지 않는 사람인 것 같았다. 역사서를 많이 읽고 있었는데 베트남 흥망사에 대해서 이야기할 때는 상당히 깊은 이해를 하고 있음을 알 수 있었다.

작전국 교육과장 崔英聲(최영성·육군 준장 예편·현충사 관리소장 역임) 중령의 눈에 비친 박정희는 '말 없는 사나이' 였다. 공문을 기안하여 결재받으러 가면 설명을 듣지 않고 미결, 기결, 보류라고 적힌 서류함에 두고 가라고 했다. 며칠 뒤 朴 대령이 서류를 과장에게 돌려줄 때 보면 誤字(오자), 脫字(탈자)까지 교정을 보고 자신의 소견을 메모한 부전지를 첨부해 두곤 했다.

이용문 국장은 일선 시찰을 명목으로 사무실을 비우는 일이 잦아 안살림은 박정희의 몫이었다. 박정희는 차장이 아니라 국장의 대리자였다. 박정희의 전임자는 丁來赫(정래혁·국방장관 역임) 대령이었다. 그는 이용문과 함께 일선 시찰을 자주 했다.

"이용문 장군은 팔랑개비 같은 경비행기를 타기만 하면 쿨쿨 자요. 우리는 불안해서 오금을 못 펼 지경인데. 그분은 대담하면서도 천진난만

했어요. 낙동강 하구 상공을 지날 때인데 오리 떼가 보이니까 고도를 낮추어 오리 떼 속으로 들어가게 했어요. 놀란 새들이 솟구쳐 오르니까 박수를 치고 좋아하는 것이 어린아이 같았어요."

深夜의 방문자

1948년 국회에서 선출된 李承晩(이승만) 초대 대통령의 임기는 1952년 7월 23일에 끝나게 되어 있었다. 1952년, 戰線(전선)은 38도선에서 고착되어 소모적인 高地(고지) 쟁탈전이 되풀이되고 있었다. 전해 여름부터 판문점에서는 공산군 측과 유엔군 측이 휴전회담을 지루하게 전개하고 있었다. 이승만은 독립운동을 할 때부터 공산주의를 콜레라균에 비교하여 "인간은 호열자와 타협할 수 없다"고 말하곤 했다.

휴전회담이 자신의 반대에도 불구하고 진행되자 이 대통령은 "더운 밥 먹고 식은 소리를 하고 있다"며 노골적으로 불만을 털어놓았다. 한국을 따돌린 휴전협상을 성사되도록 내버려두지 않겠다고 公言(공언)하는 李(이) 대통령을 미국 정부는 걸림돌로 인식하기 시작했다. 이승만은 1952년 1월 18일 일방적으로 동해에 평화선을 선포하여 세계를 놀라게 했다. 2월 12일 미국은 평화선을 인정할 수 없다고 이승만에게 통보했다. 이승만 대통령도 미국의 싸늘한 시선과 음모를 예민하게 인식하고 있었다.

1951년 5월 4일 3인칭으로 쓰인 이승만 대통령 日誌(일지)에는 이렇게 적혀 있다.

〈미국대사 무초가 찾아와서 趙炳玉(조병옥) 내무장관의 사표를 수리

한 데 대해서 항의했다. 조병옥은 무초의 사람이며 무초는 그를 통해서 다음 선거를 좌지우지하려고 했다. 조병옥이 무대에서 사라진 지금 무초는 새 사람을 찾고 있는데 그런 인물이 바로 온화한 張勉(장면) 총리이다. 이번 선거는 미국의 전쟁계획을 위해서 중요하다. 자기네 말을 잘 듣는 대통령을 앉힐 수 있다면 미국은 중공에 한국의 절반을 떼어 줄지도 모른다. 이승만을 再選(재선)시키게 되면 그런 계획이 성사될 수 없다. 이승만은 한국의 완전한 독립을 계속해서 주장할 것임을 미국은 잘 알고 있기 때문이다〉

1951년 11월 이승만은 대통령 직선제와 兩院制(양원제)를 골자로 하는 개헌안을 국회에 제출했다. 1952년 1월 18일 이 개헌안은 찬성 19, 반대 143, 기권 1로 무참하게 부결되었다. 야당 연합 세력(원내 자유당, 민국당, 민우회)은 4월 17일 내각책임제로의 개헌안을 국회에 제출했다. 서명한 의원 수가 개헌 정족수인 123명이나 되었다.

정상적인 절차로는 이승만 대통령의 재선은 불가능하다는 사실이 명백해졌다. 무초 미국 대사는 2월 15일 국무부에 보낸 電文(전문)에서 '이승만에 대항할 대통령 후보로 떠오르는 李範奭(이범석), 申翼熙(신익희), 장면, 許政(허정) 가운데 최선의 희망은 장면이다' 라고 했다.

3월 3일 주한 미국 대사관은 '현행 헌법하에서 선거가 이루어지면 이승만이 재선될 가능성은 50% 이하이다. 이승만, 신익희, 장면은 똑같은 확률을 갖고 있다. 미국의 국익에서 판단할 때 장면의 당선이 가장 바람직스럽다. 그는 이승만에 비해서 합리적이고 유순하다' 고 했다.

무초의 미국 대사관은 장면 총리의 선거지원본부가 아닌가 착각이 들 정도로 적극적으로 움직였다. 그 전략의 핵심은 이승만이 경찰, 특무대,

헌병 같은 수사 기관과 청년단 및 우익 단체를 이용하여 국회의원들을 협박하지 못하게 견제하는 것이었다. 국회의원들이 자유 의사로 투표할 수만 있도록 해주면 장면의 당선이 가능하다고 본 것이다.

이승만은 '대한민국 국회가 미국의 영향권 아래에 들어갔다'고 판단하고 대응에 나선다. 4월 20일, 그는 '무초의 사람'인 장면 총리를 해임하고, 후임 총리에는 '경찰의 代父(대부)' 張澤相(장택상)을 지명했다. 내무장관에는 민족청년단의 설립자 이범석, 국방장관에는 강직한 李起鵬(이기붕)을 밀어내고 申泰英(신태영)을 임명했다. 5월 14일, 이승만은 재차 대통령 직선제 개헌안을 국회에 제출했다. 金性洙(김성수) 부통령은 대통령을 비난하는 성명을 낸 뒤 사직서를 제출하고는 부산항에 정박 중인 미군 병원선으로 피신했다. 미국 대사관은 김성수와 장면에게 신변안전을 위한 聖域(성역)을 제공하고 있었다.

5월 10일 새벽 3시쯤, 부산 동대신동에 있는 鮮于宗源(선우종원·변호사·전 국회 사무총장)의 집 대문을 두드리는 사람이 있었다. 반공 검사로 유명했던 선우종원은 장면 국무총리 비서실장으로 일하다가 한 달 전 퇴직했었다. 장면 전 총리와 함께 내각제 개헌을 추진하고 있던 선우 씨는 신변의 위험을 느끼고 있었다. 경비원이 잠이 든 선우종원을 깨우더니 "웬 미군 한 사람이 찾아왔습니다"라고 말했다. "미군이?"라고 말하면서 선우종원은 뜰로 나갔다.

"지금이 어느 땐데 쿨쿨 잠만 자?"

어깨를 툭 치면서 얼굴을 드러낸 사람은 미군이 아니라 이용문 육본 작전국장이었다. 얼굴은 희고 키는 크고 눈이 노란 이 준장을 경비원이 미군으로 오인한 것이었다. 이용문은 선우 씨의 평양고보 두 해 선배였다. 이용문은 "지금 대구 육본에서 총장차를 몰고 달려오는 길이야"라고 하면서 지프의 3星(성)장군 표지판 덮개를 벗겨 보여주었다. 선우 씨는 이 장군을 2층으로 안내했다.

"우리 같이 혁명하세."

선우 씨가 엄청난 말에 놀라 입을 다물지 못하고 있자 이용문은 다그치듯 말했다.

"우리 손잡고 이 박사를 뒤엎어 버릴 쿠데타를 하자는 거야. 너희 쪽 사정은 어떤가?"

"우리라니? 선배님 말고 많은 장군들이 가담하고 있습니까?"

"아니야. 자넨 왜 쓸데없는 데 신경을 쓰나. 너희들이 찬성하면 장면 박사를 추대하고 곧 혁명 일으키겠어."

"난 못 합니다. 민주주의란 수단과 절차가 중요한데 아무리 목적이 좋더라도… 더구나 우리 집안은 3대째 천주교 신자입니다."

"야, 이 사람아, 이런 판국에 페어 플레이가 있을 수 있나? 조금도 주저하지 말고 거사하세. 참모총장도 알고 밴플리트 8군사령관의 묵계도 받아두었어."

이들은 두 시간 동안 토론했다. 후배인 선우 씨가 설득당하지 않자 李(이) 장군은 탁자를 꽝 치면서 일어났다. 희끄무레 동이 터오는 바깥으로 나가는 이 준장에게 선우종원이 말했다.

"선배님, 오늘 일은 내 목숨 다하는 날까지 입을 열지 않겠습니다."

"자네 그걸 말이라고 하나. 그렇지 않다면 내가 여기 오지도 않았을 거야."

두 사람은 헤어졌다. 그리곤 영영 만나지 못하게 되었다.

'육군 장병에게 고함'

이용문이 선우종원에게 한 말 — "참모총장도 알고 있고 밴플리트 사령관도 우리 거사계획을 묵인하고 있다"는 내용은 대체로 사실임이 확인되고 있다. 주한 미국 대사 무초는 反(반)이승만 계열 정치인들을 상대로, 밴플리트 8군 사령관은 한국군 수뇌부를 상대로 하여 각각 이승만 낙선, 장면 당선 공작을 추진하고 있었다.

밴플리트는 이종찬 육군 참모총장에게 미국 측의 '反이승만 태도'를 암시하고 한국군이 이승만에 의해서 정치적으로 이용되는 것을 저지하려고 했다. 이종찬은 '군이 정치에 동원되어선 안 된다'는 선으로 입장을 정리하고 있었으나 이용문 작전국장은 한 걸음 더 나아가서 이번 기회를 활용하여 이승만을 제거하는 쿠데타 쪽으로 확대시키려고 했다. 박정희 차장은 주도적 역할을 할 입장은 아니었지만 이용문의 충실한 보좌관이었다.

박정희 차장의 직속 부하였던 李根陽(이근양·육군소장 예편, 대한석탄공사 총재 역임) 편제과장은 이용문, 박정희와 함께 술을 마신 적이 있었다. 취기가 돌자 이, 박 두 사람은 농담처럼 이상한 話題(화제)를 꺼내는 것이었다. 2개 대대만 부산으로 보내면 정권을 간단하게 뒤엎을 수 있다는 내용이었다. 李(이) 과장이 "군인이 무슨 쿠데타 이야기를 하십니까"라고 참견을 하니 두 사람은 "아니, 농담이야"라고 하면서 호탕하게 웃었다.

임시 수도 부산에서는 개헌문제로 親(친)이승만 시위와 야당의 반대, 미국 측의 음모설로 政局(정국)이 긴박하게 돌아가고 있었다. 밴플리트

8군 사령관은 이종찬 총장이 좋아하는 아이스크림을 상자째 들고 자주 육본을 찾아와서 密談(밀담)을 나누고 있었다. 柳珍山(유진산) 의원 등 야당 측에서도 이 총장에게 자주 사람을 보냈다.

이종찬 총장이 有事時(유사시)에 임명권자인 이승만의 병력 동원 명령을 따를 것인가, 작전 지휘권자인 밴플리트의 지시를 따를 것인가가 문제였다. 그때 부산엔 전투병력이 없었다. 원용덕 소장이 지휘하는 소수의 헌병들이 있을 뿐이었다. 이승만은 부산에 계엄령을 내릴 경우 동원할 부대를 手中(수중)에 갖고 있질 않으니 답답했다. 어느 날 신태영 국방장관이 전화를 걸어 총장을 찾다가 없으니 이용문 작전국장을 바꿔 달라고 했다. '병력을 차출하여 부산으로 보내 원용덕 소장의 지휘를 받게 하라' 는 전화 지시를 받고 난 이용문은 단호하게 말했다.

"제가 작전국장으로 있는 한 절대로 파병은 못 합니다. 전쟁 중인데 병력을 빼내 정치적으로 사용하는 것은 이적 행위입니다."

그리고는 전화기를 '꽝!' 내려놓았다. 5월 25일, 이승만 정부는 부산, 경남, 전남·북 일원에 비상계엄령을 선포하고 계엄사령관에 이종찬 육군참모총장, 영남지구 계엄사령관에 원용덕 육군소장을 임명했다. 부산 근교의 金井山(금정산)에 공비가 출몰한 것이 계엄 사유였다. 故(고) 徐珉濠(서민호) 의원은 생전에 이 사건이 金昌龍(김창룡) 육군 특무대장에 의해 날조된 것이란 주장을 한 적이 있다. 중죄수들을 불러내 공비로 위장시키고 사살했다는 주장이었다. 이에 대해서 이범석 당시 내무장관은 회고록에서 '재야세력의 한 중진이 미국 대사관에 찾아가서 공비사건이 조작된 것이라고 일러바쳤는데 나는 지금도 그를 인간으로 대접하지 않고 있다' 면서 조작설을 부인했다.

5월 26일 아침, 계엄군은 부산에 있는 임시 국회의사당으로 출근하던 국회의원들이 탄 통근 버스가 검문에 불응한다고 국회의원들을 태운 채 헌병대로 끌고 갔다. 끌려간 의원들 가운데 徐範錫(서범석) 의원 등 5명은 국제공산당사건에 연루된 혐의로 구속되었다.

6월 2일에는 郭尙勳(곽상훈) 의원 등 6명이 같은 혐의로 구속되었다. 이 11명은 내각제 개헌을 추진하는 핵심 세력이었다. 반공 검사로 유명했던 선우종원도 공산당 혐의를 받고 피해 다니다가 미 8군 정보처의 주선으로 밀항선을 타고 일본으로 달아나 망명했다.

야당 탄압에 앞장선 것은 일제 고등계 형사 출신들이 포진한 치안국 사찰과, 김창룡의 육군 특무대, 원용덕의 헌병대였다. 군정시대의 수도 경찰청 수사과장 盧德述(노덕술)도 反民特委(반민특위)를 피해 헌병대에 들어가 장교로 근무하고 있었다. 이들은 독립 운동가들을 쫓던 솜씨를 反이승만 계열의 국회의원들 사냥에 발휘하고 있었다. 이승만은 친일경찰들을 도구로, 反이승만 세력은 미군과 미국대사관을 지원세력으로 이용하고 있었다.

국회의원 통근차가 헌병대로 끌려간 26일 오후 4시, 대구 육본에서 열린 참모회의는 격앙되어 있었다. 이종찬 총장의 생전 증언.

〈국회 사태를 보고하면서 金宗平(김종평) 정보국장은 쿠데타적 사건이라고 했다. 나는 '군이 정치에 이용되어선 안 된다'고 강경하게 말했다. 참모들은 자기들끼리 회의를 한 뒤 보고하겠다고 했다. 한 시간쯤 지나니 각 부대에 보낼 훈령을 만들어 놓았다고 보고해서 상황실에 갔더니 칠판에 '군은 동요하지 말고 국토방위의 신성한 임무만 다하라'는 요지가 쓰여 있었다〉

'육군 장병에게 고함' 이란 제목으로 유명해진 이 육군본부 훈령217호는 이용문 국장을 대리하여 참모회의에 참석한 박정희 차장이 기초한 것이었다. 요지는 이러했다.

〈군은 국가 민족의 수호를 유일한 사명으로 하고 있으므로 어느 기관이나 개인에 예속된 것이 아닐 뿐 아니라 변천무쌍한 政事(정사)에 좌우될 수 없는, 국가와 더불어 영구불멸히 존재하여야 할 신성한 국가의 公器(공기)이므로 군인 된 자, 誰何(수하)를 막론하고 국가방위와 민족수호라는 본분을 떠나서는 일거수일투족이라도 절대로 허용되지 아니함은 재론할 여지가 없는 것이다. 정치 변동기에 처하여 군의 본질과 군인의 본분을 망각하고 의식·무의식을 막론하고 정사에 간여하여 경거망동하는 자가 있다면 累卵(누란)의 위기에 있는 국가의 운명을 一朝(일조)에 멸망의 淵(연)에 빠지게 하여 恨(한)을 천추에 남기게 될 것이다. 忠勇(충용)한 육군 장병 제군, 거듭 제군의 각성과 자중을 촉구하니 여하한 사태에서라도 각자 소임에 一心不亂(일심불란) 헌신하여 주기를 바란다.

육군 참모총장 육군 중장 이종찬〉

詩人(시인) 구상은 1970년대에 한 신문에 회고담을 연재하면서 '이 훈령을 쓴 사람의 이름은 지금 밝힐 수 없다' 고 썼다. 박 대통령은 이 글을 읽고서는 측근들에게 "구상 선생은 별것까지 다 기억하고 있구먼" 하며 웃더라고 한다.

대통령의 분노

육본 작전국 차장 박정희 대령이 기초한 '육군 장병에게 고함' (육본 훈령 217호)은 이승만 대통령에 대한 정면도전이었다. 이종찬 육군 참모총장은 군의 정치적 중립이란 명분을 내세우면서 부산 지역에 계엄군을 파견하라는 대통령의 명령을 거부한 것이다. 부산 지역 계엄사령관 원용덕 소장 휘하의 헌병대 2개 중대 병력에만 의존해야 했던 이승만은 불안했다. 이승만은 이때 경찰과 특무대를 통해서 '육본 내의 흥사단 인맥(평안도 인맥을 지칭)이 장면 전 총리와 결탁하여 반역을 꾀하고 있다'는 정보를 받고 있었다.

육본 내의 평안도 인맥이라고 하면 평양 출신인 李龍文(이용문) 국장이 핵심이다. 이용문은 평양고보 후배인, 장면 전 총리의 비서실장 선우종원과 접촉하여 "함께 혁명을 일으키자"고 부추긴 적이 있으므로 그 정보는 상당히 정확한 것이었다.

육본의 훈령이 예하 부대에 내려간 이튿날(5월 27일), 밴플리트 8군사령관은 부산에 내려와서 라이트너 대리대사(무초 대사는 본국에 출장 중)와 함께 이승만을 만났다. 라이트너가 미 국무부에 보고한 전문에 따르면 이런 요지의 대화가 진행되었다.

〈밴플리트: "본관은 계엄령 선포에 대해서 미리 통보를 받지 못해 유감으로 생각합니다. 나는 군대를 동원해서까지 질서를 유지할 단계는 아니라고 생각합니다. 이미 이종찬 육군 참모총장에게 전투부대의 이동은 안 된다고 지시했습니다."

이승만: "나는 부산에서 시위자들이 다치는 사태를 막기 위해서 계엄령을 선포하기로 했소. 선포하기 전에 나는 이종찬 총장에게 전화를 걸어 국방부 장관의 이름으로 계엄령을 선포하고 원용덕 장군을 부산 지구 계엄사령관으로 임명하겠다고 통보했고 동의를 받았지. 그런데 불행

한 보고를 받고 있어요. 이종찬 총장이 나에 대한 반역을 모의하고 있다는 정보인데 나는 그를 해임할 생각이오."

밴플리트: "믿기지 않습니다. 그는 각하와 조국에 충성스러운 군인입니다. 이 총장은 군대가 국내정치에 관여되어선 안 된다는 생각을 確執(확집)처럼 갖고 있는 인물임을 본관은 잘 알고 있습니다."

이승만: "(육군본부의 훈령을 꺼내면서) 그는 원용덕 장군에게 이런 지시를 내렸소. 계엄령과 관련해서 아무런 조치도 취하지 말고 오직 그 자신의 명령만 따르라고 말이오. 이종찬 총장을 내일 아침 부산으로 내려오라고 명령했소. 그를 해임할 것이오."

밴플리트: "이 총장의 해명을 들으시면 각하도 이해하실 것입니다. 만약 꼭 그를 해임하시겠다고 결심하셨다면 후임 총장은 최선의 인물을 선택하셨으면 합니다."

이승만: "장군의 생각은 어떠하오?"

밴플리트: "백선엽 장군을 추천하고 싶습니다. 국군 3군단은 가장 유능한 지휘관을 놓치게 되겠지만 말씀입니다."

이승만: "장군과 대리대사는 일단의 깡패들이 우리의 적에게 매수되어 국회를 장악한 다음 깡패 출신 대통령을 뽑겠다는 음모를 하고 있다는 것을 알아야 합니다. 이들은 반역자들이오. 나는 내가 대통령이 되기 위해서 이 자들을 체포한다는 비난을 무릅쓰고라도 나라를 구하기 위해서 결단을 내려야 했소. 한국의 장래가 걸려 있소. 국회의원들이 아니라 내가 한국과 민주주의의 챔피언이란 사실을 기억해 두시오."〉

이승만은 '적과 내통한 국회'라고 표현했지만 內心(내심)으로는 '미국과 내통한 국회가 장면을 대통령으로 당선시키려 하고 있다'고 확신하고 있었다. 라이트너 대리대사는 이승만과의 회담을 국무부에 보고하면서 '이승만이 광범위한 지지기반을 갖고 있지만 많은 장교, 관료, 그리고 고등교육을 받은 사람들은 정권교체를 바라고 있다' 면서 '오늘과 같이 말로써 설득하는 것은 효과가 없고 더 강력한 조치가 필요하다'고 건의했다. 5월 25일의 계엄령 선포 직전에 일부 야당 의원들은 곧 국회를 소집, 대통령선거를 전격적으로 실시한다는 密約(밀약)을 했었다. 그 間選(간선)에서 이승만이 당선될 가능성은 全無(전무)했으므로 이승만은 계엄령 선포로 국회를 무력화하는 乾坤一擲(건곤일척)의 先制(선제) 공격을 한 것이었다.

5월 27일, 대통령의 호출 명령을 받은 이종찬 총장은 李(이) 대통령이 원용덕 소장을 시켜 자신을 체포하고 총장을 교체해 버릴 가능성이 있다고 판단했다. 이종찬은 자신의 신변 안전을 위해 미 8군 사령관 밴플리트 대장에게 同行(동행)을 요청했다. 28일 아침 일찍 이종찬은 김종평 정보국장과 심언봉 육군 헌병사령관을 데리고 미 8군 사령관 전용 열차 편으로 부산으로 내려갔다. 부산역에는 미 대사관 승용차가 기다리고 있었다.

이종찬은 이 승용차를 타고 松島(송도)에 있는 미국 대사관의 직원 관사로 가서 미 해군무관과 만났다. 여기서 식사를 한 뒤 부민동에 있던 임시 경무대로 가니 밴플리트가 와 있었다. 두 사람은 함께 이승만 대통령을 만나러 들어갔다. 이승만은 이순간 경찰, 헌병, 특무대, 우익 단체, 그리고 자신의 권위와 권력에 의지하여, 야당이 지배하는 국회와 그 국회를 지원하는 미 대사관, 그리고 미군의 지휘를 받고 있는 육본의 연합 세력과 맞서고 있었다. 이승만이 꼭 승리하리란 판단이 서지 않는 세력판도였다. 이날 아침 이승만의 눈은 充血(충혈)되어 있었다. 顔面(안면) 근육도 씰룩거렸다. 그는 이종찬에게 쏘아붙였다.

"왜 자네는 나라에 반역하려고 하는가?"

"각하, 작전지휘권을 가진 유엔군 사령관의 동의 없이는 군대를 이동할 수 없다는 것, 각하께서도 잘 아시지 않습니까?"

"자네가 날 훈계하나."

이종찬 총장은 미리 써간 사표를 냈다. 이승만은 다소 누그러졌다. 그는 "아직은 자네만 믿네"라면서 사표를 돌려주고 오후에 다시 오라고 했다. 오후 회의에는 이승만, 이종찬, 밴플리트 외에 부산 지구 계엄사령관 원용덕 장군도 참석했다. 이승만은 "내가 잘못했든, 자네가 잘못했든, 앞으로 어떻게 하는 것이 좋겠는가" 하고 물었다. 이종찬은 "부산 지구의 계엄 업무를 저에게 맡겨주십시오"라고 했고, 옆에 있던 원용덕은 반발했다. 밴플리트는 듣고 있다가 "한국 정치엔 관여할 입장이 아니지만 나에게 작전지휘권이 있는 한 전선에서 병력을 빼내 부산으로 보낼 수는 없다"고 말했다. 원용덕은 "병력 없이 계엄업무를 어떻게 수행하느냐"고 했지만 밴플리트는 딱 잘라서 거절했다. 국군 통수권자인 대통령이 계엄군으로 1개 대대도 동원할 수 없는 답답한 상황에 처하게 되었다.

李承晚과 미국

5월 28일 라이트너 미국 대리대사는 미 국무부에 전문을 보냈다. '이승만 대통령이 잡아간 국회의원들의 석방, 의원 및 가족들의 안전을 보장하라는 최후통첩을 대통령에게 제시하고 말을 듣지 않으면 유엔군이 국회의원들을 보호하기 위해서 직접 나서는 것이 좋겠다'는 요지였다. 이 건의를 접수한 미 국무부 북동아시아 과장 케네스 T. 영은 다음날 '사태가 악화되면 유엔군이 부산 지역의 치안을 담당하는 조치'를 포함한 4단계 행동案(안)을 기초하여 국무부 극동담당차관보 앨리슨에게 보고했다. 30일 국무부는 부산의 미 대사관으로 전문을 보낸다. '만약 유엔군이 부산에서 경찰권을 행사하든지 계엄령을 펼 경우 한국군이 어떤 태도를 보일지 궁금하니 알아보라'는 요지의 지시였다. 부산 정치 파동에 미국은 군사력을 동원하는 안까지 검토하기 시작한 것이다.

미군보다 미국 대사관과 국무부가 이승만에게 더 강경했다. 미국 대사관은 이승만 대통령을 실각시키려 했고, 미군은 이승만이 유엔군의 전쟁 수행을 방해하지 않도록 해야 한다는 정도의 생각을 갖고 있었다. 5월 30일 오후 라이트너는 대통령을 찾아가 계엄령의 즉각적인 해제를 공식적으로 요청하는 미국 정부의 서한을 전달했다. 이승만은 서한을 읽어보고는 말했다.

"귀하는 귀국 정부에 계엄령이 곧 해제될 것이라고 보고하시오."

"'곧'이라면 이틀 뒤입니까, 2주 뒤입니까?"

"곧 해제할 거요. 2분 뒤가 될 수도 있고 두 달 뒤가 될 수도 있소."

미국 정부의 계엄령 해제 요구는 이승만 대통령에게 '정치적 자살'을 요구하는 것에 다름 아니었다. 계엄령이 해제되면 자유를 되찾은 국회는 間選(간선)을 통해서 장면을 차기대통령으로 뽑을 것이라고 대사관에선 계산하고 있었다. 그런 계산에 넘어갈 이승만이 아니었다.

이승만은 미국이 장면을 대통령으로 미는 이유를, 한국의 국익을 희생시켜 휴전협상을 적당히 마무리짓는 데 '유순한' 장면이 협력할 것으로 판단하고 있기 때문이라고 생각했다. 자신만이 미국과 맞섬으로써 한국이 희생되는 것을 막을 수 있다고 확신했다. 이 결정적 시기에 이승만을 가까이서 관찰했던 그의 미국인 고문 로버트 T. 올리버는 《건국의 내막》(朴一泳 번역)이란 著書(저서)에서 이런 요지로 기록했다.

〈대통령은 "나를 이해하려면 나는 외부 환경이 아니라 신념의 지배를 받는 인간이란 점을 이해하여야 합니다"라고 말하곤 했다. 그는 외부의 압력이 강하게 밀려올 때는 가위를 갖고 정원에 나가 나뭇가지를 정리하든지 작은 배를 타고 낚시를 나갔다. 나를 데리고 갈 때는 대화는 없다는 조건이 붙었다. 그의 명상은 절반이 기도였다. 그는 "민주주의의 가장 큰 약점은 지도자가 항상 국민의 눈치를 봐야 한다는 점이다"라고 했다. 그는 "민주 국가에서는 대부분의 정책이 장기적 안목이 아닌 급변하는 상황에 임기응변하는 식으로 집행되기 때문에 문제가 있다"고 하면서 "국민들의 장기적 안목에 기대를 걸기는 어렵다"고 했다. 그는 국가를 가족의 확대판으로 보는 孔子(공자)의 이상을 늘 마음속에서 그리고 있었다. 그는 인간의 권리와 존엄성을 지켜 주는 정치제도라면 민주주의건 귀족 정치건 국가사회주의건 무방하다고 믿었다〉

이 당시 이승만의 政治觀(정치관)은, 집권한 뒤 '한국적 민주주의'를 내세우게 되는 박정희와 비슷했다. 민주주의를 하느님과 같은 절대적 가치로 보지 않고 국민의 인간다운 삶을 구현하기 위한 여러 수단 중의 하나로 본 점에서 그러하다. 그러나 당시 한국군의 장교들은 이미 민주주의란 강력한 외래 사상에 洗腦(세뇌)되어 있었다. 이종찬 총장의 비서실장으로 있었던 정래혁 당시 대령은 이렇게 말했다.

"육본의 참모들이 한덩어리가 되어 이승만 대통령의 야당 탄압과 계엄령 선포에 반대한 것은 소박한 정의감 때문이었습니다. 우리는 민주주의를 위해서 싸운다, 민주주의의 적은 우리의 적이다, 따라서 독재는 우리의 적이라는 식이었죠. 그래서 미군과 쉽게 동조하게 되었습니다."

5월 31일 라이트너 대리대사는 '(익명을 요구한) 저명한 한국군 중장이 미국 대사관에 대하여 "유엔에 의한 행동이 필요하다"는 견해를 밝히면서 "만약 부산에 대규모 폭동이 발생했을 때 유엔군은 어떤 행동을 취할 것인가"라고 물어 왔다'고 국무부에 보고했다. 나중에 라이트너는 미국 정부가 史料(사료)로 보존하기 위해 남겨놓은 '역사 증언'에서 이 육군 중장이 이종찬이었다고 밝히고 李(이) 총장이 '이승만 제거 쿠데타 계획'을 타진해 왔었다고 말했다. 라이트너의 보고를 접수한 국무부 북동아시아과장 영은 '6월 2일까지 미국 정부의 태도를 확실하게 밝히지 않으면 라이트너의 제안은 없었던 걸로 할 수밖에 없다'고 상부에 보고했다.

한편 도쿄의 클라크 미 극동군 사령관 겸 유엔군 사령관은 5월 31일 미 육군 장관에게 이승만에 대한 온건한 정책을 건의했다. '이승만의 행동이 유엔군의 군사적 목표에 危害(위해)를 주지 않으면 우리가 자존심이 상하는 한이 있더라도 정치 파동에 대해서는 외교적인 방법을 쓰는 것이 바람직하다'는 요지였다. 그러면서도 클라크는 유엔군에 의한 계엄령 선포와 같은 비상사태에 대비하여 일본에 주둔하고 있는 미군 1개 연대를 부산으로 출동시킬 준비를 해놓았다고 보고했다.

이즈음 이종찬 총장—이용문 작전국장—박정희 차장 계열이 '反이승만 쿠데타'를 어느 정도로 진지하게 추진하고 있었는가 하는 문제는 쟁점으로 남는다.

국방부 기관지 〈승리일보〉의 편집인 시인 구상의 증언: "나는 이종찬, 이용문 두 사람으로부터 따로따로 의논 대상이 되었습니다. 이용문은 이승만을 거세하는 거사 계획에 적극적이었으나 이종찬은 소극적이었습니다. 그는 문민 우위의 원칙을 깨뜨릴 마음이 없었습니다. 저도 군의 개입을 말리는 입장이었습니다."

정래혁 증언: "이종찬 총장이 이용문 국장과 구체적인 작전계획을 의논한 적이 있습니다. 후방에 있는 대대 규모의 국군을 부산으로 보내 계엄령을 무효화한다는 것이었습니다. 이 총장은 박정희 대령이 이 파병 부대를 지휘하도록 하는 것이 어떻겠느냐고 말했습니다. 며칠 뒤 이용문 국장이 보고하기를, '박 대령이 목숨만 보장해주신다면 지휘를 맡겠다고 했다'는 것입니다. 그때 저는 이 작전 계획의 암호명을 '反正(반정)'이라 붙였습니다. 仁祖反正(인조반정)에서 딴 것이지요."

당시 작전국 과장 柳原植(유원식·국가재건최고회의 재정위원장 역임)의 생전 증언: "나는 이용문, 박정희와 함께 2개 대대를 부산에 보내 정권을 뒤엎는 계획을 추진했습니다."

陸本의 深夜 참모회의

이승만의 再選(재선)을 저지한다는 목표를 달성하기 위해 미군은 한국군이 이승만에 의해서 계엄군으로 이용되지 않도록 이종찬 육군 참모총장 측에 대해 부산 정치 파동 이전부터 공작을 해왔다. 밴플리트는 이승만에 대한 미국 측의 거부감을 내비치면서 쿠데타 가능성도 타진한 것으로 보인다. 이종찬은 "밴플리트의 진심이 무엇인지 모르겠다"면서

觀望(관망)하는 태도였지만 이용문 작전국장은 달랐다. 그는 '미군이 이승만 제거를 원하고 있다'고 해석하고 '미국이 이승만에 대한 지지를 사실상 철회한 지금, 2개 대대 정도의 병력만 있으면 간단하게 이승만을 무력화함으로써 국회에서 장면을 차기대통령으로 뽑도록 도울 수 있다'는 판단을 했던 것으로 보인다. 이용문의 보좌관格(격)인 박정희 대령도 강경론이었다.

김종평 정보국장을 비롯한 육본 참모들도 대체로 反(반)이승만 성향을 보였다. 이들 장교는 6·25 초전에 있었던 이승만의 '서울 死守(사수)' 거짓방송, 1·4 후퇴 때 수만 명을 얼어죽게 만들고 굶어죽게 만든 국민방위군사건, 700여 명의 양민을 공비로 몰아 학살한 居昌(거창)사건 등에 대해서 분노하고 있었다. 이용문과 박정희는 戰前(전전)부터 이승만 정권에 대해서는 비판적이었다. 이용문—박정희의 강경론에 밀린 이종찬 참모총장은 한때는 적극적으로 한국군의 쿠데타 계획에 대한 미국의 태도를 打診(타진)했던 것으로 보인다. 이종찬 총장은 그러나 미국의 지원 없이도 쿠데타를 감행할 인물은 아니었다.

6월 1일 라이트너 미국 대리대사는 국무부에 전문을 보낸다.

〈필요한 때는 유엔군이 부산에 직접 계엄령을 선포하여 이승만을 예방적으로 구속하고 부산의 한국군과 경찰을 접수하는 계획을 수립해줄 것을 건의한다. 이 경우 예상되는 부작용은 거의 없다. 질서는 단기간에 회복될 것이다. 이승만이 저항을 선동할 일정한 힘은 갖고 있지만 새 대통령이 선출되면 교육을 받은 층에선 그를 받아들일 것이며 수동적인 대중도 별다른 말썽을 부리지 않고 따라갈 것이다〉

1952년 6월 초는 이승만에게는 피를 말리는 순간의 연속이었다. 미군이 곧 계엄령을 선포하여 야당을 이승만의 압박으로부터 자유롭게 해줄 것이란 소문이 부산 政街(정가)에 나돌아 숨어 다니던 국회의원들로 하여금 용기를 갖도록 했다. 야당 의원들의 신변을 미군이나 국군이 보호해줄 수 있다면 국회에서 새 대통령이 선출될 것이고 이승만 정권은 끝나는 것이다.

이 무렵 육본에서 深夜(심야) 참모회의가 열렸다. 증언자 安光鎬(안광호·육군 준장 예편, 대한무역진흥공사 사장 역임·작고)는 당시 총장 비서실장이었다. 안광호의 부친 安秉範(안병범)은 일본 육사 출신으로서 6·25 남침 직후 서울을 빠져 나오지 못하고 인왕산에서 할복자살했다. 안씨의 두 동생도 전사했다. 안씨는 문제의 심야 참모회의가 열린 날을 계엄령 선포 1주일 뒤인 6월 1, 2일경으로 기억했다. 총장 전속 부관 유병일 중령이 자신에게 전화를 걸어와 육본 회의실로 나가니 참모들이 모여 있었다고 한다. 이종찬 총장과 유재흥 참모차장은 보이지 않았다. 이종찬 총장은 5월 28일 이승만 대통령에게 辭意(사의)를 표명한 뒤에는 관사에서 칩거 중이었고 유재흥 차장이 대리하고 있었다. 안광호의 生前(생전) 증언.

〈이상하게도 이용문 작전국장은 보이지 않고 박정희 차장이 대신 참석했다. 유병일 부관이 나에게 議題(의제)를 설명해 주었다. 후방에서 공비 토벌 임무를 맡고 있는 2개 대대를 부산으로 보내 원용덕의 헌병대 병력을 견제하자는 것이었다. 아주 간단한 병력 이동 같았지만 그것이 어떤 결과를 빚을지는 모든 참모들이 잘 알고 있었다. 이승만이 유일하게 의존하고 있던 헌병대가 무력화되면 야당이 지배하는 국회에 의해서 이승만 대통령은 실각할 것이다.

내가 회의장에 도착하기 전에 이미 논의가 상당히 진행된 것 같았다. 투입 병력의 지휘관으로 박경원, 이용 같은 사람들의 이름이 거론되고 있었다. 내 느낌으로는 회의의 대세는 파병하는 방향으로 기운 것 같았다. 나는 퍼뜩 이종찬 총장을 생각했다. 그분의 持論(지론)이 '군은 정치에 개입해서는 안 된다' 는 것인데 오늘 회의는 친위 쿠데타를 견제한다는 명분으로 또 다른 쿠데타를 감행하는 것이 아닌가 하는 생각이 들었다.

참모들은 나보고 이종찬 총장 대신 유재흥 차장을 참모회의 의장으로 모시고 나오라고 했다. 그때가 밤 2시쯤. 나는 대령이고 그는 소장이었지만 우리는 친구 사이였다. 나의 先親(선친)과 그의 선친 유승열 장군도 친구였다. 나는 유재흥 차장을 지프에 태워 육본으로 가는 차중에서 상황을 설명해주었다. 유재흥이 "그러면 어떻게 하면 좋을까"라고 물었다. 나는 이런 요지의 설명을 했다.

'잘하면 혁명이 될지는 모르겠다. 성공 여부는 일선의 사정에 달려 있다. 군단장, 사단장급이 반발하면 수습은 쉽지 않을 것이다. 그러면 전쟁 수행에 차질이 생긴다. 성공해도 군이 혁명했다는 오점을 남긴다. 미국의 지지가 절대적으로 중요한데 밴플리트가 자주 이종찬 총장을 찾아오긴 했지만 이렇다 할 言質(언질)을 준 것은 없다.'

이런 내 의견을 듣더니 유 차장이 말했다.

"안 대령, 이러면 어떨까. 군의 정치 불개입을 선언한 지난 5월 26일 현재의 입장엔 변함이 없다고."

나는 "그게 좋겠다"고 찬동했다. 유재흥 차장이 참모회의장에 들어가더니 사회를 보기 시작했다. 김종평 정보국장이 의제를 설명한 뒤 "작전참모도 가능하다고 합니다"라고 말했던 것으로 기억한다. 인사참모는 일선 장병들의 사기나 軍紀(군기)에 영향을 주지 않으려면 신속하게 치러져야 하는데 그 판단은 인사참모가 내릴 수 있는 것이 아니라고 했다. 유재흥 차장이 이용문 작전국장을 대리하여 작전참모로 참석한 박정희 대령에게 물었다. 박 대령은 싱긋이 웃으면서 말하는 것이었다.

"그 문제는 상부에서 결심하시기에 달려 있습니다. 그러나 한다면 지장이 없게끔 수배는 됩니다."

나는 지금도 그때 박 대령의 그 묘한 웃음이 뇌리에 선명하게 남아 있다. 군수참모는 "그 문제는 G2(정보), G3(작전)에서 결정할 문제이지 우리와는 상관이 없다"고 했던 것 같다. 개인적으로 물으니 어느 참모도 "꼭 해야 한다"고 말하지 않았다. 참모들의 의견을 다 들은 다음 유재흥 차장이 말했다.

"그러면 육본의 태도를 분명히 하겠다. 오늘 현재 육본의 결심엔 변동이 없다."

회의를 마치고 나가는데 김종평 국장이 내 어깨를 툭 치면서 "안 대령, 잘 됐수다"라고 했다. 나는 "잘 됐수다"란 말을 액면 그대로 받아들여야 할지 어리둥절했다. 그날 회의는 참으로 길게 느껴졌다. 무거운 분위기였고 국가의 운명이 이 자리에서 바뀔 수 있다는 생각을 모두 갖고 있었다〉

淸濁을 같이 마실 사람

육군 총장 비서실장 안광호 대령은 새벽 3시쯤 이종찬 총장을 관사로 찾아가 참모회의의 결정을 보고했다. 이 총장은 "오늘 현재 육본의 결심은 변함이 없다고?'라고 반문하더니 웃더라고 한다. 안광호는 '그 참모회의를 누가 소집했고 누가 2개 대대의 부산 파병을 제안했을까. 왜 이용문 작전국장은 참석하지 않고 박정희 차장이 대신 참석했을까' 하는 궁금증을 지니고 다녔다. 그는 이종찬 총장과 함께 미국 참모대학에서 공부했는데 그때 물어보았다.

"그 회의는 누구의 발상이었습니까?"

이종찬은 거기에 대해서는 대답하지 않고 "박정희 그 사람 인물이야"라고 했다. 안광호가 "동감입니다"라고 했더니 이 총장은 "어떤 점이 그렇더냐"고 되물었다.

"그날 밤 박정희 대령의 표정을 보니 그가 '명령만 내리시면 가능합니다'라고 답할 때나 유재흥 차장이 '부산파병은 안 된다'고 결론을 내릴 때 흔들림이 없더군요. 저는 박정희는 淸濁(청탁)을 같이 들이마실 수 있는 큰 인물이라고 생각했습니다."

"잘 봤네."

이 참모회의에 참석했던 김종평 정보국장은 "그 회의를 소집한 사람은 박정희 대령이었다"고 증언했다. 파병 문제가 議題(의제)였으니 작전국장을 대리한 박정희가 회의를 소집한 것은 어쩌면 당연했다. 당시 이승만을 실각시킬 목적의 군대동원에 대해서는 이종찬—이용문—박정희 세 사람이 핵심적으로 관여하고 있었다. 작전과장 유원식 중령은 박정희 대령의 지시를 받아 실무적으로 참여했다.

이날 회의에 이종찬, 이용문은 참석하지 않았다. 박정희는 의제만 상정해놓고 회의에서 굴러가는 것을 지켜보는 입장을 취했다. 대령으로서는 회의를 主導(주도)할 위치에 있지도 않았다. 그렇다면 박정희가 단독으로 이런 중대한 회의를 소집했을 리는 없다. 그는, 이용문 국장이든 이종찬 총장이든 상부의 지시를 받아서 했을 것이다.

파병이 결의되려면 이종찬 총장의 적극적인 의사표시가 있어야 했는데 이날 그는 방관자적인 태도를 취했다. 그렇다면 이용문 국장이라도 총대를 메야 하는데 그는 자리를 피했다. 이 국장은 아마도 박정희 대령으로 하여금 의제를 상정시켜 참모회의의 분위기를 떠보려 했을 것이다. 그날 밤 참모회의 의장이 된 유재흥 차장은 그 며칠 전(5월 30일) 이승만 대통령을 방문했다가 대통령으로부터 심각한 이야기를 듣고 나온 사람이었다.

"육본에서 지금 흥사단 사람들(평안도 인맥을 지칭)이 반역을 꾀하고 있어. 최고사령관인 대통령에게 抗命(항명)한 이종찬 총장을 砲殺(포살)해야 돼."

不發(불발)로 끝난 이날 참모회의는 박정희에게 많은 교훈을 주었을 것이다. 그때 육본이 2개 대대를 부산으로 파견하여 '이승만의 계엄군' 헌병 2개 중대를 접수해 버렸다면 거의 틀림없이 정권은 무너졌을 것이다. 야당을 탄압하던 물리력이 사라지면 국회가 정상화되어 間選(간선)으로 장면을 차기 대통령으로 뽑았을 것이다. 미국 측도 그런 군사 개입이 신속하게 충돌 없이 성공하면 그 결과를 기정사실로 추인해 버렸을 것이다.

그때 육본은 최소한의 병력으로 정권을 무너뜨릴 수 있는 절호의 기회를 잡고 있었고 그 상황의 한복판에 박정희가 있었다. 박정희는 이때의 자신의 역할에 대해서 그 뒤 한 번도 언급하지 않고 무덤까지 갔다. 훗날 닉슨 미 대통령이 자신의 전화를 자동적으로 녹음하도록 했다가 워터게이트 사건 때 그게 약점이 되어 녹음테이프를 제출하도록 법원의 명령을 받아 혼이 나는 것을 본 박정희는 경멸조로 말했다고 한다.

"닉슨, 그자는 회고록 쓸 일이 있었나."

'회고록을 쓸 자료를 모으기 위하여 녹음을 했는가' 란 말인데 박정희는 회고록을 쓸 생각은 꿈에도 하지 않았다. 그는 改造(개조)된 대한민국이 바로 자신의 회고록이라고 생각한 사람이다.

육본 심야 회의 며칠 뒤인 6월 4일 미국 정부는 이승만에 대한 입장을 바꾼다. 이날 애치슨 미 국무장관은 주한 미 대사관에 보낸 電文에서 이런 요지의 지시를 했다.

〈이승만이 계속 대통령으로 머물러 있는 것이 미국과 유엔의 이익과 합치된다고 우리는 결론 내렸다. 이승만이 직접 선거에 의해서 뽑혀야 그는 국내외에서 더 강력한 지지 기반을 갖게 될 것이다. 따라서 장택상 총리와 협조하여 총리가 제안한 타협안을 국회에서 통과시키는 방향으로 노력하라〉

'장택상의 타협안' 이란 이승만 측이 제안한 대통령 직선제 개헌안과 야당이 제안한 내각제 개헌안 중 직선제와 국회의 정부에 대한 통제 강화 부분을 발췌하여 만든 제3의 개헌안을 가리킨다. 사실상 직선제 개헌안이나 다름없었다. 미국 정부의 이승만 지지는 6월 4일 애치슨 국무장관이 국무부와 합동참모본부의 합동 회의를 주재한 뒤 결정한 것이다.

이 결론은 유엔군 사령관 클라크 장군을 비롯한 군부의 견해를 많이 반영했다. 요컨대 유엔군이 직접 이승만 제거에 나서는 방안은 최후의 수단으로서만 갖고 있고 우선은 미국 대사관과 미군이 '객관적 중재자'의 입장에서 이승만과 야당 사이의 타협을 모색하도록 한 것이다. 이 타협이란 이승만의 재집권을 가능케 할 발췌개헌을 성사시키는 것이었다. 미국 정부의 태도 변화에 따라, 쿠데타를 계획하고 있던 이용문-박정희 계열과 미국에 희망을 걸고 있던 야당 세력은 배신감을 느끼게 되지만 自力(자력) 돌파가 불가능한 그들로선 어쩔 수 없는 일이었다.

본국 출장에서 부산 임시 수도로 귀임한 무초 주한 미국 대사는 6월 6일 이승만 대통령을 방문하고 계엄령의 해제를 요구하는 미국 정부의 공식 입장을 다시 전달했다. 그는 다음날 신익희 국회의장을 찾아갔다. 무초는 "이제는 양쪽이 조금씩 양보할 때이다"라고 말했다. 이승만 대통령은 대세가 자기 편으로 기울었음을 간파하고 더욱 强攻(강공)으로 나왔다.

6월 12일 親與(친여) 단체가 주최하는 '反(반)민족 국회해산 국민총궐기 대회'가 부산에서 열렸다. 시위 군중은 국회를 '외세(미국)의 앞잡이'라고 규탄하고 '외국에 의한 내정간섭의 배격'을 외쳤다. 군중은 미 대사관 건물과 경남 도청 건물에 있던 국회로 돌입하려고 했으나 저지되었다. 주한 미 대사관에선 '이승만 재선'을 눈감아주는 대신, 경찰력을 동원하여 이승만의 정치 공작을 도와주고 있다고 판단되는 이범석 내무장관을 반미 강경파로 규정, 그와 族靑(족청=민족청년단) 세력을 이승만으로부터 떼 내는 정치공작을 시작한다. 미국은 이를 '이승만 정권의 醇化(순화)'라고 개념 규정했다.

李承晩의 승리

1952년 6월 21일 장택상 총리가 조직한 新羅會(신라회) 소속 국회의원들은 사실상의 대통령 직선제 개헌안인 발췌 개헌안을 국회에 제출했다. 장택상 총리 측은 이런 말로 국회의원들을 설득하고 다녔다.

"정국의 혼란이 계속되면 미군은 이승만 대통령을 감금하고 軍政(군정)을 실시하려 할 것이다. 군정보다는 발췌 개헌이 낫지 않은가. 독 안에 든 쥐를 잡으려고 독까지 깰 수는 없지 않은가."

6월 24일 미 8군 사령관 밴플리트는 이승만과 요담한 뒤 그 내용을 클라크 유엔군 사령관을 경유하여 미 국방부에 보고했다. 이 보고문에 따르면 이승만은 "야당은 미국 측이 자신들을 밀고 있다고 생각하는 바람에 문제 해결이 늦어지고 있다"고 불평했다고 한다. 이승만은 또 "국회를 해산하지 말라는 미국 측의 요청을 어떻게 하든지 수용하려고 하다가 보니까 일이 늦어지고 있다"고 생색을 냈다. 이 대통령은 또 "신태영 국방장관이 영 마음에 들지 않는다. 나는 후임자를 찾고 있다. 孫元一(손원일) 해군 참모총장을 고려하고 있다"고 했다. 밴플리트 사령관은 "손 제독이면 저도 좋습니다"라고 했다. 밴플리트는 '대통령은 자신에 넘쳐 있었고 결국은 이번 대결에서 승리할 것이다'고 보고했다. 국회에서의 개헌안 표결이 다가오고 있던 6월 25일 미 합참은 흥미있는 전문을 도쿄의 클라크 유엔군 사령관에게 내려 보낸다.

〈지금의 한국 정세가 정치적으로 해결되지 않고 악화되어 유엔군의 군사작전이 방해를 받을 경우에 대비한 계획을 다음 기준에 따라 작성하여 보고하라. 그러한 긴급 사태가 발생하면 유엔의 한국위원회, 주한 미국 대사관, 유엔군 사령부는 이승만 대통령에게 적절한 조치를 취해 줄 것을 요청한다. 이승만이 거절하면 유엔군 사령부는 유엔 한국위원회의 요청에 따라 미국 정부에 대해 한국의 內政(내정)에 개입해 줄 것을 요청한다.

미국 정부가 동의하면 유엔군 사령부는 다음과 같은 조치를 취한다. 첫째, 한국군의 육군 참모총장에게 육군과 경찰 및 유사 군사 단체의 모든 병력을 장악하게 한 다음 부산에 계엄령을 선포한다. 정책상 한국군만 동원하도록 한다. 둘째, 한국군이 계엄령을 선포한 뒤에도 한국 정부의 주권이 살아 있는 것처럼 보이게 해야 하며 조속히 민간 정부로 복귀하도록 한다. 이상과 같은 조치를 취함에 있어서 한국 육군의 참모총장을 믿을 수 있을지 여부를 판단하여 보고하라〉

이 지시는 '실시 준비 명령'이 아니고 만약의 사태에 대한 비상조치 계획의 작성을 지시한 것이다. 클라크가 작성한 계획은 합참으로부터 지시받은 기준을 다소 수정한 것이었다. 즉, 군사개입의 주체를 한국군에서 유엔군으로 바꾸었다. 클라크는 '만약 한국군을 그런 목적으로 동원했다가는 내전의 위험성이 생긴다'고 지적했다.

〈이승만을 몇 가지 구실을 붙여 서울로 유인한 다음 그 사이 유엔군이 부산 임시 수도에 진주하여 '이승만의 독재적 행동'을 도와준 50~100명의 인사를 체포하고 이승만의 追認(추인)을 받는다. 만약 그가 추인을 거부하면 장택상 총리에게 이를 요구한다. 총리도 추인을 거부하면 유엔군 사령부 아래 과도 정부를 수립하고 군정을 실시한다〉

클라크는 이 계획안을 7월 5일 미 합참에 보냈다. 그 하루 전에 국회는 장택상 총리가 제안한 발췌 개헌안을 163명의 起立(기립) 찬성, 기권 3표로 가결시킴으로써 이승만에게 굴복하고 再選(재선)의 길을 터주었다. 따라서 미군에 의한 비상조치의 필요성이 해소된 다음에 비상계획안이 올라간 것이다. 클라크 유엔군 사령관은 이승만의 재집권을 지지

하고 있었는데, 워싱턴에서 계속 강경론을 펴니까 마지못해 따르는 척
하면서 시간을 끌었기 때문이다. 주권 국가의 대통령을 유인하여 납치
한다는 과격한 내용을 담은 이 계획은 합참의 금고 속으로 들어가지만
이승만 대통령이 미국을 붙들고 늘어질 때마다 꺼내 보는 文書(문서)가
된다.

　부산 정치 파동은 그 뒤 우리나라에서 계속되는 政爭(정쟁)의 典型(전
형)이 되었다. 즉, 집권자의 獨走(독주)를 야당이 공격하면 집권자는 미
국의 앞잡이라고 야당을 공격한다. 미국 정부는 미국식 정치 이념을 잘
따르는 야당을 지원하는 척하지만 집권자가 상황을 장악하면 이를 기정
사실로 받아들인다. 이런 독재와 사대주의 논쟁이 되풀이되는 것은 주
체적 정치 철학에 근거하여 자신의 운명을 자주적으로 결정해 본 적이
거의 없는 나라의 정치 문화와 관계가 있을 것이다.

　이승만 대통령은 직선제 개헌에 성공하자 7월 22일 이종찬 육군참모
총장을 해임하고 3군단장 白善燁(백선엽) 중장을 후임으로 임명했다.
대통령은 인사 온 백 신임총장에게 "그간 퍽 위태로웠어"라고 말했다.
이용문 국장은 수도사단장으로 나가고 장창국 준장이 들어왔다. 反이승
만 입장이 강했던 김종평 준장은 제주도 훈련소 부소장으로 좌천되었
다. 박정희 대령은 유임되었다. 그는 아직 이용문에게 가려서 보이지 않
는 존재였다. 미군은 이종찬이 국내에 남아 있으면 핍박을 받을 것이라
고 판단하여 그를 미국 참모대학에 유학하도록 주선했다. 이용문은 이
임식에서 작전국 직원들에게 "군인은 정치에 이용당하지 않기 위해서라
도 정치를 알아야 한다"고 당부했다. 이로써 박정희는 이종찬, 이용문과
헤어지게 된다.

자존심이 강한 박정희가 그래도 높게 평가한 두 선배 장군이 이용문, 이종찬이었다. 이용문이 일찍 죽지 않고 이종찬이 적극적이었으면 박정희는 군사 쿠데타의 지도자로는 등장하지 않았을 것이다.

이용문은 거침이 없이 활달하고, 이종찬은 강직한 사람이었다. 박정희는 겉으론 강직한 모습이지만 아주 유연한 정신을 품고 있는 이였다. 이용문과 박정희는 규칙을 부수면서도 이 세상을 개조해보겠다는 야심을 지녔으나 이종찬은 군인으로서의 윤리를 벗어나지 않으려 했다. 당시 한국군에서 가장 뛰어난 인격과 식견을 지녔을 세 사람이 육군의 명령 계통을 장악하고 있을 때 쿠데타의 기회는 이렇게 왔다가 스쳐 지나갔다. 그 세 사람 가운데 두 사람에게는 그런 기회가 다시 오지 않지만 박정희에게는 다시 온다. 5·16 쿠데타 때 미국의 태도를 예측하는 데 있어서 박정희의 이 경험은 산 교훈이 되었을 것이다.

아내와 딸

1952년 여름 戰線(전선)은 38도선을 따라 교착되어 雙方(쌍방) 100만 명이 넘는 중무장한 군대가 서로를 비벼대고 짓이기는 고지 쟁탈전을 되풀이 하고 있었다. 기동전보다도 더 참혹한 고지전과 참호전으로부터 멀리 있었던 박정희는 부산 정치 파동의 소용돌이 속에서도 안정된 가정생활을 즐기고 있었다. 그가 1952년 7월 2일 밤에 쓴 '영수의 잠자는 모습을 바라보고' 란 시가 있다.

〈밤은 깊어만 갈수록 고요해지는군 / 대리석같이 하이얀 피부 / 馥郁(복욱·꽃다운 향기)한 백합과도 같이 향훈을 뿜는 듯한 그 얼굴 / 숨소리 가늘게, 멀리 행복의 꿈나라를 거니는 / 사랑하는 나의 아내, 잠든 얼굴 더욱 예쁘고 / 평화의 상징! 사랑의 權化(권화)여! / 아! 그대의 눈, 그 귀, 그 코, 그 입 / 그대는 仁(인)과 慈(자)와 善(선)의 세 가닥 실로 엮은 / 한 폭의 위대한 예술일진저 / 옥과도 같이 금과도 같이 / 아무리 혼탁한 세속에 젖을지언정 / 길이 빛나고 길이 아름다워라.

나의 모든 부족하고 미흡한 것은 / 착하고 어질고 위대한 그대의 여성다운 인격에 / 흡수되고 동화되고 정착되어 / 한 개 사나이의 개성으로 세련되고 완성되리.

행복에 도취한 이 한밤 이 찰나가 / 무한한 그대의 引力(인력)으로써 / 인생 코스가 되어 주오.

그대 편히 잠자는 모습을 바라보고 / 이 밤이 다 가도록 새날이 오도록 / 나는 그대 옆에서 그대를 보고 앉아 이 행복한 시간을 / 영원히 가질 수 있도록 기도하고 있다〉

아내에 대한, 존경심에 가까운 사랑을 素朴(소박)한 詩語(시어)로써 고백한 이 글을 읽어 보면 박정희는 육영수로부터 일종의 母性愛(모성애)까지 느끼고 있었던 것 같다. 박정희의 행복감을 더욱 충만시켜 준 것은 이때 生後(생후) 다섯 달이 된 딸 槿惠(근혜)의 존재였다. 그 전해 육영수는 근혜를 임신하고 입덧을 시작하자 마음을 진정시키기 위해서겠지만 틈만 나면 빨래를 했다고 한다. 손가락 끝이 갈라질 정도였다. 밤에는 털실로 뜨개질을 하여 아기 옷을 미리 짜두었다.

1952년 2월 1일 저녁 대구시 삼덕동 셋집에서 육영수가 産痛(산통)을 시작했을 때 처제 陸蕊修(육예수)와 장모 李慶齡(이경령)은 집에 없었다. 박정희는 産婆(산파)를 불러 안방으로 들어가게 한 다음 옆방에서 초조하게 담배를 피우면서 아내의 신음소리를 듣고 있었다. 참다못한 박정희는 안방으로 들어갔다. 육영수는 책상 다리를 붙들고 힘을 주고 있었다. 얼굴은 땀으로 범벅이 되었다.

"저렇게 고생하는 걸 차마 못 보겠는데 어떤 방법이 없습니까."

"잠시만 참아요."

산파는 다소 퉁명스럽게 말했다. 박정희는 아이를 낳는 순간까지 아내의 손을 잡고 지키고 있었다. 새벽에 출산, 딸이었다. 아침에 처제 육예수가 돌아왔다. 한동안 박정희는 점심때에 일부러 집에 들러 식사를 하고 처제와 함께 근혜를 목욕시켜 주기도 했다. 박정희는 딸의 성장 과정을 담아 두려고 사진을 많이 찍었다. 이름은 박정희가 옥편을 뒤져서 지은 것이다. 무궁화 槿(근)자는 '조국'을 상징한다.

박정희와 이혼한 金浩南(김호남) 사이에서 난 첫딸 在玉(재옥)은 이즈음 고향(선산군 상모동)에서 살면서 주로 편지로 아버지와 대화를 나누고 있었다. 박정희의 조카 朴在錫(박재석)의 집에 살 때 재옥은 아버지에게 원망하는 편지를 자주 썼다.

〈아버지, 제게는 부모님이 모두 계신데 저는 왜 이렇게 남의 집에 얹혀살아야 합니까. 사촌오빠가 저까지 데리고 살아야 하니 얼마나 귀찮고 성가시겠어요. 저는 또 얼마나 미안한지 아세요? 오빠도 고생스럽고 저도 힘들고요〉

이런 편지에 대해서 박정희는 '젊어서 고생은 돈 주고도 못 사는 것이니 열심히 살아라'는 요지의 답장을 학교 公納金(공납금)과 함께 보냈다. 박재옥이 아버지의 재혼 소식을 들은 것은 구미여중에 다니고 있던 때였다. 근혜가 태어난 직후였다. 재옥은 집안 어른이 전해주는 그 소식을 듣고도 놀라지 않았다고 한다. 벌써 오래 전에 어머니로부터 '아버지에게는 다른 여자가 있다' 는 이야기를 들었기 때문이다.

박정희는 이용문 준장이 작전국장에서 수도사단장으로 나간 석 달 뒤인 1952년 10월에 砲兵(포병)으로 轉科(전과)했다. 당시 육군 포병감 申應均(신응균·육군 중장 예편)은 포병을 증강하면서 포병단장 요원으로 고참대령 20여 명을 뽑아 교육시켰는데 그 가운데 박정희가 들어 있었다. 이로써 박정희는 그 뒤 장성 진급이 유리해졌다.

포병 장교들은 당시로선 비교적 지식 수준이 높았다. 포병 장교들은 업무상 꼼꼼하고 정확한 성격의 소유자가 된다고 한다. 그들은 "무기는 짧을수록 배신한다"고 말하곤 했다. 권총이 배신을 많이 하고 대포를 가진 포병은 충직하다는 농담이다. 박정희는 광주 포병학교에서 넉 달간 교육을 받았다. 육영수는 딸 근혜를 포대기에 감싸 안고 광주로 따라가 동명동에 셋방을 얻었다. 이때 육영수와 딸을 L―19 비행기로 태워 날랐던 조종사는 이삿짐이 경비행기에도 실을 만큼 단출한 데 놀랐다고 한다. 박정희는 1953년 2월에 포병학교를 졸업한 뒤 2군 포병단장으로 임명되어 광주에 머물면서 新設(신설) 작업을 지휘했다. 그는 5월 9일엔 3군단 포병단장으로 전보되어 조직과 인원 편성을 하기 시작했다. 9사단 창설 때도 산파역을 한 적이 있는 박정희는 조직하고 건설하는 일과는 인연이 많은 사람이었다.

1953년 6월 24일 오후 당시 대구에서 〈영남일보〉 주필로 있던 시인 구상에게 박정희 대령으로부터 人便(인편)으로 연락이 왔다. '오늘 오후 이용문 장군이 남원에서 대구로 날아온다고 하니까 퇴근하지 말고 기다렸다가 우리 셋이서 한잔 하자' 는 요지였다.

당시 이용문 준장은 남원에 사령부가 있는 남부경비사령부 사령관이
었다. 군과 경찰을 지휘하여 지리산의 共匪(공비) 토벌을 하고 있었다.
이용문 장군은 작전국장에서 수도사단장으로 전보되어 석 달간 수도고
지 전투를 치르고 1952년 10월 20일에 南警司(남경사) 사령관으로 부임
했다. 수도 고지는 강원도 금성군에 있는 해발 600m의 작은 산이었다.
전략적으로는 큰 중요성이 없다고 판단된 이 고지를 중공군이 빼앗아가
자 격전이 벌어졌다. 이용문 사단장은 이 전투에 열심을 내지 않았다.
그는 '이 정도 고지에 이런 출혈을 할 필요가 과연 있는가' 하는 懷疑(회
의)를 가졌던 것 같다. 유재흥 2군단장은 '이용문 사단장의 부대장악이
극히 불량하여 그를 宋堯讚(송요찬) 장군으로 교체하게 되었다' 고 기록
했다(회고록).

李龍文의 죽음

1953년 6월 24일 밤, 대구 〈영남일보〉 주필 구상은 이용문의 도착을
기다리고 있다가 박정희 대령으로부터 전화를 받았다. '이 장군이 탄 비
행기가 추락하여 사망했다' 는 요지였다.

"반네미 자식아, 죽긴 왜 죽어!"

이런 말이 무심코 튀어나왔다. 이용문 남부경비사령관은 이날 오후
내키지 않는 기분으로 남원에서 비행기에 올랐다. 이 장군이 "이렇게 날
씨가 나쁜데 뜰 수 있겠나" 하고 조종사에게 물으니 조종사는 "운봉만
넘으면 대구까지는 훤히 뚫렸습니다"라고 했다. 이용문은 부사령관 兪
海濬(유해준) 대령과 바둑을 두다가 느릿느릿 비행장으로 향했다. 빗방

울이 떨어지고 있었다. 유해준은 한참 있다가 비행기가 이륙하는 소리를 듣고는 "이 장군이 비행장에서도 상당히 지체했구나"라고 생각했다.

저녁 식사 중인 유해준에게 경찰로부터 연락이 왔다. 운봉 고개에 비행기가 추락했는데 죽은 사람은 미군인 것 같다고 했다. 그는 '아차!' 하는 생각이 들어 대구 비행장으로 연락을 해보니 이용문의 비행기는 도착하지 않았다는 것이었다. 경찰은 키가 크고 피부색이 하얀 이용문을 미군으로 오인한 것이었다. 25일 아침에 현장에 도착한 이용문의 장남 李健介(이건개·전 자민련 국회의원)에 따르면 비행기는 논두렁에 기체의 앞부분이 처박혀 있었다고 한다. 이용문은 뒷자리에서 죽어 있었다. 조종사도 사망했다. 이용문은 그때 서른일곱이었다.

이용문이 살아 있었더라면 박정희는 그를 추대하여 쿠데타를 했을 것이라고 말하는 사람들이 많다. 자존심 강한 박정희가 진심으로 服屬(복속)한 거의 유일한 인물이 이용문이었기 때문이다. 그 뒤 이용문의 유족에 대해서 박정희는 따뜻한 배려를 아끼지 않았다. 대통령이 되기 전까지 박정희는 이용문의 忌日(기일)이 되면 꼭 육영수와 함께 未亡人(미망인) 金靜子(김정자) 여사의 집에 들러 한참 생각에 잠겨 있곤 했다. 자신도 가난에 쪼들리고 있으면서 돈을 모아 유족의 생활비를 보태주었다.

5·16 뒤 대구 근교에 있던 이용문의 묘소를 수유리로 옮기는 이장위원회의 위원장이 박정희 최고회의 의장이었다. 이용문의 동상을 세울 때 돈을 모으기 위해서 연고자들에게 취지문을 보냈는데 박정희, 구상 명의로 되어 있었다. 육군사관학교에서 매년 주최하는 '이용문 장군배 쟁탈 승마대회'는 기병 장교 출신인 이용문을 기리기 위한 것인데, 이 행사도 박정희 대통령의 적극적인 후원으로 이루어졌다. 장남 이건개

검사를 불러 청와대 비서실에서 근무하게 한 뒤 31세에 서울시경국장으로 내보낸 것도 박정희였다.

　박정희 대령은 1953년 7월 휴전 직전에 광주에서 창설한 3군단 포병단 요원들을 데리고 강원도 양구로 이동했다. 당시 군단장은 姜文奉(강문봉) 소장이었다. 강문봉은 박정희보다 여섯 살이 아래였고, 만주군관학교 2년 후배였지만 조선경비대에 일찍 들어왔기 때문에 상관이 되었다. 박정희는 상관대접을 깍듯이 했지만 속이 편하지는 않았을 것이다. 1975년에 강문봉은 '정일권 대통령 추대사건'에 연루되어 受賂罪(수뢰죄)로 구속되고 징역을 살았다. 이 사건은 정일권—강문봉 콤비에 대한 박정희의 의심을 이용한 사람들이 정치적으로 조작한 것이었다.

　3군단 포병단장 시절 박정희의 전속부관은 '새 박사'로 유명한 元炳旿(원병오·경희대 명예교수) 중위였다. 원 교수에 따르면 박정희는 포병단에 파견된 미군 고문단과는 사이가 매우 나빴다고 한다. 미군 장교가 턱도 없는 참견을 한다 싶으면 우리말로 "그 잠꼬대 그만하라고 해!"라고 소리를 질렀다. 통역장교는 적당히 통역하느라고 애를 먹었다. 미군 고문단은 한국군 취사장에서 한 200m 떨어진 위쪽에 변소를 지으려고 했다. 박 대령이 따졌다. 미군 측에선 지하수에 분뇨가 스며들지 않게 하겠다고 했다. 박정희는 "밥 짓는 데 가까이 변소를 내는 것은 우리 풍습에 어긋난다. 한국 땅에서는 한국 풍습에 따르라"고 하여 끝내 못 짓게 했다. 박 대령은 고문단장 베이커 중령이 자신에 대해서 나쁜 보고를 상부에 올린 것을 알고는 베이커 중령을 불러 꼬치꼬치 따지기도 했다.

　그때 副(부)단장은 낙동강 전선에서 귀순해 왔던 인민군 포병 중좌 출신 鄭鳳旭(정봉욱) 대령이었다. 미군에선 남로당 前歷者(전력자)와 인민군 출신이 같이 근무하는 것은 문제가 있다고 하여 정 대령을 다른 부대로 보내도록 했다. 박정희는 "정 대령이 귀순한 것은 인민군이 유리할 때인데 그를 의심해선 안 된다"고 변호했으나 역부족이었다. 정봉욱은 나중에 5·16 거사에도 가담했고 소장으로 예편했다.

전속부관 원 중위의 눈에 비친 박정희는 부하들에게 '손찌검이나 욕을 하지 못하는 사람'이었다. 박정희의 가장 큰 욕은 지휘봉으로 철모를 가볍게 치면서 "밥통!"이라고 하는 것이었다. 원병오는 담대하게만 보이는 박정희 단장이 의외로 소심한 면이 있다는 점도 발견할 수 있었다. 상관들에게 브리핑할 때는 긴장하여 손을 떨곤 했다는 것이다.

1953년 3월 스탈린이 죽은 뒤 판문점의 휴전협상은 포로 처리 문제에 대해 중공 측이 크게 양보하는 바람에 急進展(급진전)하기 시작했다. 휴전을 반대해온 이승만은 미국 아이젠하워 대통령이 한미상호방위조약의 체결 등 몇 가지 요구사항을 거절하자 4월 24일 미국 정부에 최후통첩을 보냈다. '휴전협정 후 중공군이 압록강 이남에 잔류하게 되면 한국군은 유엔군의 지휘로부터 이탈, 독자 행동을 취한다'는 것이었다.

이승만은 이것이 공갈이 아니라는 것을 보여주려는 듯 반공 포로들을 석방, 막바지에 이른 휴전협상에 찬물을 끼얹었다. 당황한 미국 정부는 1년 전 부산 정치 파동 때 작성해 두었던 '이승만 제거 계획'을 다시 꺼내 보완하는 한편, 이승만의 요구를 수용한 한미상호방위조약의 체결도 검토하기 시작했다. 이승만이 휴전협정을 인정하지 않고 한국군을 단독으로 북진시킨다는 악몽에 시달리고 있던 아이젠하워 대통령은 5월 30일 '이승만 제거 계획'을 버리고 '한미상호방위협정 체결'이란 회유책을 선택한다.

1년 전 부산 정치 파동 때 미국 측이 희망했던 대로 親美的(친미적)인 장면이 새 대통령이 되었더라면 이렇게 골머리를 썩이지 않아도 되었을지 모른다. 그리하여 한국 정부가 조용하게 미국의 요구대로 휴전을 받아들였다면 휴전 이후의 한국은 1973년 파리 평화협정 체결 이후의 베트남처럼 공산화되었을 것이라고 보는 사람들도 많다.

　아이젠하워 정부가 '단독 北進(북진)'이란 시한폭탄을 쥔 이승만을 달래기 위해서 체결한 한미상호방위조약과 주한미군의 계속 주둔은 결과적으로 미국의 국익에도 도움이 되었다. 그렇게도 이승만을 미워했던 미국은 지금에 와서는 이승만의 그 악착같았던 도전에 대해서 감사하고 있을 것이다.

② 전쟁과 사랑

朴正熙 2 – 전쟁과 사랑

지은이 | 趙甲濟
펴낸이 | 趙甲濟
펴낸곳 | 조갑제닷컴

초판 1쇄 | 2007년 4월16일
개정판 2쇄 | 2018년 5월23일
개정판 3쇄 | 2022년 1월22일

주소 | 서울 종로구 새문안로3길 36
전화 | 02-722-9411~3
팩스 | 02-722-9414
이메일 | webmaster@chogabje.com
홈페이지 | chogabje.com

등록번호 | 2005년 12월2일(제300-2005-202호)

ISBN 979-11-85701-14-1

값 12,000원

*파손된 책은 교환해 드립니다.